市民社会セクターの可能性

110 年ぶりの大改革の成果と課題

目　次

序章　公益法人制度改革の文脈と意義

　　　　　　　　　　　　　　　　　　　　　　　　岡本仁宏　　1

　　はじめに　見過ごされている市民社会の110年ぶりの大改革　1

　1　公益法人制度改革の概要　2
　　　(1)　改革の概要　2
　　　(2)　問われるべきものの文脈
　　　　　　日本の市民社会の自立的な存在性の向上をもたらすか否か　4

　2　本書の成り立ちと構成　6
　　　(1)　本書の成り立ち　6
　　　(2)　本書の構成　8

第1部　公益法人セクターと公益認定制度の課題
　　　　110年ぶりの改革法の完全施行で見えてきた問題

　　　　　　　　　　　　　　　　　Introduction　岡本仁宏　　13

第1章　公益法人制度改革の現状と今後の展望

　　　　　　　　　　　　　　　　　　　　　　　　雨宮孝子　　17

　　はじめに　17

　1　公益法人制度改革の現状　17
　　　(1)　旧公益法人制度の根拠法と問題点　17
　　　(2)　新公益法人制度の成立　18
　　　(3)　新公益法人制度の特徴　18

  2　新公益法人制度における審査の概況　21
    (1)　移行認定及び移行認可の概況　21
    (2)　新規公益認定の概況　23
    (3)　不認定又は不認可の概況　23

  3　公益法人等の現況　25
    (1)　平成24年度の財務に関するデータ　25
    (2)　平成25年12月1日時点での組織に関するデータ　25
    (3)　寄附金の優遇　26
    (4)　公益法人の活動分野　28
    (5)　NPO法人を前身として一般法人設立後に公
      益認定を受けた法人の主なもの　30

  4　公益法人に対する勧告　30

  5　新公益法人制度の今後の展望　34
    (1)　新公益法人制度の定着　34
    (2)　寄附文化の醸成　34
    (3)　制度の改善策　35
    (4)　不祥事への対応　35
    (5)　情報公開・他の非営利団体との連携・世界への発信　35

第2章　制度改革の経緯

太田達男　　37

はじめに　37

  1　旧公益法人制度の成り立ち　41

  2　戦後における公益法人行政の変遷　42
    (1)　佐藤栄作内閣に始まる一連の行政監察と
      行政による指導監督の変遷　42
    (2)　与党行政改革プロジェクトチームによる提言　44

  3　中間法人法の成立　47
    (1)　経緯　47

(2) 公法協意見書提出　48
　　　(3) 再開後の法制審議会民法部会での議論　48
　　　(4) 国会での審議　筆者の意見陳述　50
　　　(5) 中間法人制度の活用状況　50

4　公益法人制度改革論議始まる　51
　　　(1) 行政改革から公益法人制度改革へ　51
　　　(2) 行革事務局「論点整理」を発表　52
　　　(3) 懇談会の設置　54
　　　(4) 特活法を除外した「基本方針」の閣議決定　56
　　　(5) この間の公法協と特活法人界の動き　57

5　有識者会議　59
　　　(1) 中間整理発表と公法協意見書　59
　　　(2) 最終報告書　61

6　制度改革3法成立　62
　　　(1) 政府税調の基本的考え方　62
　　　(2) 行革事務局、新制度の概要を発表　63
　　　(3) 国会審議、成立へ　63

7　公益認定等委員会の発足と認定・認可実務の準備　65
　　　(1) 準備委員会の設置と公益認定等委員会の発足　65
　　　(2) 新制度施行に向けた一連の準備作業　66

8　制度改革3法施行、認定認可申請始まる　67
　　　(1) 公法協の認定申請　67
　　　(2) 審査実務混乱とその収束　67
　　　(3) 不認定事例と業務改善勧告の事例　70

9　残された課題　71
　　　(1) 制度上の課題　71
　　　(2) 運用上の問題　72
　　　(3) 法人側の問題　74

第3章　主務官庁制度のパターナリズムは解消されたのか

出口正之　79

1　税制面から見た制度的総括　79

2　公益法人制度改革の基礎的な総括　83
　　（1）移行法人数　83
　　（2）解散・合併消滅法人数　84
　　（3）新設公益法人数の比較　85

3　公益法人制度改革の経緯と立法趣旨　87

4　主務官庁制度の弊害の内容　91

5　「過程の裁量性」と「パターナリズム」　93

6　公益法人制度改革におけるパターナリズムの変化　96

7　「ガバナンスの強化」と「政府によるガバナンス・コントロール」　100

第2部　新しい市民社会の姿
市民社会セクターの課題と展望

introduction　岡本仁宏　109

第4章　セクターの構造と変容
太田達男　115

はじめに　115

1　一般社団・財団法人の登場という問題　116
　(1)　一般法人制度の由来　116
　(2)　一般法人制度の特徴　117
　(3)　一般法人の現状　公法協アンケート調査に見る　119
　(4)　一般法人の将来　120

2　公益法人と認定特定非営利活動法人の制度比較　121
　(1)　概要比較　122
　(2)　法制比較　122
　(3)　税制比較　129

5　非営利セクターの課題と展望　130
　(1)　非営利セクターということ　130
　(2)　非営利セクターの法的枠組み　131

第5章　非営利法人制度の統一的将来像に向けて
山岡義典　137

はじめに　137

1　非営利法人制度と公益概念の変遷　138
　(1)　非営利・公益法人制度の巨視的な流れ　138
　(2)　明治民法における国家公益・主務官庁公益の概念　139

(3) 特定非営利活動法人における市民公益の概念　140
　　　(4) 公益法人制度改革における民間公益の概念　141
　　　(5) 2つの公益概念の行方　142

　2　特定非営利活動法人制度と一般・公益法人制度の比較　143
　　　(1) 2つの制度の比較の視点　143
　　　(2) 1次元の特定非営利活動法人制度　144
　　　(3) 3次元の一般・公益法人制度　144
　　　(4) 比較できるのは特定非営利活動法人と新設一般社団法人　145

　3　5年間別に見た特定非営利活動法人の認証数の推移　146
　　　(1) 推移を知るためのデータ　146
　　　(2) 特定非営利活動法人の5年間別年平均認証数の推移　147
　　　(3) 施行後4年5カ月間の一般法人の年平均設立数の推移　148

　4　特定非営利活動法人と新設一般社団法人の今後の関係　148
　　　(1) 両法人制度の選択の方向性　148
　　　(2) 特定非営利活動法人の選択が増えれば　150
　　　(3) 一般社団法人の選択が増えれば　150
　　　(4) 2制度並存の意義と課題　151

　5　非営利法人制度の統一的将来像のひとつの考え方　152
　　　(1) 寄附税制を必要とするすべての法人制度について考える　152
　　　(2) 共通の土台としての非営利法人制度の創設　153
　　　(3) 税制優遇のための公益認定の仕組み　154
　　　(4) 新しい仕組みの作り方　154

第6章　制度統合の可能性と問題　ガラパゴス化とグローバル化

　　　　　　　　　　　　　　　　　　　　　　　　　出口正之　157

　1　ガラパゴス化する日本の非営利法人制度　157

　2　NPO法人が公益法人制度改革の対象外となった経緯　160

　3　会計の3つのコンバージェンス（収斂）　164

4 第1の改革としての学校法人、社会福祉法人制度の創設　165
   (1) 「公の支配」の明確化　165
   (2) 設立の簡易化としての医療法人の誕生　169

 5 学校法人・社会福祉法人の組織変更　171

 6 公益法人制度改革における移行　173

 7 非営利法人制度の第2次ガラパゴス化　174

 8 制度統合の可能性　175

第7章　論点の再整理　よりよい非営利法人法体系に向けて

初谷　勇　185

はじめに　185

 1 公益法人制度改革三法体系と従来の特別法法人　189
   (1) 「一般法と特別法」から「法人基本法と法人根拠法」へ　189
   (2) 公益法人制度改革三法体系と従来の特別法法人　191

 2 特定非営利活動法人体系と公益法人制度改革三法体系　194
   (1) 非営利法人法の体系化　194
   (2) 特定非営利活動法人体系と公益法人制度改革三法体系　197

 3 一般法人（非営利型）の現状に関する論点と制度的課題　198
   (1) 選択の現状　198
   (2) 一般社団・財団法人の制度的課題　200

 4 より良い非営利法人法体系に向けて　202
   (1) 小括　202
   (2) 選択主体としての市民の連帯と地方自治体に期待される視点　203

おわりに　205

終章　日本の市民社会セクターの発展のために　論点整理と提言

岡本仁宏　211

はじめに　211

1　日本の市民社会の在り方と公益法人制度改革　213
　　(1)　市民社会　213
　　(2)　市民社会と国家:「私党」・「徒党」から「公党」へ　215
　　(3)　市民社会と国家:公益民間団体について　217

2　論点整理　222

むすび（提言）　230

序章

公益法人制度改革の
文脈と意義

岡本仁宏

はじめに　見過ごされている市民社会の110年ぶりの大改革

　この5年間ほどの間で、日本の市民社会の110年ぶりの大改革が進行した。2013年12月1日から、2008年12月1日からの5年間の移行期間を終えて、いわゆる公益法人制度改革三法、すなわち、「一般社団法人及び一般財団法人に関する法律」（以下、一般法人法）、「公益社団法人及び公益財団法人の認定等に関する法律」（以下、公益認定法）、及び「一般社団法人及び一般財団法人に関する法律及び公益社団法人及び公益財団法人の認定等に関する法律の施行に伴う関係法律の整備等に関する法律」（以下、整備法）が完全施行されることになった。

　いわゆる「公益法人制度改革」である。

　この改革は、日本の市民社会の構造変容を導く、あるいはその可能性を持つものである。この改革の成否は、近年ますます注目されているNPOセクターがどのような形をとっていくかに、決定的な影響を与える。さらに言えば、日本の国家の形、また民主主義がどのような形を取っていくのか、に大きな影響を与える。

しかし、残念ながら社会的に、この改革の意義は十分に認知されていないようである。

マスコミでは十分に取り上げられてきていない。つい最近になって、日本経済新聞や読売新聞においていくつか取り上げられている[1]が、これまで多くは、財団法人相撲協会が公益財団法人になることが可能か、あるいは公益社団法人（以下、団体名に付ける場合には、公社）日展、公益財団法人（同様に公財と略記）全日本柔道連盟、（公社）全日本テコンドー協会、等、いくつかの「不祥事」問題の追及の中で、短く言及される程度がほとんどであった[2]。これらの個別の団体の問題は、それぞれの団体の特殊な事情が反映しているとはいえ、同時に、全体のシステムの問題が表現されている可能性は高い。しかし、個々の不祥事の背後で大きく進行していた公益法人制度の改革については、報道レベルでは十分な問題の把握と分析が行われてこなかった。マスコミ報道は、「事件」の報道はカバーできるが、システムの構造変容についての報道が得意ではない。その結果、この大改革の意義も、一部の民法学者や公益法人関係者等以外には、十分に認知されているとは言い難い。

本書の課題は、2つである。第1に、5年を経て完全実施に至ったこの大改革の成果と残された課題を明らかにすることを通じて、この改革の意義を把握することにある。さらに、第2に、日本の民主主義と市民社会に関心のある多くの人々に、この改革の意義を踏まえた形で改革過程をウォッチしていく、つまり改革を監視し、生まれたての制度をきちんと育てるという責務を提起することにある。

1　公益法人制度改革の概要

(1) 改革の概要

公益法人制度改革とは、もっとも単純に言えば、2万5000にも及ぶ財団法人、社団法人を、すべてなくして、新しく作られた一般社団法人、一般財団法人、公益社団法人、公益財団法人の4つの法人格に転換するか、そうし

ない場合には、解散させる、という改革である（図 序-1）。

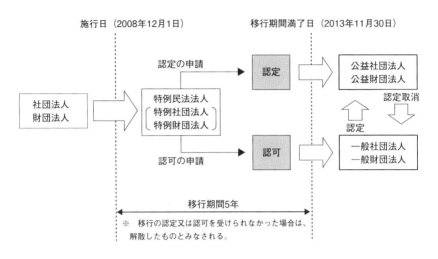

図 序-1 〈内閣府資料から〉

　財団法人・社団法人とは、1896（明治29）年制定、1898（明治31）年施行の旧民法の、第34条「祭祀、宗教、慈善、学術、技芸、その他の公益に関する社団又は財団であって、営利を目的としないものは、主務官庁の許可を得て、法人とすることができる」という規定によって主務官庁に許可された法人である。

　これらの団体は、国所管で約7000弱、都道府県所管で約1万8000強、合計約2万5000法人にのぼる。これらの団体はすべて、2008（平成20）年12月1日以後は、「特例民法法人」という名称になり、存続を求める法人であれば2013（平成25）年11月末日までに移行のための申請がなされた。移行期間に申請したものの期間後の認定及びその後の申請・認定数を含めて、2014年6月30日現在においては、基本的にすべての法人の移行が完了している。この結果、公益法人は、国所管で2,319、都道府県所管で6,906、合計9,225法人、つまり移行前の3分の1強にまで削減された。

表 序-1 公益法人等の数（2014年6月30日現在）

		公益法人	税額控除法人	公益目的支出計画実施一般法人
内閣府	社団	764	97	1149
	財団	1555	285	954
国合計		2319	382	2103
都道府県	社団	3280	90	5559
	財団	3626	361	3183
都道府県合計		6906	451	8742
	合計	9225	833	10845

出所：『公益認定等委員会だより』第32号、2014年7月1日発行より

(2) 問われるべきものの文脈
日本の市民社会の自立的な存在性の向上をもたらすか否か

　この改革は何が目指されていたのか、その意義はどのようなものであることが意図されていたか、そしてその意図は実現されたのか、また、より大きな歴史的・国際的文脈、あるいは日本の市民社会や民主主義といった視点から、その意義をどのように評価することができるのか、が問われる必要がある。

　これらへの応答については、以下の各章がそれぞれの視点と範囲において、詳細に試みている。

　ここでは、それらを総括する大きな視点を提示しておくことにしたい。

　それは、日本の「市民社会」がその存在感を強く表現することができるようになったか、という問いである。この問いをブレイクダウンすれば、一方で、国家（具体的には、国家官僚制）から、市民社会はその自立性を獲得することができたか、という視点、他方では、社会を構成する市民の多様な自治的な営みが促進されることになったのか、という視点で、改革を問うということである。

　市民の自発的な活動は、もちろん、市場を通じた様々な経済活動によって活発に行われている。主に各人の私益追求を動機として行われているこの領

域は、皆の「稼ぎ」に直結している。この営利セクターの活性化については、政府は、GNIの増大を目指して積極的に活動している。企業による経済活動により大きな自由を与えるにせよ、規制によってその動きを制約するにせよ、あるいは助成や促進税制によって誘導するにせよ、常に重要な政治的課題として議論されている。単に一方的に操作されるのではなく、営利セクターは、基本的には貨幣を通じて政府に対して強い影響力を与える。

　他方、市民の自発的活動であっても、営利目的でなく主に市場を通じて行われない活動領域、つまり国際的に、1990年代以後「市民社会」(civil society) と呼ばれている領域は、(日本では特に) 存在感が薄い。市民の互助的な集団や広く公益的な目的を掲げて活動する集団の活動する社会領域は、国家の法的強制力をもった強い力と、市場での企業の貨幣の力とに比べて、十分な力を持つように見えないし、それがあることすら見えにくい。

　この領域で中心的な役割を果たしている非営利公益団体は、しばしば、一方では、国や地方行政の役人の天下り先や公費の非効率な使い方の場であるとして非難されたり、他方では、営利目的の隠れ蓑として非難されたりする。ちなみに、国際的に見ると、日本では、「慈善団体」(Charitable or humanitarian organizations) に対する社会的信頼感が有意に低い[4]。つまり、この領域にある団体は猜疑の目で見られており、十分な信頼性を得ていない。そして、市民社会セクター全体の規模も、町内会などを除けば有意に小さいし[5]、影響力も小さい。日本に住む人々は、直接お金儲けに繋がらない自発的行動、官僚制の領域での活動以外の活動をあまりしないし、意識的に社会的に良いことをしようと公言して活動する人々を信頼もしていない、ということであろうか。このことは、単純に、日本に住んでいる人々は、他の国々の人々に比べて、利他心に薄く、利他的な人間を信ぜず、自発的行動が不得意で、国家依存的である、という特性を文化的に持っていることを示しているのであろうか。

　私自身はこのようには考えていない。むしろ、特定の歴史的経緯と制度的構造が、日本で社会的に存在感があり信頼に値する非営利組織の世界が表現されることを阻んでいる可能性があるという仮説に説得力があると考える。多くの論者が、この歴史的に形成された制度構造について言及している。重

要な多くの制度問題があるが、その最大の焦点が、公益法人制度改革で改正された旧民法34条の、公益法人に対する許可主義・主務官庁制度であったことについては大方の見方の一致するところである。すなわち、星野英一のいう「公益国家独占主義」[6]の問題である。したがって、本改革についての評価の大きな文脈は、「公益国家独占主義」の打破によって、日本の市民社会の自立的な存在性の向上をもたらす制度改革であり得たか、である。

2 本書の成り立ちと構成

(1) 本書の成り立ち

この大改革の過程、及び移行完了直後の最初の日本NPO学会（2014年3月、関西大学）において、学会の理事であった編者岡本仁宏の提案によって、次の2つの連続セッションが企画された。

■新公益法人制度5年の「移行期間」を終えて（その1）
　110年ぶりの改革法の完全施行で見えてきた公益法人セクターと公益認定制度の課題
■新公益法人制度5年の「移行期間」を終えて（その2）
　110年ぶりの改革法の完全施行と新しい市民社会の姿——市民社会セクターの課題と展望

第1セッションにおいては、この改革の総括を、移行過程の成果と課題を明らかにするとともに、公益認定制度の問題点などを含め明らかにした。
現役の雨宮孝子公益認定等委員会委員長代理、最初の2期を担われた出口正之同委員会元委員（国立民族学博物館教授）のお話を中心にして、その成果と課題の総括を報告していただいた。さらに制度改革を積極的に担い、かつ最もこの過程を注視してきたと言ってよい太田達男公益財団法人公益法人協会理事長と早瀬昇日本NPOセンター代表理事に報告いただき、改革過程

の成果と問題点を明らかにしつつ、かつ公益認定等委員会制度の在り方についても議論を深めた。

　企画者からの報告者への論点提示としては、以下の論点を、各報告者に提示し、それぞれの立場から分担を意識しつつ適宜取り上げていただくようにお願いした。

論点 1、公益法人制度改革によって、出来上がった 2 階建ての法人構造、つまり、一般法人と公益法人の形は、どのような特徴を持つものになったのか。それは改革の趣旨に合致し、かつ期待されたものになったのか。
論点 2、新しい公益認定制度及び監督制度の達成と課題は何か。

　第 2 セッションにおいては、移行期間が終了した段階で、非営利セクター、公益法人セクターが全体としてどのような構造を持つべきか、そのために我々は何をなすべきか、について議論を行った。パネリストとして、引き続き、出口正之氏、太田達男氏、さらに前日本 NPO センター代表理事の山岡義典氏、大阪商業大学教授で大阪府公益認定等委員会委員長の初谷勇氏を加えた。

　企画者からの報告者への論点提示としては、同様に、以下の論点を、各報告者に提示した。

論点 3、活動領域を超えた非営利セクターの一般法としては、特定非営利活動促進法体系と公益法人制度改革 3 法体系とがあるが、この関係をどう考えるか。
論点 4、社会福祉法人や学校法人、更生保護法人などは、成立の経緯からも、法体系上は改革 3 法の特別法の形をとっていないが、特定領域における法人類型として今後どのような関係を一般の公益法人体系との関係で持つべきか。
論点 5、一般法人の中の「非営利徹底型」、「共益型」、「普通法人型」の諸類型の展開等、見えにくい一般法人の現状に関する把握し注目すべき論点、その制度的課題は何か。

両セッションとも、学会初の連続セッションで3時間以上の長丁場となったが多くの参加者を得ることができた。本書は、この企画の報告をベースに各論者に寄稿をお願いすることによってできあがった。通例、学界のセッションがそのまま本となることはない。しかし、この改革の日本の市民社会や民主主義にとっての重要性について、各論者の強い合意があったことを踏まえ、本書の出版を企画することになった。特に、この改革の意義が広く一般に認識されているとは言えないこと、さらにこの改革の成果と課題を踏まえ、今後の制度運用と制度の改革のために、広く市民がこの制度についての関心を高め基本的な問題点を把握し、制度をウォッチし育てていくことが重要であるという点が、本書を作成する強い動機となった。

(2) 本書の構成

以上の経緯によって成立した本書も、前記の2部構成を踏襲している。

つまり、本書第1部は、「第1部 公益法人セクターと公益認定制度の課題——110年ぶりの改革法の完全施行で見えてきた問題」と題し、改革の概要の把握と、この改革の歴史的な経緯、意義の確認を行い、その上で当初の改革目的が達成されたのかを問い、成果と課題（「光と影」）を明らかにしている。前記の論点1、2を参照されたい。

雨宮論文が、この5年間の改革において、何がなされたのか、について具体的な数値をあげてその姿を明らかにしている。太田論文は、この改革の実現のために心血を注いで尽力されてきた経験を踏まえ、その経緯を明らかにしつつ、実現された改革の評価を行っている。さらに出口論文は、ISTR（国際サードセクター研究学会）会長としての経験や内閣府公益認定等委員会での経験も踏まえつつ（課せられた守秘義務にも配慮し）公表資料の丹念な渉猟に基づいて、官の民間非営利団体に対する関係に「パターナリズム」が解消されたのか、という核心的命題を追求している。

第2部においては、「第2部 新しい市民社会の姿——市民社会セクターの課題と展望」と題し、日本の非営利セクター全体の構造的課題をテーマとした。前記の論点3、4、5を参照されたい。これら3つの論点は、実は日本

の非営利セクター全体のセクターとしての統一性をどのように作るのか、という論点に結びついている。

　日本の非営利セクターは、特定の歴史的経緯や、官庁の縦割り行政によって多くの法人格によって分断されている。この数は、特別法法制によって180にものぼると言われている。この現状は、もちろん歴史的経緯や事情、それぞれの法人領域の特性によるのであって、簡単にまとめればよい、というものでもない。とはいえ、市民社会セクター全体の存在感、透明性、分かりやすさという点では、課題も残る。民法改正によって、非営利法人、非営利公益法人の一般法と言ってよい法制度が出来上がった現時点で、再度セクターの問題を検討することを試みたい。

　実は、日本の非営利セクターが全体として議論されることは、稀である。多くのNPO論のテキストは、実質的に特定非営利活動法人のみを取り上げていたりする場合もあるし、公益法人制度改革を扱って公益法人を視野に入れていても、社会福祉法人や学校法人、医療法人、宗教法人まで含めて制度を論ずることはほとんどない。本書第2部の太田、山岡、出口、初谷の4論文においても、まだ十分とは言えないが、少なくとも今後の非営利セクター制度の全体構想を展望する際の手がかりとなる考察がなされていると考えている。本書の議論が、日本の市民社会セクターの制度構想における重要なステップとなることを期待している。

注

1　『日本経済新聞』2014年3月30日、同年5月14日等、『読売新聞』2014年5月14日等。
2　当協会は公益法人格の「返上」を理事会及び総会で決定して公益認定等委員会に伝えており、本書が出版される時期においては、一般社団法人となっているものと予想される（同協会ウェブページを、2014年5月31日確認）。
3　この概念内容については、拙稿「市民社会」『政治概念の歴史的展開——概念史から見た政治思想史　第1巻』晃洋書房、2004年。
4　World Value Survey, http://www.worldvaluessurvey.org/wvs.jsp
5　Lester M. Salamon, S. Wojciech Sokolowski and Associates, *Global Civil Society:*

Dimensions of the Nonprofit Sector, Kumarian Press, Inc., 2004. Frank J. Schwartz and Susan J. Pharr, "Preface." In *The State of Civil Society in Japan*, edited by Frank J. Schwartz and Susan J. Pharr, xiii-xviii. Cambridge: Cambridge University Press, 2003. Robert Pekkanen, *Japan's Dual Civil Society: Members without Advocates*. Stanford, CA: Stanford University Press, 2006. 佐々田博教訳『日本における市民社会の二重構造 政策提言なきメンバー達』現代世界の市民社会・利益団体研究叢書 別巻(7)、木鐸社、2008年。

6 『民法のすすめ』岩波書店、1998年、96頁。

第1部
公益法人セクターと公益認定制度の課題
110年ぶりの改革法の完全施行で見えてきた問題

Introduction

岡本仁宏

　第1部では、公益法人制度改革全体の概要と、具体的な成果、課題を検討したい。
　すでにあげたように、
論点1、公益法人制度改革によって、出来上がった2階建ての法人構造、つまり、一般法人と公益法人の形は、どのような特徴を持つものになったのか。それは改革の趣旨に合致し、かつ期待されたものになったのか。
論点2、新しい公益認定制度及び監督制度の達成と課題は何か。
の2つの論点が示されている。以下、第1部の導入としてこれらの論点を簡単に説明したい。

第1の論点について

　「2階建て」というのは、法人格の取得(一般社団法人、一般財団法人)を1階とし、公益性の認定によって公益法人(公益社団法人、公益財団法人)になることを2階にたとえているからである。
　特定非営利活動法人制度においては、一定の公益性を持つことを前提とした法人格の取得ではあるが、その入り口を「認証」として準則主義的に法人格取得を比較的に容易にしたうえで、税務当局(2012年施行の改正法によって都道府県・政令指定都市)による公益認定をした認定特定非営利活動法人となるという2段階の制度設計を行っていた。この意味では、よく似た制度になったわけである。
　「改革の趣旨」については、太田論文が経緯を含めビビッドな改革過程を示しつつ具体的に表現している。
　もちろん、法制度は様々な政治主体の多様な利害関心・目的が反映される形で形成されてくるものであり、その意味では各政治主体にとって改革目的は多様であり得るのは当然である。そのことを踏まえたうえで、政府提出法案であることもあり、政府の説明をもとにまず確認しておきたい。
　この改革の目的は、2006(平成18)年3月の衆議院本会議での中馬弘毅担当大臣の趣旨説明によれば、次のように述べられている。

現行の公益法人制度については、主務官庁の許可主義のもと、法人格の取得と公益性の判断や税制上の優遇措置が一体となっているため、法人設立が簡便でなく、また、公益性の判断基準が不明確であるなど、様々な批判、指摘がなされてまいりました。一方で、内外の社会経済情勢の変化に伴い、民間の団体が自発的に行う公益を目的とする事業の実施を促進して、活力ある社会を実現することが重要となっております。さらに、官から民への流れの中で、こうした民間の団体の発展を推進することは、簡素で効率的な政府を実現するための行政改革の実現にも不可欠なものであります。
　そこで、現行の公益法人制度を改め、法人格の取得と公益性の判断を分離することとし、これら三法案を提出するものであります。

このような説明は、2003（平成15）年6月27日の閣議決定「公益法人制度の抜本的改革に関する基本方針」では、「改革の趣旨」として次のように述べられている。

　我が国において、個人の価値観が多様化し、社会のニーズが多岐にわたってきている中、行政部門や民間営利部門では満たすことのできない社会のニーズに対応する多様なサービスを提供し得る民間非営利部門を、社会経済システムの中に積極的に位置付けることが重要である。
　また、民法制定以来100余年にわたり抜本的な見直しが行われていない現行の公益法人（民法第34条に基づく社団及び財団をいう。以下同じ）の制度については、歴史的に大きな役割を果たしてきたものの、主務官庁の許可主義の下、法人設立が簡便でなく、公益性の判断基準が不明確であり、営利法人類似の法人が存続しているなど様々な批判、指摘を受けるに至っている。このため、こうした諸問題に適切に対処する観点から現行の公益法人制度を抜本的に見直し、広く民間非営利部門の活動の健全な発展を促進することが重要な課題となっている。

ここに見られるように、第1に、「民間非営利部門を、社会経済システム

の中に積極的に位置付けること」、であり、第2に、「主務官庁の許可主義の下、法人設立が簡便でなく、公益性の判断基準が不明確であり、営利法人類似の法人が存続しているなど様々な批判、指摘を受け」ていること、があげられている。つまり、第1に、民間非営利セクターを発展させていく基盤整備という積極的な理由であり、第2には、従来の公益法人制度の持つ弊害への社会的批判への対応といういわば消極的な理由である。

この改正はどのような経緯をたどり、その結果どのような制度改革が実現したのか、またその評価はどのようになされるべきであろうか。これが第1の論点である。

第2の論点について

この論点は、公益認定及び監督の制度に係るものである。

公益認定と公益法人及び公益目的支出計画を持つ法人に対する監督は、独立性を持つ民間の有識者委員会によることによって、従来の官庁による許可の恣意性や不透明性（「政府の考える公益基準による弾力的運用」とも言いかえることもできるが）の弊害を是正しようとする制度改革趣旨があった。

このことは、日本の制度のモデルとなった諸外国においても明確に制度化のポイントであった。例えば、第1に、今回の制度改革のモデルとなったイギリスのチャリティ・コミッション制度において、委員会自体が大臣の統制の下から外れ独立に直接公益認定をする権限を持っている。また第2に、先行して法制化された、認定特定非営利活動法人の認定の際に、アメリカの税務上の区分における「パブリックサポートテスト」、すなわち幅広い人々から寄付を集めている団体は公益性を持っていると推定するという手法、が使われている。ともに、できるかぎり行政官僚制の判断から自立させようとする制度メカニズムが採用されている。

日本では、公益認定等委員会（及び都道府県においてはそれに該当する委員会・審議会等）は、国の場合、国家行政組織法に定めるいわゆる「3条委員会」ではなく、「8条委員会」の1つ（都道府県においては、執行機関ではなく付属機関）である。このことが意味することは、3条委員会のように独立の行政庁としての意思決定権限をもつことも、またその独立性について

も、限定され、担当大臣（内閣府であるので内閣総理大臣）への諮問機関として位置づけられ、国会の同意人事であるものの、独立の意思決定を行うという点で大きな制約が課せられたということである。また、事務局も民間人を含む専門家が担うのではなく、通常の役人に任せられたことも、従来の役所の許可・監督行政からの離脱ができるのか、という点において、危惧も語られている。

もちろん、従来に比べれば、公益認定基準の明文化と公開、監督の際の答申などの公開等、透明性が格段に高まったこと、民間から選出された委員の瑞々しい運営方針やメッセージの公開など、新しい息吹を感じさせる動向も明確である。この現実をどのように評価することができるであろうか。

また、認定業務は、新しい公益法人等に関する監督業務の開始に繋がるが、この新しい監督業務の具体的な執行方法についての議論も存在している。

一方で、明確な基準に基づいて法人の運営上の違法性や認定された公益性を毀損するような団体に対する排除を行うことによって、セクターの信頼性を担保することが期待されるとともに、他方では、民間公益活動の幅広い発展のためにそれを支援し、かつ民間セクターにふさわしい自立性を保障して自己統治の領域を尊重する、つまり社員や評議員による法人構成員の自治を尊重することのバランスが求められる。それらは、法人の規模にも関係してくるし、内閣府での認定・監督の基準・方法と、都道府県でのそれとの間の差にも関係している。

以上2つの論点は、従来の主務官庁制度が支えてきた「国家公益独占主義」や官による民に対するパターナリスティックとも言える過剰な干渉が、制度改革にも関わらず継続し、新しいパターナリズムの体制が確立されるのか、あるいは新しい体制によって、改革目的が達成され、市民社会セクターの自立性と透明性、さらには信頼性が向上することになるのか、という基本的な問題を問うことに直結している。

第1章
公益法人制度改革の現状と今後の展望

雨宮孝子

はじめに

　筆者は、本原稿執筆時点（平成26年5月末日）で、内閣府公益認定等委員会（以下、公益認定等委員会）第3期目の常勤委員として勤務している。本稿の資料については公益認定等委員会事務局が作成したものであるが、本稿について意見にわたる部分は公益認定等委員会の意見ではなく、あくまでも筆者個人の意見であることを最初にお断りしておく。

1　公益法人制度改革の現状

(1) 旧公益法人制度の根拠法と問題点

　我が国の公益法人制度は、1896（明治29）年に公布、1898（明治31）年に施行された民法33条以下に根拠があった。改正前民法34条では、非営利で公益に関する社団又は財団が法人となるためには、その事業を所管する主

務官庁の許可が必要とされた[1]。

　歴史の長い公益法人も、新たな市民社会の主体としてまた民間非営利活動の多様なニーズに即応するため、その重要性が指摘されながらも、公益性の判断の不明確性や、縦割りの事業しかできない主務官庁制を理由に、自由で、柔軟な活動ができないなど批判が多く寄せられていた。例えば国際交流を行う外務省所管の法人は、厚生労働省との共管でない限り厚生労働省所管の事業である高齢者福祉事業はできない。また、当該法人が東日本大震災に際して両親を亡くした遺児への教育支援を行いたくても主務官庁の壁が立ちはだかる。公益法人としてより緊急なニーズにすぐに対応しようとしても柔軟性に欠ける点が問題となっていた。

　また、公益性の例示として学術・技芸・慈善・祭祀・宗教をあげているだけで公益性の定義もなく、財団法人はいくら基本財産があればよいのか、社団法人は何人の社員がいればよいのかの基準もなかった。つまり公益法人になれるかどうかは主務官庁の自由裁量に任されていたとも言える。

(2) 新公益法人制度の成立

　そこで、平成18年5月に「一般社団法人及び一般財団法人に関する法律（以下、一般法人法）」、「公益社団法人及び公益財団法人の認定等に関する法律（以下、認定法）」、「一般社団法人及び一般財団法人に関する法律及び公益社団法人及び公益財団法人の認定等に関する法律の施行に伴う関係法律の整備等に関する法律（以下、整備法）」のいわゆる公益法人関連三法が成立し、平成20年12月1日に効力を生じることになった。民法制定から110年ぶりの大改正である。

　図1-1は、新公益法人制度を旧制度と比べて図式したものである。

(3) 新公益法人制度の特徴

　この大改正の特徴としては、具体的には大きく4つある。

　1つめは主務官庁制の廃止である。これまで公益性の判断は主務官庁が

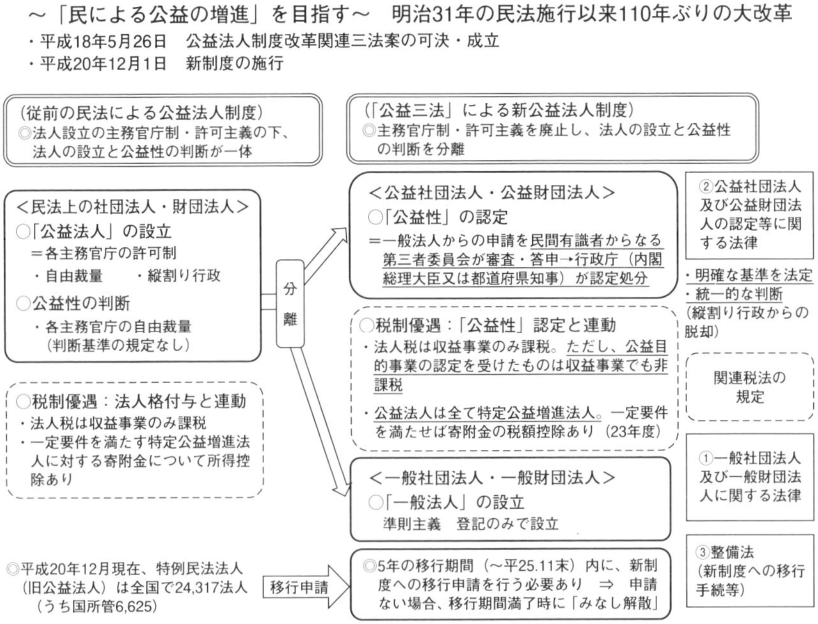

～「民による公益の増進」を目指す～　明治31年の民法施行以来110年ぶりの大改革
・平成18年5月26日　公益法人制度改革関連三法案の可決・成立
・平成20年12月1日　新制度の施行

（従前の民法による公益法人制度）
◎法人設立の主務官庁制・許可主義の下、法人の設立と公益性の判断が一体

＜民法上の社団法人・財団法人＞
○「公益法人」の設立
　＝各主務官庁の許可制
　・自由裁量　・縦割り行政
○公益性の判断
　・各主務官庁の自由裁量
　（判断基準の規定なし）

○税制優遇：法人格付与と連動
・法人税は収益事業のみ課税
・一定要件を満たす特定公益増進法人に対する寄附金について所得控除あり

◎平成20年12月現在、特例民法法人（旧公益法人）は全国で24,317法人
（うち国所管6,625）

（「公益三法」による新公益法人制度）
◎主務官庁制・許可主義を廃止し、法人の設立と公益性の判断を分離

分離 →

＜公益社団法人・公益財団法人＞
○「公益性」の認定
　＝一般法人からの申請を民間有識者からなる第三者委員会が審査・答申→行政庁（内閣総理大臣又は都道府県知事）が認定処分

○税制優遇：「公益性」認定と連動
・法人税は収益事業のみ課税。ただし、公益目的事業の認定を受けたものは収益事業でも非課税
・公益法人は全て特定公益増進法人。一定要件を満たせば寄附金の税額控除あり（23年度）

＜一般社団法人・一般財団法人＞
○「一般法人」の設立
　準則主義　登記のみで設立

移行申請 →

◎5年の移行期間（～平25.11末）内に、新制度への移行申請を行う必要あり　⇒　申請ない場合、移行期間満了時に「みなし解散」

②公益社団法人及び公益財団法人の認定等に関する法律
・明確な基準を法定
・統一的な判断
（縦割り行政からの脱却）

関連税法の規定

①一般社団法人及び一般財団法人に関する法律

③整備法（新制度への移行手続等）

図1-1　「公益三法」による新公益法人制度

行っていたが、新公益法人制度では民間有識者からなる公益認定等委員会または都道府県の合議制の機関が審査・答申し、行政庁（内閣総理大臣又は都道府県知事）が認定処分を行うことになった。これにより主務官庁による縦割りの許可・監督ではなくなり、活動の追加や変更は、一定の手続きを経れば原則、自由にできることになった。

　2つめは、公益性の有無に関係なく登記のみ（準則主義）で設立できる一般法人制度の創設である。これまで公益でもないが営利でもない（いわゆる非営利）団体が法人格を取得する道は特別法がなければ認められず、法人格のない任意団体は不動産の登記名義人になれないなどの現実的な問題点などもあった。また、前述のように社団、財団の成立要件も不明確であった。そこで一般法人法では、準則主義であることや、一般財団法人は基本財産300万円で、一般社団法人は社員2人で設立できることが明記された。既に全国

で2万を超える一般法人が新たに設立している[2]。一般法人の所管官庁はないので、全国でどのくらいの数の一般法人が設立されているか正確な数字は不明であるが、これらも公益認定を受ければ公益法人となる潜在的な法人である。

　3つめは、公益目的事業の定義や認定基準などが法定化され、よりわかりやすくなったことである。公益目的事業の定義は、認定法第2条第4号に規定されている。公益目的事業とは、まず、当該事業が認定法別表に掲げる種類の事業、具体的には、①学術・科学技術振興、②文化・芸術振興、③障害者・災害被害者等支援、④高齢者福祉増進、⑤就労支援、⑥公衆衛生向上、⑦児童・青少年育成、⑧勤労者福祉向上、⑨教育・スポーツ、⑩犯罪防止・治安維持、⑪事故・災害防止、⑫人種等差別の防止・根絶、⑬思想良心等の自由尊重、⑭男女参画等より良い社会形成、⑮国際相互理解の促進、⑯環境保護、⑰国土の利用保全整備、⑱国政の健全な運営確保、⑲地域社会の健全な発展、⑳経済活性化・国民生活安定、㉑エネルギー等の安定供給、㉒消費者利益の擁護等、㉓政令で定めるものの23項目に該当することが必要である（23番目の政令は規定されていないので、実際は22項目である）。これらの1つまたは複数に該当する事業で、かつ、不特定・多数の者の利益の増進に寄与するものが認定法上の公益目的事業である（認定法第2条第4号）。公益認定等委員会でも、公益目的事業の認定に際しては、公益性と特定の者への利益、言い換えれば共益性が議論になることが多い。受益者等が特定の範囲に限られる場合、基本的には、公益ではなくて共益と考えられるが、受益者が特定の範囲に限られるとしても、受益の効果が広く社会全体に及ぶことを積極的に意図して事業が行われている場合、例えば、受益者が難病の患者で、現時点では数が少ない場合であっても、利益の及ぼす範囲を考慮すると、実質的に受益者が多数に及ぶ可能性がある場合は「不特定多数の利益」の増進に寄与すると判断される場合もある[3]。公益性があるか、共益なのかは、個別の事案に応じて、事業の合目的性や不特定かつ多数の利益に増進に寄与することの認定に係るチェックポイントへの適合性、受益の機会の公開などいくつかの点を考慮して、公益認定等委員会や都道府県の合議制機関で議論され判断される[4]。

また、公益性の認定基準も法定化され、旧公益法人制度の時よりはわかりやすくなった。公益性の認定基準については、認定法第5条第1号から同条第18号に規定されている。具体的には、①公益目的事業を行うことが主たる目的であること（1号）、②公益目的事業に必要な経理的基礎及び技術的能力があること（2号）、③公益目的事業に係る収入がそれを実施する支出を上回らないこと――いわゆる収支相償（6号）、④公益目的事業比率が50％以上であること（8号）、⑤遊休財産額が年間の公益目的事業費を超えないと見込まれること（9号）、⑥当該法人の関係者等や営利事業を営む者等に特別の利益を与えないこと（3、4号）、⑦同一親族及び同一団体関係者が、理事及び監事のそれぞれ3分の1を超えないこと（10、11号）など18項目ある。
　これにより公益性の認定もある程度透明化が図られることになった。
　4つめは、公益目的事業の認定を受けた事業からの収益には課税されないことや、公益法人に対する寄附金に係る優遇措置などの税制優遇が認められた点である。これが新公益法人制度のもっとも大きなメリットである。寄附税制のメリットのおかげで公益法人への寄附金額が従来の公益法人より非常に大きなものになったことについては後述する。
　公益法人制度の大改正は、民間による公益の重要性にかんがみ、多様なニーズに即応できる自由で柔軟な制度にすべく、言い換えれば国の補助金などによらない民による公益の増進を推進するためのものであったと言えよう。

2　新公益法人制度における審査の概況

(1)　移行認定及び移行認可の概況

　新公益法人制度の施行時（平成20年12月1日）の特例民法法人（旧公益法人制度において設立された公益法人）は、約2万4000法人だったが、新公益法人制度への移行期間（後述）中に解散や合併をした法人もあり、移行申請をした法人数は約2万法人であった。特例民法法人は、平成20年12月

1日から25年11月30日までの5年間（以下、移行期間）に、1）公益社団法人又は公益財団法人への移行認定か、2）一般社団法人又は一般財団法人への移行認可の申請を行わなければならない。一般法人への移行認可では、先ほど示した公益性の認定ではなく、これまで公益のために蓄積してきた財産（以下、公益目的財産）を、公益的な事業の実施か、特定の公益的法人に寄附をすること（以下、実施事業）により当該財産を支出する計画である「公益目的支出計画」を作成することになる。当然ながら、一般法人に移行した後、改めて公益認定を申請することは可能である。

　5年間の移行期間満了時では、9050法人が公益法人への移行、1万1679法人が一般法人への移行を選択した。一方、移行期間内に移行の申請を行わなかった法人は法律上解散したとみなされるが、このような法人も426件あった。

　図1-2は、移行期間の満了時における申請法人数の概況、また、図1-3は、平成26年2月末日現在の申請・審査の状況である。

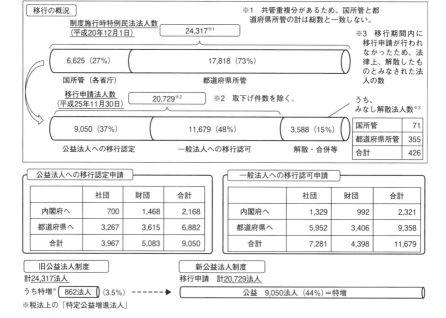

図1-2　公益法人制度改革における移行期間の満了について

特例民法法人は、公益目的事業又は実施事業が一都道府県に限定される法人は各都道府県に、それ以外の場合は内閣府に、公益法人への移行認定申請か一般法人への移行認可申請を行うことになっている。

　内閣府では公益法人への移行認定は2168件（社団が700、財団が1468）で、一般法人への移行認可申請は2321件（社団1329、財団992）、都道府県では、公益法人への移行は6882件（社団3267、財団3615）、一般法人への移行認可申請は9358件（社団5952、財団3406）である（図1-2参照）。どちらの場合も一般法人への移行が公益法人への移行認定よりも数が上回っている。一般法人への移行を望んだ理由としては、公益目的事業が50%を超えなかったとか、より自由に活動したいとか、事務局体制が脆弱で、必要な書類ができないなどいろいろである。中にはいったん一般法人へ移行した後、体制をととのえてから公益法人への認定を行う意向の法人もある。

(2) 新規公益認定の概況

　平成26年2月末現在で、新公益法人制度の下で新規に公益認定を申請した法人（移行認定申請以外で公益認定申請した法人）は、内閣府では173法人、都道府県では146法人である（図1-3参照）。

(3) 不認定又は不認可の概況

　移行期間中に公益認定申請（移行認定及び新規の公益認定）を行った法人のうち、不認定となった法人は、平成26年2月末日現在、内閣府で3件、都道府県で8件となっている[5]。

　また、移行認可申請を行った法人で不認可となったものは、平成26年4月末現在で1件である。このケースは、不認可の処分日が移行期間を経過した後であったため、あらためて移行認定・認可の申請ができず、処分日に解散となる。この法人は神奈川県に所住する財団法人で、神奈川県公益認定等審議会は、当該法人が申請した公益目的支出計画の内容に対して、実施事業及び公益目的財産額の算定がいずれも適切なものとは認められず、それゆえ

```
┌─────────────────────────────────┐  ┌─────────────────────────────────────┐
│   内閣府における申請・審査状況   │  │  都道府県における申請・審査状況     │
├─────────────────────────────────┤  ├─────────────────────────────────────┤
│ ┌──────┐                        │  │ ┌──────┐                            │
│ │ 移行 │                        │  │ │ 移行 │                            │
│ └──────┘                        │  │ └──────┘                            │
│ ○申請数                         │  │ ○申請数                             │
│   4,494法人（認定2,172法人、    │  │   16,242法人（認定6,882法人、       │
│   認可2,322法人）                │  │   認可9,360法人）                   │
│ ○答申状況：                     │  │ ○答申状況：                         │
│   4,363法人（認定2,130法人、    │  │   15,810法人（認定6,747法人、       │
│   認可2,233法人）                │  │   認可9,063法人）                   │
│        (98.1%)   (96.2%)        │  │        (98.0%)    (96.8%)           │
│                                 │  │                                     │
│ ※認定に係る答申2,130法人のうち、│  │ ※認定に係る答申6,747法人のうち、    │
│   不認定は2法人                 │  │   不認定は7法人                     │
│ ┌──────────────┐                │  │ ┌──────────────┐                    │
│ │ 新規公益認定 │                │  │ │ 新規公益認定 │                    │
│ └──────────────┘                │  │ └──────────────┘                    │
│ ○答申状況：173法人             │  │ ○答申状況：146法人                  │
│   ※うち、不認定は1法人          │  │   ※うち、不認定は1法人               │
└─────────────────────────────────┘  └─────────────────────────────────────┘
```

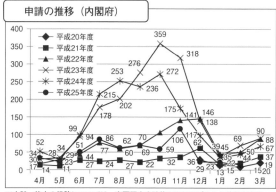

※申請・答申の推移については、変更認定申請等や取り下げられた件数を含む。

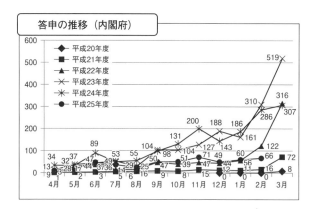

図1-3　申請・審査の状況（平成26年2月末現在）

当該公益目的支出計画が適正であると認められないと判断した[6]。

　なお、特例民法法人は、原則、公益法人への移行認定申請と一般法人への移行認可申請を同時に行うことはできない（整備法99条2項、同法115条2項）。ただし唯一の例外として、公益法人への移行認定申請をした法人に対し、移行期間内に移行認定の処分がされなかった場合に限り、当該法人は移行認定申請を取り下げることなく、一般法人への移行認可申請をすることが認められている（整備法116条1項）[7]。

3　公益法人等の現況

(1)　平成24年度の財務に関するデータ

　さて、次に24年度の公益法人の事業報告書等及び一般法人の公益目的支出計画実施報告書等から、公益法人の平成24年度における活動の現状について説明する。行政庁に24年度の活動実績を報告した公益法人5484法人（内閣府1646、都道府県3838）では2兆5857億円の公益目的事業を実施している。1年間に公益目的事業として社会に支出した金額である。ちなみにこの金額は平成25年度の北海道の一般会計と同様の額である。特例民法法人から移行した一般法人でも年間5041億円を公益目的事業に支出している（図1-4b参照）。これらの公益法人と一般法人の年間公益目的支出額は約3兆円にもなり、この額は大阪府の平成25年度の一般会計に匹敵する。

(2)　平成25年12月1日時点での組織に関するデータ

　図1-4cは、平成25年12月1日時点の公益法人の職員数、理事数及び評議員数を示している。同時点において、18万人を超える常勤職員、8000人を超える常勤理事が働いている。わが国の銀行で働いている約31万人には及ばないが、日本証券業協会会員の証券会社の従業員数8万3000人は軽く超えている。意外に大きなセクターであるにも関わらず、社会的認知度はそ

れほど高くはないのが残念である。

(3) 寄附金の優遇

平成20年4月1日現在の特例民法法人では862法人しか認定されなかった寄附金の優遇制度である特定公益増進法人が、制度改革後には9050法人となり、約10倍の数になった（図1-2参照）。寄附金0円というのも2818法人あるが、24年度中に集めた寄附金は2157億円になっている（図1-4a参照）。特例民法法人では平均約1600万円の寄附金だったが、公益法人では約2.4倍の3900万円である。税の優遇が効果をあげていると言えよう（図1-4b参照）。

本資料は、公益法人及び公益目的支出計画実施中の一般法人から行政庁（内閣府又は都道府県）に提出された平成24年度の活動実績（同年度中に事業年度を終了した法人の活動実績）を報告する定期提出書類（公益法人：事業報告等　一般法人：公益目的支出計画実施報告書等）に基づき集計したものです。活動実績の報告については、1事業年度経過後3か月以内に行政庁へ提出することとなっています。

公益法人　5,484法人（内閣府1,646（社団515・財団1,131）、都道府県3,838（社団1,834・財団2,004））

T＝合計値、A＝平均値、M＝中央値

	正味財産額（億円）			公益目的事業費（億円）			公益目的事業比率（％）		会費収入（百万円）※1			寄附金収入（百万円）※2		
	T	A	M	T	A	M	A	M	T	A	M	T	A	M
社団 2,349	7,864	3.3	0.4	7,772	3.3	1.0	84.2	89.7	39,819	20.2	2.0	14,129	17.0	1.0
財団 3,135	74,378	23.7	5.1	18,085	5.8	0.8	84.7	87.2				201,545	109.9	8.0
合計 5,484	82,242	15.0	1.6	25,857	4.7	0.9	84.5	87.9				215,674	80.9	4.0

※1　会費収入を受けている社団（1,974）の数値
※2　寄附金収入を受けている法人（社団1,834、財団832、合計2,666）の数値

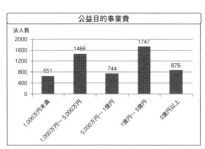

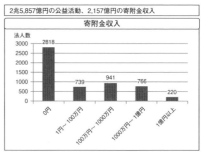

2兆5,857億円の公益活動、2,157億円の寄附金収入

図1-4a　公益法人等の現況（平成24年度 財務に関するデータ）

T=合計値、A=平均値、M=中央値						
	公益目的財産残額（百万円）			公益目的支出／年（百万円）		
	T	A	M	T	A	M
社団 2,052	819,700	399	48	196,111	96	13
財団 1,314	2,021,518	1,538	252	308,026	234	23
合計 3,366	2,841,219	844	97	504,137	150	16

※ 四捨五入により、内数の計が合計欄の数値と一致しない。

一般法人の公益目的の活動規模は、5,041億円

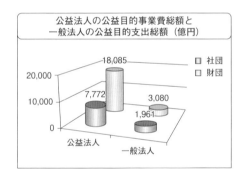

公益法人と一般法人合わせて計3兆円超の公益活動を実施

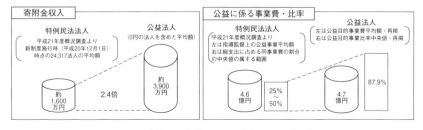

図1-4b　特例民法法人から移行した一般法人

図1-4c　公益法人等の現況（平成25年12月1日時点　組織に関するデータ）

　特に寄附金収入に関する実態調査では、平成23年度の税額控除導入後では（表1-1参照）、税額控除対象法人への個人の寄附金が非常に増加していることがわかる。新しい公益法人制度では寄附に対する税制が優遇され、この点が最も大きい成果であった。これだけの優遇税制は他の国にはないとも言える。

(4) 公益法人の活動分野

　次に公益法人の公益目的を見てみる。公益法人全体では、1位が地域社会の健全な発展（35.8%）、2位は児童・青少年育成（19.5%）、3位は高齢者福祉（18.8%）である。内閣府所管では、1位が学術・科学技術、2位が文化・芸術、第3位が児童・青少年育成である（図1-5a参照）。新規で公益認定を受けた法人では、1位が児童・青少年育成、2位が地域社会の健全な発展、3

表 1-1　公益法人の寄附金収入に関する実態調査

○平成25年9月10日から10月1日、公益社団法人及び公益財団法人の寄附金収入に関し、税制上の措置の影響等の実態を把握することを目的とした調査を実施
○平成25年9月9日時点における公益法人8,515法人を対象とし、回答法人数は3,987法人（46.8%）（このうち、税額控除対象法人は341法人（回答法人数の8.6%）)

●寄附金収入額（税額控除制度導入（平成23年度）前後の比較）　本年2月末現在、税額控除対象は799法人

調査回答法人の一法人当たり平均額（百万円単位）

	税額控除制度導入前 （平成20年度～22年度平均）			税額控除制度導入後 （平成23年度～24年度平均）		
		うち税額控除 対象法人	うち非税額控 除対象法人		うち税額控除 対象法人	うち非税額控 除対象法人
総額	72	255	55	95	387	67
個人寄附	13	39	11	29	114	21
法人寄附	54	164	43	65	263	46

制度導入前後の比較（比率）

		うち税額控除 対象法人	うち非税額控 除対象法人
総額	131%	152%	123%
個人寄附	218%	294%	192%
法人寄附	121%	160%	107%

増加率が最も高いのは、税額控除対象法人の個人寄附

●寄附件数（税額控除制度導入前後の比較）

調査回答法人の一法人当たり平均件数（個人寄附）

	税額控除制度導入前 （平成20年度～22年度平均）			税額控除制度導入後 （平成23年度～24年度平均）		
		うち税額控除 対象法人	うち非税額控 除対象法人		うち税額控除 対象法人	うち非税額控 除対象法人
合計	56.6	324.8	31.7	71.2	420.1	38.8

制度導入前後の比較（比率）

回答法人 全体	うち 税額控除対象法人	うち 非税額控除対象法人
126%	129%	122%

税額控除対象法人の方が増加率が高い

●寄附募集の方法

・調査回答法人において、平成20年度から24年度までの間に寄附金募集を実施したのは年間平均786法人（約20%）
・「HPへ掲載」の方法が最も多く、寄附金募集を実施する法人が増加傾向

	寄附金募集を実施した法人数						
		HPへ掲載	DM	個別訪問	街頭募金	電話	その他
平成20年度	724	365（50%）	230（32%）	155（21%）	99（14%）	58（8%）	151（21%）
平成24年度	883	513（58%）	274（31%）	207（23%）	125（14%）	79（9%）	158（18%）

位が障害者・災害被害者等となっている（図1-5b参照）。かつて特例民法法人の時代では、学術・科学技術に対して税制優遇が認められていたということもありこの分野の設立が多く見られたが、新規の法人では、現在のニーズに合った法人が設立されていると思われる。深読みすれば、国際よりも内向きなニーズが大きいと言えるのかもしれない。

(5) NPO法人を前身として一般法人設立後に公益認定を受けた法人の主なもの

資料1-1は、NPO法人を前身として一般法人を設立し、公益認定を受けた主な法人の例をあげた。NPO法人で活動するほうが良いか、公益法人で活動するほうが良いかは、法人設立者の自由に任されている。法人設立者の立場としては、選択肢が多いほうが良いように思う。公益法人が他の非営利法人とどのような関係になるかについては今後の検討課題である。

4　公益法人に対する勧告

公益認定等委員会、各都道府県の合議制機関及び行政庁は、公益法人に対して監督する権限がある。

平成26年5月末現在で内閣府から法人に対して勧告が出されたのは、（公財）全日本柔道連盟、（公財）日本アイスホッケー連盟、（公社）全日本テコンドー協会（全日本テコンドー協会へは2度）、（公社）日本プロゴルフ協会の5件4法人である。なお都道府県では、静岡県公益認定等審議会から静岡県知事に対し、（公財）静岡県学校給食会に対して行政指導を行うよう勧告した1件だけである。[8]

（公財）全日本柔道連盟（平成25年7月23日勧告）では、①女子日本代表選手の指導における暴力、②多年にわたる(独)日本スポーツ振興センターからの助成金の不適正受給及びそれを原資とする簿外資金運用、③その他セクハラ疑惑などの不祥事が相次ぎ、これらに対する理事、監事、評議員という各機関による責任が果たされていない等の指摘がなされた。勧告事項とし

第1章　公益法人制度改革の現状と今後の展望　31

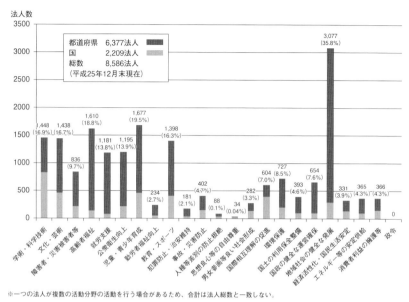

図1-5a　公益法人の活動分野（23分野）別比率　【国・都道府県】

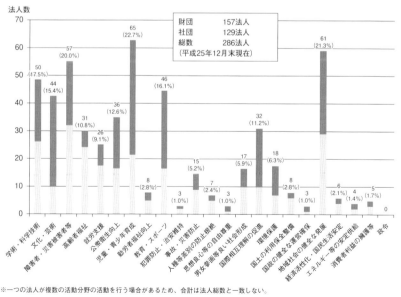

図1-5b　公益法人の活動分野（23分野）別比率　【新規公益認定】

(公財)	School Aid Japan	平成21年 3月19日認定答申
(公社)	日本認知症グループホーム協会	平成22年 3月12日 〃
(公社)	こんぴら賢人記念館	〃 3月25日 〃
(公財)	スペシャルオリンピックス日本	平成24年 3月 7日 〃
(公財)	ネイチャリング財団	〃 8月 3日 〃
(公財)	HLA研究所	〃 9月21日 〃
(公財)	パブリックリソース財団	平成25年 1月11日 〃
(公社)	パークゴルフ協会	〃 1月24日 〃
(公社)	日本臨床細胞学会	〃 3月15日 〃
(公社)	日本婦人科腫瘍学会	〃 10月25日 〃

このうち、「公益法人information」上の活動紹介に掲載されている、(公財)スペシャルオリンピックス日本の紹介文を抜粋します。

> スペシャルオリンピックスは、知的障害のある人たちに年間を通じて、オリンピック競技種目に準じたさまざまなスポーツトレーニングと競技の場を提供し、参加したアスリートが健康を増進し、勇気をふるい、喜びを感じ、家族や他のアスリートそして地域の人々と、才能や技能を分かち合う機会を継続的に提供します。
> スペシャルオリンピックスの最大の目標は、アスリートたちのさまざまな能力を高めること、彼らに自信と勇気を持ってもらうこと、そして彼らの心と体を成長させることにあります。

資料1-1　ＮＰＯ法人を前身に一般法人を設立し、公益認定を受けた主な法人の例

ては、技術的能力（暴力等の不当行為に依存しない競技者等の適正な育成を組織的に実施する能力）及び経理的基礎（適切な費用管理及び助成金等を受け入れる場合のコンプライアンスの徹底）の回復、不適正受給した助成金の返還及び再発防止策等の徹底、法人各機関の責任の明確化などである。

（公財）全日本アイスホッケー連盟（平成25年11月19日勧告）では、役員の選解任を行った評議員会において、法人の任意設置の機関である役員推薦委員会の議を経ていない役員候補者が提案され、選任されたところ、旧代表者が、役員推薦委員会の推薦を経ていない役員候補者を評議員会が選任することは定款等に反するという理由から当該役員改選結果を争い、新旧役員交代が停止し、法人業務の適正な引き継ぎが不能となった。このことは、法人の役員の選解任に係る定款等及び運用が、評議員の議案提案権と評議員会の議決権を定める一般法人法に違反する疑い（一般法人法185条、63条、177条、178条）があるため、勧告事項としては、評議員会の役員選任結果に基づく業務引き継ぎと適正な業務執行体制の確立等による、一般法人法に

基づく法人運営の確立である。

　（公社）**全日本テコンドー協会**（平成 25 年 12 月 10 日勧告、平成 26 年 4 月 16 日勧告）には、2 度の勧告がなされた。1 件目は、定款ではなく理事会決議で制定された賞罰規定に基づき社員の資格停止処分を受けると社員総会における社員の議決権行使が全くできなくなるという法人運営が、一般法人法違反（48 条）に当たる恐れがあるため、全社員に社員総会における議決権の行使を認めること、賞罰規定に必要な措置を講ずることが勧告された。2 件目は、①代表理事の主導により簿外の資金の流れが平成 19 年から 23 年の少なくとも 5 年続いたこと、②代表理事個人の財布と法人の会計が分離されていないこと（代表理事は助成金を自ら集金し、それを自己または自己の関係会社名義で寄附し、寄附金控除等を受けていた）、③公益社団法人に移行した時点では簿外資金の残額はないと言っているが、その根拠が示されていないこと等公益法人として必要な経理的基礎が備わっているとは言えないことに対し、これらに必要な措置を取ることなどが勧告された。

　（公社）**日本プロゴルフ協会**（平成 26 年 4 月 1 日勧告）では、役員等の暴力団員等との関わりが疑われたことに対し、役員からの暴力団員等の排除、暴力団員等が事業活動を支配しているとの疑いの排除のために必要な措置を講じ、公益法人として事業を適正に実施し得る体制の再構築、再発防止策の徹底などが勧告された。

　いずれも認定法及び一般法人法違反の疑いで報告徴集後に勧告が出された。一定の期間を区切り、勧告内容に応じて、妥当な措置をとるよう要求している。今のところは勧告だが、この先、勧告に従わなければ、命令さらには取消処分へと移る可能性はある。なお、前記（公社）全日本テコンドー協会は、平成 26 年 4 月 23 日の総会で、公益認定の返上が決議された（同協会ホームページ〈http://www.ajta.or.jp/〉参照）。今後、法人からの公益認定の取消の申請に基づき内閣府が公益認定を取消した場合、新制度になってから初めての公益認定取消しのケースとなる。なお、公益認定の取消しがなされると、一般法人となり、1 カ月以内に公益目的取得財産額を類似の公益法人か国等に贈与しなければならない（認定法 30 条）。また 5 年間は公益認定申請はできなくなる（認定法 6 条 2 項）。

5　新公益法人制度の今後の展望

　公益法人の現状を説明してきたが、今後、民間公益活動を推進していくためにはどのようにしたらよいか。

(1) 新公益法人制度の定着

　ひとまず、新公益法人制度を社会に定着させて行くことがまず大事である。さらにかなり自由度が高くなったこの制度を利用して、新しい公益法人が次ぎ次ぎ生まれてくることにも期待したい。新設の一般法人からの公益認定申請もあることはあるが、一般法人の全体数から見ると、公益認定申請がやや少ないように思える。

(2) 寄附文化の醸成

　さらに税制優遇を活用して寄附文化の醸成が望まれる。日本では寄附の習慣がないといわれているが、大災害をきっかけに民による支援のかたちがかなり工夫されてきているのではないか。せっかく税制優遇があるのに2800を超える法人が寄附を集めていないという事実は残念としか言いようがない（図1-4a参照）。寄附をしやすくする環境作りを議論することも必要だと思われる。特に継続的に寄附をして、公益事業にも参加してくれるサポーターを増やす努力が必要と思われる。そのために各法人が自分たちの事業をわかりやすく情報公開することが何より大事である。所得控除だけでなく、税額控除による少額の寄附もできるようになり、個人寄附が増加したことは非常に良いことである。今後は年末調整で寄附がしやすくなる仕組みなども考えるべきだと思われる。

(3) 制度の改善策

　また、制度の定着と同時に、この制度を使いやすくするために制度の改善策も考えるべきである。現在、公益認定等委員会では法人規模に応じてより使いやすい会計処理の検討会が開始されている。

(4) 不祥事への対応

　次に、これまで多くの公益法人の不祥事は、役所による監督の強化で止められなかったのはご存じの通りである。これは、法人自身の自律、自浄作用でかなえるものである。法人の組織としてのガバナンスに配慮し、税の優遇が認められているということは、国民の浄財を使用しているわけである。このことを念頭に置いて事業を行えば、おのずと各機関の責任の重要性も認識できるはずである。

　新公益法人制度の内容や法規定を知らないことで法律違反が起きることもある。例えば、立ち入り検査でしばしばみられることは、各事業年度の計算書類を定時評議員会の2週間前までに主たる事務所に備えておくために財団法人の理事会と評議員会は中2週間をあけなければならないという規定を見落としている法人が多くある。新しい公益法人制度は適用条文も多くなり、確かにわからないところも多くある。この点については、中間支援団体の協力が効果を上げている。公益法人同士の勉強会なども重要だと思われる。公益認定等委員会からもわかりやすい情報を流したり、申請や運営に関する相談会を各地で行っている。

(5) 情報公開・他の非営利団体との連携・世界への発信

　さて、最後に今後の大きな問題である。公益法人は自ら積極的に情報公開を行う必要があることは前述した。一方、公益法人については、公益認定等委員会が詳細なデータを保有することになる。このデータは、何らかの形で、公益認定等委員会から公表される予定である。

他の非営利法人との連携も公益活動の増大や制度の検討に大いに役立つものと思われる。また、多くの貴重なデータを利用して国際比較をするなど研究者たちとの連携も必要となってくる。今後は日本から世界へ向けて正しい情報を発信していくことが心から望まれる。

注

1 改正前民法34条は、整備法38条により廃止された。
2 全国でどのくらいの数の一般法人が設立されているか正確な情報はない。平成24年12月末現在、法務省公表の法人登記件数から推測すると、約1万8100件と考えられる。
3 新公益法人制度研究会編著『一問一答公益法人関連三法』商事法務、2006年、194頁参照。共益目的と公益目的については、能見善久「新公益法人制度と公益認定に関する問題」『ジュリスト』有斐閣、1421号、2011年、29頁以下に詳しい。
4 「不特定かつ多数の者の利益の増進に寄与するもの」の事実認定に当たっての留意点については、「公益認定等に関する運用について(公益認定等ガイドライン)」、2008年4月(2013年1月改定)内閣府公益認定等委員会、20頁以下参照。
5 移行認定申請に対する不認定でも、先に示した申請期間内であれば、再度の移行認定申請でも一般法人への移行認可申請でも行うことが可能である。不認定になった法人の多くが一般法人への移行認可の申請をしている一方、不認定になった法人でも、申請期間内に再度公益認定申請をして認められたケースもある。
6 神奈川県公益認定等審議会のホームページ参照。各都道府県の合議制機関の審議状況については、内閣府公益法人information〈http://www.koeki-info.go.jp〉から各都道府県の合議制機関のホームページにアクセスすることができる。
7 前掲書、『一問一答公益法人関連三法』268-269頁参照。
8 静岡県公益認定等審議会ホームページ参照。平成26年3月7日付けで静岡県公益認定等審議会が静岡県知事に対し、(公財)静岡県学校給食会に対して指導するよう勧告。当該法人は、平成26年1月16日の浜松市内の小学校等で発生した食中毒事故への対応を含め、学校給食用の物資の供給という高度な安全安心が求められる事業に対し、外部への依存度が高すぎる点などを考えると、今後は食品衛生に関する専門家を役職員に登用するなど、事業実施に必要な技術的能力をより発展、向上させる必要があることから、そのために必要な措置をとるよう当該法人を指導することを、静岡県知事に対して勧告した。

第2章
制度改革の経緯

太田達男

はじめに

　本章では、我が国におけるそもそもの公益法人制度の成り立ち及び戦後における公益法人行政の変遷を瞥見し、ついで今回の制度改革に至った経緯を整理し、今後に残された課題を検討する。
　ここで最初に2点お断りしたい。
　まず第1に、筆者は、公益財団法人公益法人協会（公法協）の理事長として、この15年間、深く公益法人制度改革に民間非営利団体側から携わってきた者であるが、ここで引用する資料の多くは公法協の機関誌『公益法人』その他の出版物や内部の報告書等の記録に依存している。そのため自然その考察は公法協責任者の視点に立ったものであることを否定できないこと。
　第2に、事実ではあっても現時点では公表できないことも多々あり、そのため読者から見れば、やや抽象的ないし曖昧な記述と映らざるを得ない部分があること。

表 2-1　公益法人制度改革年表

年月	公益法人制度を巡る政府等の動き	年月	公法協等民間の動き
1896/4	旧公益法人制度根拠法（民法）公布		
1898/7	民法施行		
1971/5	佐藤総理公益法人の行政監察指示		
同/12	行政管理庁勧告		
1972/3	総理府に「公益法人の監督事務連絡協議会」を設置、「公益法人設立許可審査基準等に関する申し合わせ」を制定	1972/10	財団法人公法人協会設立 73年に会計基準検討会及び公益信託研究会設置
1977/3	「公益法人会計基準」制定	1977/9	米国カナダフィランソロピーミッションに参画
1977/5	我国第1号の公益信託2件設定		
1981/3	第2次臨時行政調査会発足	1982/11	公法協「公益活動基本法準備委員会」設置
1985/9	総務庁公益法人に対する行政監察実施	1985/10	公法協「公益法人及び公益信託に関する基本法要綱案」発表
1986/6	総理府に「監督事務連絡協議会」設置		
1991/1	総理府公益法人に対する行政監察実施		
1995/2	1月の阪神淡路大震災を受けて、「ボランティア問題に関する関係省庁連絡会議」設置	1995/6	公法協「ボランティア団体等の法人化と税制優遇について」要望書提出
1996/7	与党3党「行政改革プロジェクトチーム」「公益法人の運営等に関する提言」発表		
1996/9	「公益法人の設立許可及び指導監督基準」及び「公益法人に対する検査等の委託等に関する基準」が閣議決定		
1996/12	「公益法人の設立許可及び指導監督基準の運用指針」総理府制定		
1998/3	特定非営利活動促進法公布		
1998/12	特定非営利活動促進法施行		
1998/12	「公益法人の営利法人等への転換に関する指針」総理府制定		
2000/3	法制審議会民法部会、中間法人制度の中間試案発表	1999/9〜2001/2 2000/6	公法協理事長法制審議会民法部会に参加 公法協意見書提出
2000/12	「公益法人に対する行政の関与の在り方の改革」閣議決定		
2001/4	内閣官房行政改革推進事務局（以下、行革事務局）「行政委託型公益法人等の視点と課題」		
2001/6	中間法人法公布	2001/6	公法協「21世紀の公益法人と制度の在り方を探る」プロジェクトを立ち上げ

2001/7	行革事務局「公益法人制度についての問題意識―抜本改革に向けて」発表	2001/10	公法協、公明党ヒアリング出席、懇談
2002/3	「公益法人に対する行政の関与の在り方の改革実施計画」及び「公益法人制度の抜本的改革に向けた取組みについて」閣議決定	2002/3	公法協、民主党ヒアリング出席、懇談
2002/4	中間法人法施行	2002/6	公法協、自民党ヒアリング出席、懇談
2002/4～6	行革事務局有識者ヒアリング6回開催		公法協理事長3回出席
2002/8	行革事務局「公益法人制度の抜本的改革に向けて（論点整理）」発表	2002/9	公法協「論点整理」に関する意見書提出
2002/11	「公益法人制度の抜本改革に関する懇談会」設置、03/1まで7回開催	2002/11～2003/1	公法協理事長左記懇談会に委員として参加
2002/11～2003/3	政府税制調査会、基礎問題小委員会に「非営利法人課税ワーキング・グループ」を設置	2002/11	公法協「21世紀の公益法人と制度の在り方を探る」シンポジウム開催
		2002/12	公法協、民主党ヒアリング出席、懇談
2003/3	自民党「公益法人制度改革に関する申し入れ」を政府に提出	2003/2	税調委員4氏と公法協理事長が面談、要望 公法協「新公益法人制度の提言」発表
		2003/2	シーズ「公益法人制度改革に関する意見書」発表
2003/5	与・党行政改革推進協議会「公益法人制度改革に向けての意見集約」を発表	2003/3	公法協緊急記者会見 （社）芸団協等16団体と「緊急アピール」 日本NPOセンター「公益法人制度の抜本的改革の在り方についての提言」発表
2003/6	「公益法人制度の抜本的改革に関する基本方針」閣議決定	2003/4～6	与野党議員へのロビイング活動、アッピール声明、集会、長時間シンポ等
2003/11	「公益法人制度改革に関する有識者会議」設置	2004/1	民間法制・税制調査会発足（公法協事務局）
2004/3	有識者会議「議論の中間整理」発表	2004/3	公益法人制度改革問題連絡会発足（公法協事務局）
		2004/4～10	公法協全国対話集会をスタート、全国30か所で市民団体と公益法人制度改革問題をともに考える企画を実施
		2004/5	有識者会議「議論の中間整理」に対する意見書発表
		2004/10	民間法・税調報告書「これでよいのか政府の構想／民間の力を活かす22の提案」を発表
2004/11	有識者会議26回の討議を経て最終報告書を発表	2004/11	公法協理事長声明「有識者会議報告書について」関係各方面に配布

2004/12	（公益法人制度改革を含め）「今後の行政改革の方針」閣議決定	2005/4	民間法・税調非営利法人課税WGスタート
2005//6	政府税制調査会基礎問題小委員会・非営利法人課税WG合同会議「新たな非営利法人に関する課税及び寄附金税制についての基本的考え方」を発表	2005/5, 6	2回（総論と各論）にわたり政府税調、財務省、行革事務局へ「建議書」を提出
2005/12	公益法人制度改革関連法案の国会提出時期等閣議決定		
2005/12	新公益法人制度の概要意見募集	2006/1	左記に対する公法協意見書提出
		2006/3	自民党公法人委員会、法務部会、内閣部会合同会議に公法協理事長出席、意見
2006/3	公益法人制度改革関連3法案国会提出	2006/4	公法協理事長参考人として衆院行政改革特別委員会で意見陳述
2006/6	公益法人制度改革関連3法公布		
2007/4	公益認定等委員会発足		
2007/9	公益認定法・整備法施行令・施行規則公布		
2008/4	公益認定等ガイドライン・会計基準決定・発表		
2008/12	公益法人制度改革関連3法施行	2008/12	公法協電子申請
		2009/12	公益法人制度改革問題連絡会第14回を衆院第2議員会館で開催し、行政庁の不適切な指導を改めるようアピール
2013/11/30	特例民法法人の新制度移行期間満了	2009/12	仙谷行政刷新担当相宛不適切な指導を改めることなどの要望書を提出

注1　本年表は公益法人協会で作成している年表中、本論考で引用している部分を中心に編集した。研究者等で希望される場合は、連絡していただければ公法協作成年表を無料で贈呈させていただく（公益法人協会ホームページ〈http://www.kohokyo.or.jp/〉）。

注2　小島廣光氏（椙山女学園大学教授）の労作「公益法人制度改革における参加者の行動」（『札幌学院大学経営論集』第6号、2014年3月）は、ほぼすべてと思われる膨大な関係資料を収集、整理した上で年表化しかつ解説しているので研究者にとっては貴重な資料と思われる。

1　旧公益法人制度の成り立ち

　1896 年公布の民法に先立ち創案された（旧）民法草案人事編理由書によれば、その第 6 条「無形人」（筆者注：法人）について、「民商会社ハ株主及ヒ第三者ノ利益ニ関スルノミニシテ之ヲ公益ト云ウ可ラス各個人利益ニ注意ス可クシテ政府ノ之ヲ保護スルヲ要セザルモノナリ故ニ自由ニ之ヲ設立スルノ権ヲ与ヘ（中略）然レドモ政治宗教教育文学等ヲ目的トスル団結ハコレニ異ナリ其ノ目的ハ皆公益ニ関シ立法官ノ最モ注意ヲ用ユベキトコロナリ（中略）民商会社ノ自由ハ社会ノ利益ナリト雖モ其ノ他ノ無形人ヲ造成スルノ自由ハ却テ社会ノ弊害ヲ来スヘシ以上ノ理由ニ依リ無形人ハ民商会社ヲクノ外各個人自由ニ之ヲ成立スルノ権ヲ与ヘサルヲ至当トス」と説明されている。

　この思想が、旧公益法人制度の根拠法である民法第 1 篇第 3 章「法人」に引き継がれ、「祭祀、宗教、慈善、学術、技芸其他公益ニ関スル」社団・財団で「営利ヲ目的トセサルモノ」の設立は、主務官庁の許可が必要とされ（改正前民法 34 条）、一方営利を目的とする「社団ハ商事会社設立ノ条件ニ従イ」設立することができた（同 35 条）。つまり、法人設立に関して前者（公益法人）は許可主義、後者（商事会社）は準則主義がとられていた。このような差異が生じた前記のような当時の為政者の思想の根源が窺われ興味深い[1]。

　旧民法人事編の理由書を引用した故星野英一教授の『民法のすすめ』[2]第 4 章の一部も要約して紹介しよう。

　「社会の公益を計画する者は立法官以外のものであってはならない」「立法官でない者が法人を作ることができるとすると『公益ニ非スシテ公害タル』法人を作っても立法官がこれを認容・保護しなければならなくなる」、他方営利法人については、「①社員は自己の利益のために『無謀ノ擧ニ出ツルガ如キコト稀』②国家経済上すこぶる必要なもので『官庁の干渉』を許すと『事業ノ勃興発達ヲ妨ケ経済上甚タ不利益ナルコト多シ』③この種の法人の弊害は経験上ほぼ明らかだから、これを防ぐ規定を作っておけば官庁の干渉を必要としない」というものである。

　故星野教授は、「ここには、何が公益かについては国家が判断するもので

あるという、筆者の造語である『公益国家独占主義』が示されていると見ることができる」と結ぶ。

要するに公益は、社会の直接的な利益であり、社会の利益は国家権力の行使によってのみ達成され、民間人が公益活動を勝手に行うなどはとんでもないという考えだ。「許可」の法律的意味は「公益目的のために、人が本来自由になしうる一定の行為を一般的に禁止しておき、特定の者から申請があった場合に、その者について禁止を解除しても公益上支障がないかどうか審査して、支障がないと判断した時に禁止を解除する仕組みを許可制といい、その一般的禁止の特定解除を許可と呼ぶ」であるから、当時の立法思想がそのまま合致していることに合点がいく。

2　戦後における公益法人行政の変遷

先に述べたような公益法人制度は、主権在民国家として生まれ変わった第2次世界大戦後も、何ら変更されることなく延々と生き延びるわけであるが、その間に断続的に発生する公益法人の不祥事件が起こる度に、公益法人に関わる指導監督行政は変遷していくことがみられる。

(1) 佐藤栄作内閣に始まる一連の行政監察と行政による指導監督の変遷

1960年代後半、公益法人を巡る不祥事件（詐欺、背任横領、睡眠法人、天下り、補助金不当使用など）の数々が国会でも問題として取り上げられ、時の佐藤総理は特命事項として、行政管理庁に全公益法人を監察するよう命令（1971年5月）、その監察結果に基づき、それまで各主務官庁ごとに設立・監督がまちまちであったものを統一的な基準とする、提出書類の統一化を図る、会計経理の基準を作る、睡眠・不良法人を整理する、官庁の役人が公益法人の事務職員を兼務することを止めるなど、9項目の勧告が発表された（同年12月）。

この勧告により、総理府（当時）に「公益法人の監督事務連絡協議会」（関

係省庁担当課長級で構成）が設置され、「公益法人設立許可審査基準等に関する申し合わせ（以下、指導監督基準）」を制定（1972年3月）、以後新公益法人制度発足まで総理府の管理室が公益法人の横断的行政を管轄することとなった。また、「指導監督基準」もこれを原型として、後述のように2度の改正を経て、一部が新制度に引き継がれていく。

　また、会計についても少し遅れて1977年3月に最初の「公益法人会計基準[5]」が策定された。

　たまたま、この頃公益法人協会（以下、公法協）は、印刷業を営む故渡辺昌夫により、「公益法人の社会に果す役割の重要性は、今後も益々増大する趨勢にある現状にかんがみ、公益法人の健全なる育成発展に寄与」するとの趣意により設立され（1972年10月）、その初期には会計基準の検討、公益信託制度の実用化に向けた研究調査[6]、財団法人（現公益財団法人）日本国際交流センターに協力して進めた海外公益団体との交流など、民間公益活動の推進に向けて活発なスタートを切った。初代理事長となった渡辺はこの頃のことを「フィランソロピー元年」と呼んでいたものである。

　しかし、前記の施策で公益法人が正常化されたかというと全くそうではなく、各省庁の省益中心の公益法人行政は続く。とくに第2次臨時行政調査会（1981年発足、いわゆる土光臨調）の提言以降、特殊法人の設立が原則禁止となったため、その制限のない公益法人を補助金交付先や天下りポストの確保手段として活用するなど、公益ならぬ省益法人と揶揄される実態が拡大した。もちろん、公益法人役員自体の背任罪など刑事事件や民事事件もなくなったわけではなく、1985年に公益法人に対する2回目の行政監察が実施され、①中間法人制度の創設及び公益法人の事業内容の是正②指導監督に関する方針の明確化と統一化③睡眠法人の整理④公益法人に対する指導監督行政の総合調整の推進を内容とする勧告が発せられた[7]。

　これを受けて、総理府は従前の課長級による「監督事務連絡協議会」を局長級に格上げ「指導連絡会議」とし、事業、機関、財務・会計に関する基準をより明確化、詳細化した「指導監督基準」を制定した（1986年）。

　しかし、その後も公益法人に関する不祥事件は後を絶たず、1991年には総理府による第3次の行政監察が行われた。この勧告は、公益法人の合併に

ついて法的整備の必要性に言及した以外は、前記第2回の勧告とほぼ同様で、現実問題として公益法人行政が変わることはなかった。

(2) 与党行政改革プロジェクトチームによる提言

　1994年当時の与党3党（自民、社会、さきがけ）による行政改革プロジェクトチーム[8]が、公務員改革・特殊法人改革の先にあるものとして、公益法人問題を取り上げ、官が公益法人を利用して、天下り先法人への有形無形の独占的利益供与を行っている実態を明らかにした。

　同チームの最大の関心は、行政改革・公務員改革の本丸の陰に隠れて、このように公益法人制度を悪用する行政委託型公益法人[9]の粛清であった。

　1996年7月、同チームが政府に提出した提言における「公益法人の問題点」として、①法律によって行政の代行機能を果たすべく指定された法人が的確に業務を行わず、私法人なるがゆえに監督が行き届いていないこと②法律により指定されていないにもかかわらず、行政指導により不透明な手続きや不明瞭な検査・検定・資格付与などを作り出し行政改革・規制緩和に逆行していること③営利事業を行いながら税制上優遇されていること④多くの業界団体が公益法人となっていることを掲げている。

　このような問題意識に基づいて、具体的には行政代行業務の適正化にとどまらず、一般の公益法人にも関連する事項として、営利競合、過大な内部留保、子会社経営、不適正な理事構成、過大な役員報酬の是正など公益法人の諸問題を包括的に指摘した。

　さらに、中長期的な課題として、民法の見直し、税制[10]のあり方の見直しに言及した。とくに民法の見直しについて「民法の見直しを開始し、準則主義による非営利法人の設立・廃止を可能にすることも含め検討する」との提言は、その後の公益法人制度の抜本改正の端緒となったものと筆者は考えている。

　提言を受けて、政府は逐次施策を実行していく。1996年9月「公益法人の設立許可及び指導監督基準」及び「公益法人に対する検査等の委託等に関する基準」が閣議決定に格上げ承認され、同年12月には指導監督基準の運用に当たっての具体的、統一的な指針として、「公益法人の設立許可及び指

導監督基準の運用指針」が申し合わされた。さらに、法務省が設置した研究会の報告に基づき、営利企業まがいの公益法人を株式会社に転換させる方式として、1998年には「公益法人の営利法人への転換に関する指針」が制定された。

ついで、中間法人法の制定及び最難関であった公益法人制度改革へと進んでいくのであるが、詳細は後述する。

このように、戦後における公益法人行政は、断続的に発生する不祥事件と、とくに主務官庁が絡んだ行政委託型公益法人の諸問題が繰り返され、その都度その両者をにらんだ小手先の規制強化策が打ち出される歴史であったと言えよう。

このように弥縫的な規制強化に止まり、本格的な公益法人制度改革に至らなかった原因は、諸権限や天下り先を失うことになる行政当局にとって、改革には常に面従腹背であったことが一因であり、一方、主務官庁制度の弊害を唱え公益活動を活発化させる民間側における運動の担い手が、残念ながら未成熟であったことにも原因があろう。

ただ、ここで付言しておきたいことは、公益法人協会による民法改正のための研究である。

公法協は設立趣意書でも「現行法の不備」を指摘しており、その改正は創立者の念願でもあり、またDNAとして今も引き継がれてきているものであるが、創立10周年を迎えた1982年11月、実務家11名からなる「公益活動基本法準備委員会」を設置した。その後この委員会は「公益活動基本法委員会企画推進部会」に改組し、併せて別途「法制部会」を設置、法律の専門家である林修三氏など4氏が就任した。

20回余の各検討会合を経て、3年後の1985年10月「公益法人及び公益信託に関する基本法要綱案」がまとめられた。

その骨子は以下の通り、当時としては画期的なものであり、この考え方はのちに公法協が制度改革に際し要望した数々の提言活動の中に受け継がれ、またその一部は実際に新制度において採用されたところである。

① 「公益法人」は公益活動を目的とし、かつ営利を目的としない社団又は財団とすること

② 公益を目的としないが営利も目的としない「非営利法人」制度を創設すること
③ 公益の定義を明確化し、認可基準を法律上明定すること
④ 学識経験者で構成する公正な第三者的審査機関を設けること
⑤ 理事の定数を3名以上、監事を必置、財団法人にあっては評議員会を必置、など機関に関すること
⑥ 公益法人の合併規定を設けること
⑦ 公益法人税制は従来の税法と切り離し優遇措置を講ずること

　このような画期的改正案であったが、当時の公法協の主務官庁であった総理府は、他省（法務省）所管の法律改正案を総理府所管公益法人が発表することは認められないとして、公益法人誌掲載すらすぐには認めず、ましてや公法協が運動として改正要望活動を展開することは、当時の主務官庁対公益法人の力関係から到底考えられる環境にはなかった。そのためこの改正案も陽の目を見ることはなかった。[14]

特定非営利活動法人制定時の公法協の考え方

　また、1995年の阪神淡路大震災を1つのきっかけとして、ボランティア団体に簡易な法人化を求める市民運動が活発化したことも、公益法人制度改革を考える1つの機会となった。

　震災直後の2月には「ボランティア問題に関する関係省庁連絡会議」が立ち上がり法人化の枠組みが検討された。当初は公益法人の設立基準を緩和する方策も考えられたようであるが、公益法人はそもそも行政関連のもので、管理監督が強まる恐れが強いとする市民団体側の反発があり、徐々に与党をはじめ各政党の意見は、公益法人とは別の簡易な法人類型を創設する考え方に収斂していった。

　このような動きの中で、公法協は同年6月「ボランティア団体等の法人化と税制優遇について」と題する要望書を関係方面に提出した。骨子は「ボランティア団体等の制度整備についても、基本的には民間公益活動全体の仕組みをいかに構築し、その中でこうした団体をいかに位置づけるかという視点がきわめて重要と考えます。したがってさしあたりボランティア団体等の制

度整備を単独に実現するにしても、これらを包含した民間公益活動全体を包括する制度、仕組みの再構築についても、可及的速やかに検討を開始されるよう希望します」というものであり、大勢が民法改正ではなく単独法制定に大きく流れている中、本丸の公益法人制度改革にも視点を置くものであった。
[15]

　もちろん市民団体による運動の大きなうねりは、議員立法による特別法として現行の特定非営利活動促進法が結実するわけであるが、衆参両院における審議において、「民法34条の公益法人制度を含め、営利を目的としない法人の制度については今後総合的に検討する」ことが付帯決議された。

3　中間法人法の成立

(1) 経緯

　公益法人に対する1971年の行政監察において、「営利を目的とせず、公益をも目的としない団体に対して法人格を与えることについて検討する必要がある」ことも勧告されたが、続く1985年、1991年の行政監察結果からも同趣旨の勧告が続いた。さらに、前述の1996年与党行政改革プロジェクトチームによる提言の中にも中長期的課題として民法見直しが含められた。また、学者・有識者の間でも、いわば民法34条の隙間を埋める非営利法人法の必要性についてほぼ意見が一致していた。

　このような背景から法務省は、1996年10月に民事局に「法人制度研究会（座長、星野英一東京大学名誉教授）を設け、まず公益法人の営利法人等への転換について報告書をまとめ（1998年3月）、続いて中間法人を設ける場合の問題点について検討、その報告書が99年9月に提出された。この報告書を受け法務省の法制審議会は同月新たな法人制度分科会を設置し、中間法人制度の審議を開始、この分科会で策定された案を法制審議会民法部会の中間試案として公表（2000年3月）、広く意見募集（パブリックコメント）をすることとなった。

なお、公法協は法務省の求めにより、法制審議会民法部会審議に参加することとなり、当時の佐々成美理事長が、第1回から第8回まで関係者として参加（1999年9月より2000年2月まで）、再開後の第9回から最終回の第15回までは、新たに公法協理事長に就任した筆者が法制審議会臨時委員として正式に任命され出席した（2000年9月より2001年1月）。

(2) 公法協意見書提出

公法協では、民法部会委員であった能見善久氏（当時東京大学教授）を招いてのセミナー、会員社団法人を対象としたアンケートの実施、会員有志による検討会などを2000年5月、6月に実施、これらをまとめて意見書として法務省宛て提出した[18]。公法協の意見書は①法の間隙を埋めるため共益を目的とする法人類型の準則主義による創出は賛成する②しかし、中間試案が対象と想定している業界団体、互助会等の中には直接公益に貢献している団体もあり、一律にこれらを対象とすることなく個別に吟味してもらいたいこと③中間法人という名称は不適当、例えば共益法人が妥当④中間法人は公益的事業や収益事業も実施できることとすべき⑤設立時「基金」を300万円以上とするのは高すぎる⑥企業会計を想定しているようだが、非営利法人である以上、むしろ公益法人会計基準が妥当⑦公益法人から中間法人への組織変更は資産の全部承継を前提として規定を整備すべき、などであった。

(3) 再開後の法制審議会民法部会での議論

パブリックコメントが終了し、2000年9月より同部会の審議が再開、翌年1月まで7回にわたり法案の内容が検討された。主要な論点は次の通り。
① 小規模向け法人類型
中間試案ではペンディングとしていた小規模法人を想定した無限責任の類型について検討、これを取り入れるが、有限責任社員と無限責任社員が混在する合資会社的なものは取り入れず、無限責任のみの合名会社的類型に一本化した。また、有限責任であっても小規模法人を想定した簡易な類型を考え

てはとの問題提起については、最低社員数10名の枠を外すことで対応することとなった。[19]

② 法人名称

パブリックコメント等で提起された「中間法人」という名称は講学的には営利と非営利の中間という意味で使われ、非営利法人には相応しくないという点については、法制審の審議中は「共益法人」その後「共同法人」とされていたが、最終的には国会筋の意見もあり「中間法人」に逆戻りした。

③ 法人社員

無限責任中間法人の社員に法人がなることは、理論上考えられないことから、法人社員を認めないこととなった。

④ 持分権

残余財産についての社員持分権を認めるか否かも論点となったが、公益法人からの移行や課税問題を考慮して持分権なしと構成された。

⑤ 公益法人からの移行措置

公益法人からの移行措置については、残余財産の社員分配を結果的に可能とする中間法人への移行を認めるべきでないという意見も強く、また、公益法人制度見直しに関わる政策が不透明のため、今回の法律には盛り込まないこととなった。これにより共益的公益法人の整理問題は、法的にはひとまず凍結され、2008年の公益法人制度抜本改革まで先送りされることとなった。[20]

⑥ 大規模法人に対する会計監査の義務付け

実際的ニーズがあるかどうか不透明なため法案には入れないこととなった。

⑦ 会計

公益法人界から要望の強かった、損益計算に基づく「損益計算書」ではなく、公益法人会計（当時）同様収支計算による「収支計算書」とすべきという意見については、基金の性格を保険会社の基金と同様とした結果そのような字句とせざるを得ないもので、企業会計によらなければならないことを意味するものではなく、それぞれに適合した公正な会計慣行によって処理してよいという理解で議事録にとどめることとなった。

(4) 国会での審議　筆者の意見陳述

かくして、中間法人法案は2001年6月8日参院本会議で可決、成立した。

衆院法務委員会では、山野目章夫早稲田大学教授と筆者が、参院法務委員会では能見善久東京大学教授と雨宮孝子松陰女子大学教授(公法協専門委員)がそれぞれ参考人として出席意見を述べた。

筆者は、法人法制の隙間を埋めるものとして基本的に本法案を評価した上で、公益法人制度については、特定非営利活動法人や公益信託も含めサードセクターの役割を評価し自由闊達な活動を支援し育成するという観点から、可及的速やかに抜本改正をすべきこと、設立を準則主義とし、その場合における法人の受託者責任の明確化及び裁量の余地のない明瞭な税制上の基準を設け、その判定機関としての第三者委員会の必要性にも言及した。[21]

衆参両院では、採決の際公益法人制度の早期見直しを検討する趣旨の付帯決議が採択され、ここにいよいよ本丸の公益法人制度改革に突入していく環境が正式に整ったことになる。

(5) 中間法人制度の活用状況

中間法人制度は2002年4月1日に施行されたが、法務局の資料によれば[22]2005年6月末現在で、有限責任中間法人が1816、無限責任中間法人が228団体設立されている。また、公法協がホームページで確認できる中間法人221団体を調査したところ、当初から想定された業界団体、職能団体、同窓会など共益的団体が半数近くを占め、研究学術機関、特定目的の支援団体、検査検定団体、市民活動団体なども含め幅広い活用状況が窺えた。中には債権等の証券化のためのSPC(特別目的会社)に代替するものや営利目的とみられるものも散見された。[23]

2008年12月1日、公益法人制度改革3法施行とともに、中間法人法は短い命を終えて、その多くの規定は一般法人法に引き継がれていく。新法施行日前日現在、登記上存在した有限責任中間法人は4108、無限責任中間法人は362と数えられる。

4　公益法人制度改革論議始まる

(1) 行政改革から公益法人制度改革へ

　2000年12月、森喜朗内閣は行政改革大綱を閣議決定、特殊法人改革、公務員制度改革、行政評価制度の導入、公会計制度の見直し改善と並んで「公益法人に対する行政の関与の在り方の改革」を決定し、行政委託型公益法人に対する委託等、推薦等に係る事務・事業の見直し、財政負担の縮減・合理化を指示した。これを受けて、内閣官房の行政改革推進事務局に「行政委託型公益法人等改革推進室（以下、行革事務局）」が設置された。実に行政委託型公益法人の粛清を目的としたこの行革事務局がこれに止まらず、以後公益法人制度全般の改革という難事業を完遂する端緒となったのである。

　当時その室長の任にあった小山裕氏は「2001年4月、『行政委託型公益法人等改革の視点と課題』という資料をまとめたとき、最後に特に1章を設け、『公益法人制度抜本改革の必要性』について言及しました。行政改革大綱にないことを言うわけですから勇気が要りましたが、100年続いた公益法人制度を改革する時期は今しかないと考えたわけです。（中略）従来の制度で一番問題だったのはこの主務官庁制度だったと思います。おかしな制度で、多分、みんな気が付いていたのだけれども、役所からすると便利だったものですから、誰も改革を言い出すことができなかった、これが真相だったのではないでしょうか」と回顧している。[24]

　小山氏の回顧のように、行革事務局は「行政委託型公益法人等改革の視点と課題」の中で、「行政改革大綱に示された改革方針は、公益法人全般を対象としておらず、また現在の国民の批判のすべてに応え得るものとも言い切れない。今般取りまとめた公益法人総点検結果等も踏まえ、関係府省と連携しつつ、より抜本的な公益法人制度改革に向けた検討を進める」という1項目を付け加えたのである。

　行革事務局では、その後2001年7月「公益法人制度についての問題意識——抜本改革に向けて」の発表を経て、翌2002年3月29日閣議決定とし

て「公益法人制度の抜本的改革に向けた取組みについて」が発表された。それは大変短いものであるが、単に公益法人制度だけでなく特定非営利活動法人制度と公益信託、それらの税制を含め抜本的かつ体系的に見直そうという、ある意味気宇壮大で瞠目すべき内容を含んでおり以下に全文を紹介する。

---

1. 最近の社会・経済情勢の進展を踏まえ、民間非営利活動を社会・経済システムの中で積極的に位置付けるとともに、公益法人（民法第34条の規定により設立された法人）について指摘される諸問題に適切に対処する観点から、公益法人制度について、関連制度（NPO、中間法人、公益信託、税制等）を含め抜本的かつ体系的な見直しを行う。
2. 上記見直しに当たっては、内閣官房を中心とした推進体制を整備し、関係府省及び民間有識者の協力の下、平成14年度中を目途に「公益法人制度等改革大綱（仮称）」を策定し、改革の基本的枠組み、スケジュール等を明らかにする。また、平成17年度末までを目途に、これを実施するための法制上の措置その他の必要な措置を講じる。

---

(2) 行革事務局「論点整理」を発表

2002年3月閣議決定後、行革事務局は精力的に作業を進めていく。まず、同年4月から6月までに6回にわたり「有識者ヒアリング」を開催した。これには、延べ28名の有識者が出席したが、筆者は3回出席し、意見を述べた。[25]

それらの意見も反映して、早くも同年8月には「公益法人制度の抜本的改革に向けて（論点整理）」を発表、パブリックコメントを募集した。[26]

この「論点整理」は、改革の必要性を述べた冒頭で、「(4) この場合、現行のNPO法は民法の特別法としても独特の存在であるので、新たな基本的制度の中に発展的に解消される可能性が高いと考えられる。」と述べているが、これが後に特活法人セクターに集う市民団体の「虎の尾を踏む」こととなる（後述）。

また、もう1つ注目すべきは、「現行の財団法人制度については、①基本財産を持った非営利の法人とすること、②公益信託制度を改革してその中に

取り込むこと、などが方向性として考えられる」と述べ、財団法人の公益信託への吸収も選択肢として掲げたことである。

論点整理は、次のように改革パターンを2案に整理し、改革パターン①を基本検討パターンとして検討する。しかし、議論を深める上で有益であるので、改革パターン②も参考パターンとして併せて検討することとするとした。以下、両パターンについて要約する。

改革パターン①

公益法人と中間法人という類型を準則主義で設立できる「非営利法人（仮称）」という1つの類型にまとめる。公益性判断は、①法人制度上公益性判断の仕組みを設けない。この場合、公益性の判断は 税法の適用についてのみ行われることとなる。又は②法人制度上、公益の概念を取り入れ、法人の公益性を個別に判断する仕組みとする。

改革パターン②

非営利法人を2類型に分け、公益性を有するものは「非営利・公益法人（仮称）」という類型とし、非営利非公益の法人（現行の中間法人）は、新制度においても「中間法人（仮称）」とする。設立は、前者は認証主義、後者は準則主義により、前者の公益性は法律上可能な限り明確に定義すること、公益目的の遂行を制度上担保する仕組みを検討することが 必要である。

公法協の意見書とパブリックコメントの結果

この論点整理に対し公法協は、A4判13頁に及ぶ長文の意見書を提出、基本的に改革に賛成するが、「特別法による各公益法人法制についても、今回の改正の趣旨を踏まえた見直しを別途速やかに行うべきこと」及び「今回の公益法人改革を市民参加の公益活動とこれに対する税制等政府の積極的支援が根付くための契機とする視点を明確に示すべきであること」を述べた上で、改革パターン①は公益性のある非営利法人と公益性のない非営利法人を一本化した法人類型創設につながり好ましくないので、パターン①を基本とする考えに反対した。また、公益法人も準則主義で設立可能とし、税制措置

は、恣意的な判断の余地がない具体的な判断基準を前提として、課税庁等が支援の是非を判定する仕組みを提言、判定に際し実績を要件としないこと、さらに財団法人を公益信託とするかどうかは法人の選択によるべきことなどを提言した。また、英国におけるチャリティコミッションを参考として「独立委員会」を設けることも示唆した[27]。

パブリックコメントとしては個人114件、団体47件より寄せられた。その概要は内閣府ホームページに掲載されているのでここでは省略するが、内閣府の理解としては、パターン①に賛成する者が多かったと説明していた[28]。

(3) 懇談会の設置

2002年11月行革事務局は、石原伸晃行政改革担当大臣の下「公益法人制度の抜本的改革に関する懇談会[29]」を設置し、2003年3月までの「公益法人制度等改革大綱」の発表を目指して、さらなる検討を開始した。

この懇談会では特に座長を置かず、各人がフリーにディスカッションする場で、次のような重要な論点について意見交換が行われた[30]。

公益性の判断について

公益性を法令で定義することは不可能であり、非営利であれば公益だという推定が働くようにした上で、メンバーシップのものを除けばよいという議論と、ある程度の判断根拠となる定義がないと、役所の裁量行政に逆戻りするのではないかという議論が繰り返された。

税制について

営利法人であれば、決して非課税の道はないのに、非営利法人だと非課税の可能性があるというのはおかしい。不公平である。準則でできた法人に税の優遇を認めるというのは税の観点からは難しいのではないか。という議論と準則主義の法人であっても、非営利要件を厳しくすれば、権利能力なき社団が収益事業のみ課税である点からも認められ得るのではないかという議論があった。

特活法人との統合

　中間法人にある基金制度が持ち込まれると、特活法人の大半は移行できないという点の議論はあったが、特活法の附帯決議でも将来民法改正によって非営利一般法が成立することを目指している。民法が変われば特活法も新しい姿になる。特活関係者がどのように理解しているか分からないが、立法過程から見れば今回の改革により特活法が完成するものと考えられるとの意見もあり、大きな反対論はなかった。

財団法人制度

　財団法人制度を公益信託に吸収することについては反対論が支配的であったが、非公益の財団については疑問とする意見もあった。

現存公益法人の移行について

　公益法人から非公益法人への移行については、法律が変わるからといって解散させるのはあんまりではないか。そのため、移行時の条件をどのように設定するかが問題となるとの議論で収斂した。

　概ね以上のような議論を重ねつつ論点が検討されたが、懇談会も終盤に差し掛かる第6回(2002年12月)における事務局の提出資料では、それまで「公益法人、NPO法人、中間法人を一括りにした非営利法人という法人類型を設ける」と記述されていたものが、NPO法人の部分が欠落していた。最後の会合となった第7回(2003年1月)で配布された「公益法人制度の抜本的改革の基本方向(案)」(非公表資料)でも、「公益法人と中間法人を一括りにした非営利法人という法人類型を設ける。(中略)また、現行のNPO法制度については、この非営利法人制度の中に発展的に解消される可能性が高いと考えられる」となっていた。これに対する事務局の説明は「NPO法は特別法であり、一方民法および中間法人法は一般法であるからひとまず一般法の見直しを行い、NPOは後で統合するなら統合するべきという意見があり、このような表現になった」[31]「統合の時期は、新しい制度ができて、様子をみてからということではなく、法改正までにNPO法を解消する」とい

うものであった。[32]

　しかし、この事務局の説明は、特定非営利活動法人をも視野に入れた非営利法人制度改革というグランドデザインが、反対する大きな力[33]に押しつぶされた精一杯の抵抗であったと筆者は推測している。現実にこの改革は、以後特定非営利活動法人を完全に土俵の外に置き、公益法人と中間法人だけの統合という形でその後の検討が進んでいく。

(4) 特活法を除外した「基本方針」の閣議決定

税制調査会の動き

　政府当局における公益法人制度改革の論議をにらんで、政府税制調査会は、基礎問題小委員会に「非営利法人課税ワーキング・グループ（WG）」を設置し、新制度下においてどのような税制を構築するかの検討を2002年11月より開始した。

　前記のように内閣府側の法人法制の枠組みは、ある時期までは公益法人、中間法人、特定非営利活動法人を一括りにして、その中で公益性のあるものを別の基準で選別する考え方を骨子として検討が進んでいたが、これを受けた税制調査会では、準則主義で設立される非営利法人は、原則課税が当然であり、中間法人もすべての所得が課税対象、公益性を認定されたものについてはその要件や判断の仕組みがどのように設計されるかを見て、別途検討するという考え方が支配的[34]であった。

　この「ワーキング・グループ」も結局、特定非営利活動法人を当面対象外とする内閣府の方針転換もあり、6回で終わり（2003年3月）、より具体的な検討は別の機会に持ち越されることとなった。[35]

与党合意と閣議決定

　2003年3月、自由民主党から政府に対し「公益法人制度改革に関する申し入れ」が提出された。この趣旨は「公益法人、中間法人、NPO法人を最初から一括りの非営利法人とはせず、新たな非営利法人制度の動向を見据えた段階で、発展的に解消する可能性が高いとの位置づけをすることが妥当」

というものであった。

　2002年3月の閣議決定「公益法人制度の抜本的改革に向けた取組みについて」では、平成14年度中（2003年3月）を目途に「公益法人制度等改革大綱（仮称）」を策定するとしていたが、このような政治的な動きがあり、石原行革担当大臣は大綱の発表を延期することを閣僚懇談会で報告（3月28日）した。ここから改革構想は政治主導の下、事は進んでいく。

　4月には①公益法人と中間法人を一括りにして非営利法人を創設②この非営利法人を課税法人とする③事業ごとに社会貢献性を判定、認められれば税制優遇するという自民党案が発表された。

　続いて、5月には与党行政改革推進協議会として「公益法人制度改革に向けての意見集約」を発表した。この「意見集約」の大要は①「公益性の有無に関わらず新たに準則主義による非営利法人制度を創設」②「社会貢献性（公益性）」に税等の優遇措置を与えるためには、明示的な立法に依るよう整備する。その場合、客観的明確な基準を法律で定め、判断機関の主体は所轄庁から独立させ③現存公益法人の移行は公平かつ合理的なシステムによる円滑な移行措置を検討というものであった。これらの動きを経て、6月27日「公益法人制度の抜本的改革に関する基本方針」が閣議決定された。内容は前記の与党「意見集約」と概略同様のものであった。

（5）この間の公法協と特活法人界の動き

　公法協は、前記のような一連の政府側の動きに対して、「中間法人と公益法人・特定非営利活動法人との統合法人法制に反対」「原則課税の考え方に反対」の立場から、2003年2月、税制調査会WG4委員に要望活動及び経団連加盟団体との懇談会、3月にはマスコミ各社を集めての緊急記者会見及び公益法人の中間支援団体等16団体と連名での「緊急アピール」、4月には与野党11議員への要望活動、さわやか福祉財団堀田力理事長が主導する高齢社会NGO連携協議会32団体との「共同アピール」、など次々に運動を展開した。特に大きな反響を呼んだのは、4月17日の「緊急報告集会」と5月17日にさわやか福祉財団と共催した7時間を超える「市民シンポジウ

ム[37]」であり、この両集会には公益法人関係者だけでなく特活法人関係者も参加、大きな盛り上がりがあった。この両集会にはメディアの取材もあり、特に朝日新聞はこれらの動きを大きく報道した[38]。

　公法協はその後も、2004年1月には、学者を中心として実務家も加わる「民間法制・税制調査会[39]」を立ち上げ、毎回10数名を超えるオブザーバーも含めた公開審議を13回実施、同年10月『公益法人改革　これでよいのか政府の構想——民間の力を活かす22の提案』と題する報告書を発表、伝えられる政府案に対して22の対案を示した。

　またこれと並行的に、2004年4月から30回にわたり全国主要都市において「全国対話集会」と銘打って、各地の非営利団体にこの問題を考えてもらうべく全国キャラバンも実施した。

　このように、公益法人制度改革は、それまで一般市民や、公益法人以外の非営利団体と連携した活動を経験したことがほとんどなかった公法協が、次第に市民社会における運動体としての性格も併せもつきっかけとなった。

　もう1つユニークな活動として「市民チャリティ委員会[40]」も記録に残しておきたい。この委員会は新制度で設置が予想された公益性判断のための第三者機関を意識して、主婦、学生、外国人、専門職、自営業者、会社役員、サラリーマンなど、非営利法人とはあまり接点のない20代〜60代の男女一般市民11名を委員に委嘱、毎回設例をもとに公益性の有無を判断するいわば模擬公益認定等委員会プロジェクトを実施した。「難病のイロハちゃんを救う会（特定個人への利益供与問題）」「倒産したA社役職員子弟への奨学金団体（受益者が特定職域）」「〇〇互助会（共益と公益）」「原子力発電所建設反対団体と同誘致推進団体（相反する運動と公益）」「看護師の能力開発のため住居や娯楽施設を提供する団体（英国チャリティ登録事例）」「北朝鮮一般民衆に支援物資を送る団体（国益と公益）」などなど、難問・奇問を一般市民の良識と常識で侃々諤々の議論をしてもらった[41]。

　一方、特活法人を中心とする非営利セクターの反対論も表面化してきた。すなわち、2003年2月、シーズ（＝市民活動を支える制度をつくる会）は「公益法人制度改革に対する意見書」を発表、中間法人、公益法人、NPO法人を一本化することはそれぞれの制度趣旨を無視するもの、原則課税は不当、

市民参加のプロセスを経て議論をやり直すこと等を指摘した上で、「現在進められている改革の在り方に意義申し立て」を表明した。

また、同年3月日本NPOセンターも「当面の公益法人改革は、これまでの主務官庁の許可主義を旨とする公益法人制度を準則主義に切り替えることに絞るべきであり、その場合、新たな法人制度においても、非分配である以上、非課税の原則を貫くべきである」とする提言を発表した。なお、同センターは注目すべき「なお書き」を提言書に付記しているので紹介しておこう。該当部分は「＊なお、特定非営利活動促進法は現在の民法34条にもとづく特別法という制約の中で成立したこともあって多くの課題を内包しており、民法改正とともに、より自由度の高い活動が保証されるよう、その本格的な改革が求められる。今回の公益法人改革の方向を見定め、それらが特定非営利活動法人制度が目指すべき方向と一致することが確認されるなら、2つの法人制度は統合することがふさわしい。むしろ、そのようなものとして、今回の公益法人制度改革はなされるべきである」というものである。

5　有識者会議

(1) 中間整理発表と公法協意見書

前記「基本方針」中、「有識者の協力を得つつ具体化」の一文があり、行革事務局は「公益法人制度改革に関する有識者会議（以下、有識者会議）」を設置（2003年11月）、以後舞台はこの会議を中心に公益法人・中間法人一本化を前提として具体的設計が進む。

委員は、福原義春氏（資生堂名誉会長）を座長とし、能見善久（座長代理、東京大学教授）、石川睦夫（住友財団専務理事）、岩原紳作（東京大学教授）、宇賀克也（東京大学教授）、勝又英子（日本国際交流センター常務理事）、加藤秀樹（構想日本代表）、金子宏（東京大学名誉教授）、河野光雄（経済評論家）、関幸子（まちづくり三鷹）、田中清（経団連常務理事）、田中弥生（東京大学助教授）、東ケ崎邦夫（日本アイソトープ協会理事）、中田裕康（一橋

大学教授）の各氏であった。

　また、有識者会議の下に基礎となる非営利法人法制を専門的見地から検討するための学者から成る「非営利法人ワーキング・グループ（以下、WG）」も設けられた。

　有識者会議は発足から翌年の11月までの1年間、ほぼ月2回以上のペースで開催され、2004年3月にはそれまでの議論をまとめ一旦「議論の中間整理」として発表、意見募集（パブリックコメント）にかけた。この中間整理の段階では概ね基本的考え方を示すにとどまり具体的設計にまでは至っていなかったが、注目される点は非公益の財団の要否、公益性の判断を法人根拠法など税法以外の法律で規定するA案と税法で規定するB案が提示されたことである。この段階では判断機関について第三者委員会が当たることはまだ明示されていなかったが、公益性判断に伴う不服申立てなど、不利益救済のあり方についても検討を進めるとし、判断基準については客観的で明確なものとし、判断に当たっての裁量の余地を出来るだけ少なくすべきとしていた。

　以上の中間整理に対して、公法協は大要次のような意見書を提出した。[42]

非営利法人制度

　事業に制限のない非営利法人は「法人の坩堝」となろう。公益性のある非営利法人とかかる法人を同一の類型とすることは反対する。

公益性の判断

　法人根拠法などで判断基準を規定するA案を支持する。

判断機関

　国家行政組織法第3条の機関が最も適当と考えられるが、8条機関又は純粋の民間機関がこれに当たることも含め検討されたい。判断機関の委員はすべて民間有識者から登用、事務局も専門職、公益法人実務家を起用する民間色の強い組織を検討されたい。

移行

　特定非営利活動法人、社会福祉法人など特別法による非営利法人や営利法人への移行も含め、財産と事業が円滑に承継される方策を考えること。

税制
　有識者会議としてあるべき税制についても議論し、その意見を政府へ提言すること。

(2) 最終報告書

　有識者会議は26回、WGは14回にわたる会合を重ねた結果、2004年11月に報告書をまとめ発表した。

　この報告書は、「民間非営利部門を社会・経済システムの中に積極的に位置付けるとともに、民意を反映して公益性を縦割りでなく統一的に判断する透明性の高い新たな仕組みを構築することにより、今後益々重要な役割を果たす民間非営利部門による公益的活動の健全な発展を促進し、一層活力ある社会の実現を図ることが重要な課題となっている」[43]という格調の高い基本認識に立ち、新制度の重要な仕組みを提案しており、公益に関する部分はほぼ「公益認定法」として、非営利法人に関する部分は「一般法人法」として具現化されたものと考えてよい。

　この報告書は、新制度の原点となる考え方が示されており、新しく公益法人行政に携わる担当官はもとより、公益法人の新任役員等にもぜひ熟読してもらいたい、必読の書と筆者は考えている。

　以下現行法に反映しているとくに重要な考え方を紹介しよう。

① 一般法人の事業については、格別の制限をせず、公益活動を含め、社員に共通する利益を図ることを目的とする活動やその他の活動など幅広い活動ができることとする。
② 一般法人の残余財産の帰属については、法人の自律的な意思決定に委ねることが相当であり、定款又は社員総会の決議によって定めるものとする。
③ 財団法人には、社員総会が存在しないため、理事の業務執行を牽制、監督する新たな機関（評議員会）を法定する。
④ 財団法人は、設立時及び存続中の最低保有財産規制として、300万円以上の純資産を保有しなければならないこととする。
⑤ 現在の主務官庁から中立的に判断を行い得る特定の大臣の下に、民間有

識者からなる合議制の委員会を設置するものとし、いわゆる行政委員会に期待されるような機能を発揮し得る判断主体とすることが必要である。

　地方における判断主体については、一定の地域を拠点として活動する法人に関しては、その受益者との関係も勘案し、原則として、都道府県に国に準ずる組織と機能を有する判断主体を設置して、住民の考えを適切に反映しつつ、公益性の判断等を行うことが適当である。その際、国と都道府県との間で、公益性に係る判断等の取り扱いに整合を欠くことの無い仕組みとすることが適当である。

⑥　公益性を有する法人の本来的目的は、公益の実現であるべきであり、共益を本来的目的とすることは適当ではないが、共益的な活動の結果、公益に資することもあり得ること等から、共益的な目的・事業については一定程度許容される余地があるものと考えられる。

⑦　構成員が特定の者（同種の業を営む者、同窓生、同種の資格保有者等）に限られていることのみをもって、公益性のない法人とみなすのではなく、法人の本来的目的が公益であって、その目的に応じた事業を行うなど必要な要件を満たしていれば、公益性を有すると判断することが適当である。

⑧　公益性を有すると判断する際については、新設の法人に活動実績を求めることは、かえって公益的な活動の促進を妨げるおそれがあること等を踏まえれば、定款・寄附行為や事業計画、収支予算等が要件に適合しているかどうかを判断することが適当である。

6　制度改革3法成立

(1)　政府税調の基本的考え方

　政府は2004年12月小泉純一郎内閣の中心的政策である、政府各組織のスリム化、行・財政の制度改善、各種規制改革、公務員制度改革の推進など「今後の行政改革の方針」を閣議決定したが、この中に「公益法人制度の抜本的改革」なる項を設け、その別紙で制度設計の概要を示すとともに、「所要の

法律案を平成 18 年の通常国会に提出することを目指す」とした。

　以後、行革事務局は立法作業に取り掛かる一方、財務省は 2005 年 4 月より 6 月まで 6 回にわたり、政府税制調査会基礎問題小委員会及び非営利法人課税ワーキング・グループの合同会議を開催、公益法人制度抜本改革の具体的方向を前提に①新公益法人は従来同様収益事業課税②共益的非営利法人についても、会費等への課税は適当でない、その他の非営利法人は営利法人同等の課税③第三者機関の公益性判断をもって、特定公益増進法人として寄附金優遇の対象とする④相続税においても、「第三者機関」による公益性の判断をもって非課税とできるよう制度を見直すなど、現行税制の大枠が示された。とくに、③と④の寄附税制の考え方は、従来のきわめて制限的な寄附税制からの脱皮を予感させた画期的なものと評価できる。

(2) 行革事務局、新制度の概要を発表

　2005 年 12 月の閣議決定「行政改革の重要方針」において、改めて公益法人制度改革関連法案を平成 18 年通常国会に提出することが確認され、行革事務局は同月「公益法人制度改革 (新制度の概要)」を発表、意見募集を行った。

　公法協は 39 項目にわたって意見を述べた[44]。うち、「公益的事業として営利企業と競合する性質を有する事業活動等を行わないこと」とされていたものが、認定基準から除外されたこと、「公益認定法人への移行を希望する特例民法法人は、旧主務官庁を経由して行政庁に対して公益性の認定を申請できるものとする」とされていたものが削除されたこと、その他評議員の任期 6 年を 4 年に短縮する、業務執行の理事会報告回数年 4 回以上を年 2 回以上とするなど、公法協の意見が実現した項目は 13 項目に上った。

(3) 国会審議、成立へ

　法案提出期限も迫った 2006 年 2 月、にわかに暗雲が立ち込め始めた。経済界や一部の宗教関連団体の動きなどもあり、与党内部には本法案はガバナ

ンス、情報公開、内部留保など規制が厳しく、民間の自由な活力を削ぐとの意見や、ある有力議員による特定非営利活動法人との一体化に固執する意見が再燃したためだ。このような状況の中で自民党行革推進本部の公益法人委員会、政調法務部会、政調内閣部会3者合同による法案審査会が開催され（3月2日）、民間4団体に対するヒアリングを行った。参加団体は、公法協の外、社団法人経済団体連合会、財団法人新宗教団体連合会であった。

公法協は、法案には色々問題もあるが、主務官庁制度の弊害から脱却するために必要な大改革であり、①税制支援のコミット②政省令策定における民間との事前協議③施行3年後の見直し④公益認定等委員会・同事務局構成から旧主務官庁色を払拭するという4条件を前提に法案提出に賛成の意見を述べた。

経団連は、定款自治の尊重、代表訴訟制度導入反対、公益法人を学校法人、福祉法人等と衡平に扱うこと、同一団体出身者制限緩和、遊休財産規制の大幅緩和などを要望した。

また、新宗連は「祭祀・宗教」が民法34条に明記されていたが、新制度でもこれを明確にするよう強く要望した。

議員各氏からは「男女共同参画社会の形成促進」「国民生活に不可欠な物資の安定的供給」を公益目的事業に入れるべき、「祭祀・宗教」も公益に含めるべきなど目的に関する議論が交わされた。また法制は重装備すぎる、代表訴訟など不要との意見、税制は手厚く、ディスクロージャーを徹底などの意見も出た。

これらの声に対し、行革事務局は、一部の手直しを約し、法案提出前の最後の山場を越え、ついに制度改革3法案が3月10日に国会に提出され、衆参行政改革特別委員会での審議を経て、衆議院本会議は4月20日、参議院本会議は5月25日に可決された。

なお、衆議院特別委員会では筆者が参考人として出席、20分間にわたり意見を述べた後、約40分間にわたり与野党議員6名との質疑応答を行った。[45]

また、参議院特別委員会では田中弥生氏が参考人として意見を述べた。[46]

衆議院においては、①立法趣旨・解釈を周知徹底すること②公益認定等委員会の独立性・中立性に配意し、事務局の体制整備とともに公益性の認定に

際しその影響力の排除に留意すること③政省令制定に際し公益法人等の関係者を含め広く意見を聴取し適切に定めること④一般社団・財団法人の多様性に配慮した適切な税制の導入及び公益活動の推進及び寄附文化醸成を図る観点から、第三者機関による公益認定を受けた法人について適切な税制措置を講ずること⑤状況に変化が生じたときは広く国民の意見を聴きただちに見直しすること、の5項目にわたる付帯決議が採択された。また、参議院においても同趣旨の付帯決議が採択された。これらは、結果的に公法協が与党に提言した先の4条件を概ね反映したものであった。

7　公益認定等委員会の発足と認定・認可実務の準備

(1) 準備委員会の設置と公益認定等委員会の発足

　内閣府は、新公益法人行政準備室を設置し、制度施行に備えて準備作業を始めるが、その一環として2つの委員会を設置した。

　1つは制度改革3法の政令・府令について有識者の見解を徴する「新たな公益法人制度への移行準備に関する研究会」[47]であり、1つは「新たな公益法人等の会計処理に関する研究会」[48]であった。特に後者では後にいわゆる「平成20年公益法人会計基準」として内閣府が発表する会計基準の原案が検討された。

　2007年4月正式に公益認定等委員会が発足した。委員は池田守男（委員長　株式会社資生堂相談役）、佐竹正幸（常勤：委員長代理　元日本公認会計士協会常務理事）、雨宮孝子（明治学院大学教授）、大内俊身（常勤：元東京高等裁判所判事）、袖井孝子（お茶の水女子大学名誉教授）、出口正之（常勤：国立民族博物館教授）、水野忠恒（一橋大学教授）の7名であった。

　この委員会は2007年4月2日の初会合以降、制度施行前日の2008年11月30日までに43回にわたり原則毎週会合を開催、政省・府令、ガイドライン、会計基準、定款の留意事項等審査監督に必要な事項について精力的な討議を続けた。

公法協は、この委員会の公開(傍聴を含む)を要望したが、議事録の公開に止まっている。

また、公法協は食品安全委員会の事例も参考にし、委員会の下に専門委員・部会の設置を求めており、公益認定法政令にも規定されたが(同法施行令1条及び2条)、結局現在まで任命されることはなかった。結果論ではあるが、今から考えると、必ずしも設置する必要はなかったとも考えている。

(2) 新制度施行に向けた一連の準備作業

2007年6月以降公益認定及び移行認可関係の政令・規則が公益認定等の答申と意見募集を経て、同年9月7日付で公布された。

一方、年末には与党の「平成20年度税制改正大綱」が発表され、新公益法人制度に係る税制の内容が明らかになった。この大綱において政府は、2005年6月の政府税制調査会基礎問題小委員会及び非営利法人課税ワーキング・グループ報告書の考え方をさらに発展させ、①収益事業の範囲から公益目的事業に該当するものを除く②みなし寄附金の50%又は公益目的事業に繰り入れることが確実な金額のいずれか多い金額の損金算入を認める③公益法人を特定公益増進法人とすること(寄附金控除)とあわせて相続財産控除対象とすること④一般法人中、非営利型法人については収益事業課税とする、など従来の課税当局の考え方を大幅に変えるものであり、これが現行税制となった。

さらに、内閣府は「公益認定等ガイドライン及び公益目的事業のチェックポイントについて」(2008年4月)、「公益法人会計基準」(同)、「認定又は移行認可にあたって定款の変更の案を作成するに際し特に留意すべき事項について」(2008年12月)を発表、新制度施行の準備を進めた。公法協はそれらのすべてについて意見書を提出している[49](ここでは紙数の制限もあり省略する)。

8　制度改革3法施行、認定認可申請始まる

　かくして、いよいよ2008年12月1日、新制度とそれに伴う新税制が施行された。しかし、初期のころは新制度の趣旨を理解しない旧主務官庁を含む一部担当官の不適切な指導が頻発し、審査実務を巡って大きな混乱が生じた。公法協はその改善に向けて大きなエネルギーを割くこととなる。

(1) 公法協の認定申請

　公法協は、新制度第1号の認定取得を目指して12月1日午前零時に電子申請の送信ボタンを押した。第1号を目指した大きな理由は2つある。1つは申請書類とその審査経過をすべて公表することにより、他の公益法人の参考に供することであり、2つめの理由は出版事業を公益目的事業と認定させる実績を最初に作っておきたいということであった。後者についてはそのころ学会の学術誌すら収益事業に該当するという事前情報が流れており、これでは折角外形上収益事業に該当していても、公益目的事業と認定されれば非課税対象とするという新税制が、形骸化されてしまう危機感からであった。

　内閣府担当官とのやり取りを含む交渉経緯はすべて公法協のホームページに公開されており、ここでは省略するが、出版事業については過去のすべての出版物の内容が、民間公益活動の普及推進に関連するものであり、その事業採算性についても株式会社が発行する場合と比べ決して利益率の高いものではないことを根気よく説明し、最終的に翌2009年3月18日に新制度第1号の認定相当とする答申を得た。

(2) 審査実務混乱とその収束

　公法協は申請前に内閣府に一切の相談をせず、何か指摘事項があれば、本番審査で明らかにしてもらうことを方針としていたが、多くの公益法人は何事によらず役所に事前相談するという旧制度下での習慣もあり、申請先行政

庁に事前相談する、法人によっては旧主務官庁にも相談する傾向がみられた。中には旧主務官庁が、定款の事前審査をするとか、公益法人か一般法人かの進路選択の交通整理を自ら買ってでる現象も見られた。

このような役所、それも一担当官による不適切な指導事例について多くの情報が公法協に寄せられ、現場の申請実務は新制度の理念やその正しい適用から乖離していく実情が明らかになった。

実例を一部あげてみよう。これらは氷山の一角で、申請現場では「後難を恐れて泣き寝入り」状態にあった事例が氾濫していたものと思われた。

不適切な指導事例
- 5000万円程度の少額の事業規模なら公益より一般の方が良いと言われた（旧主務官庁）。
- 旧主務官庁が公益申請すべきか一般申請すべきかを判断する。それは申請後必ず行政庁から照会があるので、自分たちが事前に審査しておくという趣旨だ（旧主務官庁）。
- 助成金につき指定校制度を採っているので、一般財団に行くようにとの指導があった（旧主務官庁）。
- 当県は電子申請を受け付けないという指導（地方行政庁）。
- ある団体の会合において、出席した内閣府担当官が「公益認定申請するなら必ず事前相談してほしい、事前相談なくいきなり申請したものは３年ぐらい審査期間がかかる」という滅茶苦茶なことを言っていた（内閣府）。
- 設立者の思いを定款に書いたら、外にそんな例はない、モデル定款を見たかと言われた（地方行政庁）。
- 定款に法令で書かれているものを規定することは、不要と言われた（内閣府）。
- 定款の変更の案につき、公法協モデルに従って作成したと説明したところ、「公法協はあてにならない。そんな対応では駄目だ。」と高圧的に言われた。非常に怖くなって、その後の接触もすることが躊躇される（内閣府）。
- "助成事業は『公募』でなければならない"と言われ続けてきた（内閣府）。
- 一般法人に移行するが、公益目的財産額から管理費（法人会計）の費用は

支出してはならない。どこから捻出すればよいのかと質問したら、寄附金を集めたらどうか、それが難しいなら解散して公益贈与したらどうかと言われた（内閣府）。

院内集会と要望書提出

公法協は、このままでは担当官の裁量により公益を判断する旧主務官庁制度を廃止した趣旨が全く没却されてしまうという危機感から、公益法人制度改革問題連絡会のメンバーを中心に、50人強の参加者を集め、衆議院地下会議室においていわゆる院内集会を開催（2009年12月8日）、出席した内閣府泉健太政務官および民主党谷博之・大河原雅子両参議院議員にこもごも、問題と考える実情を訴え、改善を求めた。

また、別途法令に違反する疑いが濃いなどあまりにもひどい指導事例も添付し、同年12月21日付けで、不適切な審査・指導を改めること及び審査事務を抜本的に簡素化することを主内容とする是正要望書を仙谷由人内閣府特命担当大臣に提出した。

内閣府の対応

担当大臣の指示もあり、内閣府公益認定等委員会事務局では、従来ややもすれば事務局担当官が個人的な判断のみで、法人側に補足説明をさせる、追加資料を要求する、申請書の訂正を求めたりしていたことを改め、必ず常勤の担当委員と相談し了解を得た上で行うこと、担当常勤役員が一時的な判断をし、3名の常勤委員会に付議、最終的に本委員会（7名で構成）で決定する、審査期間についても申請受理後概ね1カ月以内に申請法人に質問や問題点などを連絡する、認定までの標準事務処理期間は概ね4カ月とするなど、新制度の趣旨に則した至極当然の手続きとすることとした（2010年3月ごろ）。

この方針は内閣府のある企画官による「役人主導の審査から委員主導の審査へ転換した」という表現が当てはまるだろう。

もっとも、この措置は内閣府に限られるもので、地方行政庁にはそもそも常勤委員が存在しないこと、事務局担当官の意識改革が十分でないところも一部には見られ、残念ながら多くの都道府県では相変わらずお役人主導の審

査が今も続いている。

(3) 不認定事例と業務改善勧告の事例

さて、以上のような経緯を経て 2013 年 11 月 30 日をもって、旧公益法人の移行申請期限は満了することとなったが、この帰結は第 1 章の雨宮論文に詳細が紹介されているので、ここではこれまでに不認定となった事例及び業務改善勧告を受けた事例のみを参考のため一覧表で確認しておきたい。[52]

なお、これらの事例のいくつかについては、筆者の感想もあるが、紙数の制約もあり、本稿では述べず別に発表することとしたい。

表 2-2 不認定事例一覧

No.	行政庁	答申日	法人名	旧主務官庁
1	内閣府	2009.11.20	（社）日本下水道処理施設管理業協会	国交省、環境省
2	内閣府	2011.02.16	（社）日本加工食品卸協会	農水省
3	内閣府	2011.12.09	（一財）東京シティ・フィル財団	―
4	東京都	2011.10.31	（財）柏会	都教育委員会
5	神奈川	2010.08.26	（一社）横浜みなとみらい21	―
6	山梨県	2013.05.17	（財）シルクの里振興公社	山梨県
7	岐阜県	2010.05.31	（社）多治見青年会議所	岐阜県
8	福岡県	2011.05.20	（社）福岡市中央卸売市場鮮魚市場協会	福岡県
9	佐賀県	2012.01.17	（財）筑後川リバーサイドスポーツセンター	県教育委員会
10	沖縄県	2011.03.23	（社）沖縄県公共嘱託登記土地家屋調査士協会	法務省
11	沖縄県	2013.04.22	（社）沖縄県軍用地等地主会連合会	沖縄県
12	神奈川県	2014.04.25	（一財）神奈川県立高等学校安全振興会	―
13	内閣府	2014.05.23	（一社）日本尊厳死協会	―

注 1　No. 11 はその後再申請し、公益認定を受けた。その他はすべて一般法人として申請し認可を受けた。

表 2-3　勧告事例一覧

被勧告公益法人	日付	行政庁	勧告事由
全日本柔道連盟	2013.7.23	内閣府	技術的能力・暴力セクハラ等、経理的基礎・助成金不適切経理、ガバナンス体制構築
日本アイスホッケー連盟	2013.11.19	内閣府	評議員会専任の役員への業務引き継ぎ
全日本テコンドー協会	2013.12.10	内閣府	資格停止処分とした社員の議決権行使を認めること
静岡県給食会	2014.3.7	静岡県	技術的能力・体制の構築
日本プロゴルフ協会	2014.4.1	内閣府	暴力団員等が法人を支配する恐れの解消
全日本テコンドー協会	2014.4.16	内閣府	経理的基礎の回復（会長と法人の会計区分）

9　残された課題

今後新制度がその目的である「公益の増進及び活力ある社会の実現に資すること[53]」を達成するためには、まだまだ多くの解決されるべき課題が残されていると筆者は考えている。

（1）制度上の課題

まず、新制度が法令上内包している問題点である。

重装備の機関設計と運営規律

法人としての根拠法である一般法人法が会社法の株式会社制度をいわばコピーしたものであるため、機関設計や招集、開催、議決事項などの運営や計算等について非営利法人としては重装備にすぎるのではないか。とくに小規模法人にとっては、その規律を順守することに多大のエネルギーを消耗し、本来の公益事業に注力できないといった現象が指摘されている。会社法でも簡便な機関設計・運営が可能な合同会社が用意されており、一般法人についても小規模法人を意識した類型又は条項の一部適用除外などの対策を考えるべきではないか[54]。

収支相償など厳しすぎる財務基準

　公益法人の認定基準であり、認定後も遵守すべき基準のうち、財務基準については問題が多い。とくに収支相償基準は毎事業年度の公益目的事業の収入がその適正な費用の額を超えないことを要求されており、文字通りこれを順守すると、毎年収支が0か赤字しか許容されないため、いずれは純資産が枯渇し倒産するという基準である。内閣府はその特例としていくつかの措置を講じてはいるが、なにぶんにも法律で規定されているため運用での緩和措置も限界がある。公益法人の持続的な生存力を奪うものという批判が強いところである。この規制をクリアするため、期末に不要な物品を購入したり、不要な事業費を支出したりするのは、従来の行政府に見られたデジャブ的現象だ。

　また、収益事業による利益を公益事業に投入するタイプの公益法人にとっては公益目的事業比率50%以上を達成することが困難である。会費、寄附金、助成金など「もらう収入」だけに依存せず「稼ぐ収入」により利益を得てこれを全額公益目的事業に投入するというビジネスモデルが完全に否定されている。

　また流動性資金の厚みはどの組織にとっても財務的健全性を示す指標であるが、これを遊休財産として扱い、公益目的事業費の1年分以下とする規制も、長期的な視野に立った経営の安定性を脅かすものである。

　官からの補助金や委託事業によって成り立っている法人を想定すると、税金を事業費に使用せず剰余を出し、これを内部にため込むなどには有効な規制とも考えられるが、民間資金による自発的な公益活動を目的とする公益法人にはあまりにも厳しすぎ、むしろその活動を減退させる方向に働いていると考えざるを得ない。

(2) 運用上の問題

担当官による裁量行政等の残滓

　認定基準等は、旧制度に比べるとある程度明確になり、当否の予見可能性が高くなったことは事実であるが、詳細の適用についてはなお、担当官の裁

量の余地が残っている部分も多い。財務三基準にしても3会計（公益、収益等、法人各会計）間の費用区分、配賦率、財産区分などに担当官の裁量的指導が入り込む余地が多い。中には明らかに法令等違反ではないかという指導すら散見することもある。また、担当官の転勤が比較的頻繁にあるため、前担当官と異なる指導がある、ある行政庁では認められた類似案件が他の行政庁では問題とされ修正を余儀なくされるなどの事例もある。また、担当官の性格等によって相も変わらず上から目線での指導があり、民間の高い志に敬意を表するどころか、枝葉末節な間違いを叱り飛ばすなどの事例も報告されている。

　裁量を皆無にするということは性格上困難とは思うが、でき得る限り裁量の余地を少なくする一段の工夫が必要と思う。

都道府県における管理体制

　地方行政庁については、審査窓口を旧制度における原局、原課が担当する方式（分散管理方式）をとっているところが36府県に上り、公益認定等審議会を担当する部局（総務部文書課、総務課など）に集中させている方式（集中管理方式）は11都道府県と少数派である。分散管理方式では、本省庁の例で言えば新制度下にあっても、依然として旧主務官庁である文科省や経産省等が審査するというのと同じで、旧主務官庁制度がそのまま残っている現象である。

　さらに、移行後の監督（定期提出書類の点検、立入検査など）についても分散管理をする府県が29あり、これでは主務官庁制度を撤廃した目的が少なくとも外形上は無視されたような印象すら受ける。

　分散管理方式では、原局、原課の指導監督がどうしても当該課の本来の分掌職務の権限や関心領域に影響され、独立した公益法人の自治（事業、機関運営、財務）に過剰に介入しがちであるという弊害がそのまま存続してしまうおそれがある。また担当官の職務ウェイトとしても、公益法人の指導監督が本来職務に比べ極端に少なく、制度内容の正しい理解が不足する可能性も高い。行政庁における定員等の問題もあろうが、集中管理方式への変更を積極的に検討すべきである。さらにその先を見れば、特活法人の所管部署と統

合することも視野に入れることも検討してもらいたい。その方が公益活動を志す市民に対しより的確な法人選択情報を提供できるのではないか。

公益認定等委員会・審議会と事務局の関係

内閣府が「役人主導」ではなく「委員主導」による審査体制が最も進んでいると思われるが、それでも担当官とくに事務局長の意向が委員会の運営に色濃く反映する傾向がみられる。委員会制度発足後現在委員会は7年目（1期3年）を迎えているが、この間事務局長は5代目であり、この間における筆者の観察では、委員会の運営に対しその影響度にはかなり起伏があるように見受けられる。

まして、常勤委員のいない地方行政庁にあっては、公益認定等審議会が完全に事務局を制御することは困難で、極言すれば事務局結論を承認するだけで、本来の第三者機関としての機能が不全に落ちいっているとみられるところもある。

申請が殺到した移行時期が終了し、今後は定期提出書類や立入検査を通じた監督と新規の公益認定申請に専念できることとなった今日、「公益認定等委員会の独立性・中立性に配意し、事務局の体制整備とともに公益性の認定に際しその影響力の排除に留意すること」とした新法審議の際における国会付帯決議（下線筆者）に沿った制度に近づけてもらいたいものだ。

(3) 法人側の問題

昨年スポーツ関係公益法人において、暴力事件、セクハラ、補助金不正使用、公私財産の混淆、内紛の表面化、反社会的勢力との関係などにより業務改善勧告が発せられたことは表2-3の通りであるが、これらの事実は一般社会の公益法人に対する信頼性を失墜させ、行政庁の過剰介入や規制強化論が浮上することを筆者は懸念している。

新公益法人の経営の基本はあくまでも団体自治によるものであるが、これを守るためにも、法人の適切なガバナンス体制（決定、執行、監督の3機能の適切な分配）を構築し、自立的で自律的な経営が望まれるところである。

また、透明性と説明責任を徹底し、社会に開かれたオープンな組織であることが前提だ。

　また、一般法人は非営利法人であるとはいっても、その事業内容において千差万別でありすでに様々な問題点が指摘されているところであるが、非営利セクターとしてどう受け止めるべきか、第2部第4章で考察することとする。

注

1　このあたりの立法経緯については、当時の法典調査会や帝国議会の議事録等を丹念かつ緻密に分析した島村博博士著「民法34条の成立沿革──日本型公益法人の成立」に詳しい(早稲田大学提出博士論文「プロイセン協同組合法(1867年)の成立史──近代社会の設計の軌跡」の補章)。なお、この元となる論文は、「非営利団体は「共益」団体か「公益」団体か」と題する論考(協同総合研究所発行所報『協同の発見』130号、133号、134号、136号において分載)である。
2　初版1998年1月、岩波新書。
3　『新法学辞典』日本評論社、1991年。
4　公益法人協会発行『公益法人誌』、1972年10月号、以下、公益法人誌と略称。
5　この会計基準を第1次とすれば、1985年に小改正した第2次、大改正となった2004年の第3次改正を経て、2008年の新公益法人制度を取り入れた「平成20年基準」へと進展する。
6　その後信託協会、経団連などの協力も得て政府への要望活動を続け、1977年には我が国第1号の公益信託が誕生した。
7　公益法人誌、1985年10月号。
8　座長は枝野幸男(さきがけ)、水野清(自民)、山元勉(社民)各議員。
9　公益法人常勤理事総数2万1595名のうち公務員経験者の割合は19.3%にあたる4168名(平成7年公益法人概況調査、総理府)。国から法律により行政代行機能を付与されている法人は137法人、国からの補助金2478億円、委託費1419億円(同チーム提言より)。
10　税制については、「法人課税・資産課税等、税制のあり方について見直しを開始するとともに、特に法人税については原則課税とし、非課税対象を列挙する制度にすることも含め検討する」とした。
11　もっとも、この転換指針に基づいて実際に営利法人に転換した実例は極めて限定的であったと言われている(おそらく全国で1桁前後にとどまると筆者は推定している)。

12 戦後まもない1948年、法務庁（現法務省）は公益法人制度を改正するため「民法の一部を改正する法律案」及び「公益法人監査委員会法案」を検討したようだ。ただし、その経緯その後の状況は全く不明である。これについては雨宮孝子（当時松蔭女子短期大学教授・公益法人協会専門委員、現在公益認定等委員会委員長代理）が「幻の民法改正案」として公益法人誌（1995年5月号）に寄稿している。
13 林修三（元内閣法制局長官、当時公法協名誉会長）、田中實（当時慶応義塾大学名誉教授、公法協理事）、森泉章（当時青山学院大学教授、公法協顧問）、宮崎清文（元総理府総務副長官、公法協理事）。
14 ようやく翌年7月号で要旨が公表された。
15 公益法人誌、1995年7月号。
16 この報告書に基づき公益法人等の指導監督基準に関する関係閣僚会議幹事会申し合せとして、「公益法人の営利法人等への転換に関する指針」が発出された（1998年12月）。
17 中間試案の内容は公益法人誌2000年5月号に全文掲載、またその解説及び試案発表に至る経緯は相澤哲（当時法務省民事局参事官）「中間法人（仮称）制度の創設に関する要綱中間試案について」（公益法人誌2000年6月号）に詳しい。
18 詳細は公益法人誌、2000年9月号。
19 結局2名以上となり、今回の一般社団法人制度に引き継がれた。
20 もともと、「公益法人の設立許可及び指導監督基準」（平成8年9月閣議決定）で、経過措置として「ただし、既に設立されている法人で、法人格を取得する手段が民法第34条によることに限られたため、公益法人となっている業界団体等に関しては、真にやむを得ない事項については、法人に関する抜本的改革を待って対応することとする」とされていた。中間法人が移行措置に関する規定があれば、この経過措置でいう「法人に関する抜本的改革」にあたるものとして、中間法人への移行が実現したものと思われ、続く公益法人法制の改正も異なる設計思想になっていたかもしれない。
21 意見全文及び各党委員との質疑応答は公益法人誌（2001年7月別冊）に掲載。
22 中間法人は所轄庁がないため法人に関する統計がなく、僅かに法務局の登記件数しかわからない。
23 公益法人誌、2005年10月号、なお、中間法人の分析としては初谷勇（大阪商業大学教授）「中間法人──その類型と見解」（『大阪商業大学論集』第148号、2008年）に詳しい。
24 『公益法人協会40年の歩み』公益法人協会、2013年、82頁。
25 公益法人誌、2002年5月号。
26 公益法人誌、2002年8月号。
27 公益法人誌、2002年10月号。
28 https://www.koeki-info.go.jp（以下、内閣府サイト）。
29 メンバーは、入山映（笹川平和財団理事長）、加藤秀樹（構想日本代表）、神田秀樹（東京大学教授）、関幸子（（株）まちづくり三鷹）、中里実（東京大学教授）、中田裕康（一橋大学教授）、橋本博之（立教大学教授）、水口弘一（中小企業金融公庫総裁）、山岡義典（NPO法人日本NPOセンター常務理事／法政大学教授）、及び筆者の10名であった。

30 議事概要・資料等も前掲内閣府サイトで公開されている。
31 公法協部内報告書。
32 第7回議事概要。
33 特に、特定非営利活動法人セクターからの反対運動の広がりと、これを支持するNPO議員連盟の動きが決定的であったと思われる。
34 準則主義で設立される非営利法人が原則課税か非課税かという論点では、第4回(2003年2月21日)の議事録が参考になる。議事録によれば、ある委員(委員名は記載していないが、堀田力委員と推定される)が資料を提出し原則非課税論を主張、その他の委員ないし事務局との間で、激論が戦わされている。
35 2005年4月より開始された政府税調基礎問題小委員会／非営利法人課税WG合同会議で再び検討が始まった。
36 この「社会貢献性」という字句は「公益は手あかのついた言葉で使用不可」というある与党議員の意向で、「公益法人制度の抜本的改革に関する懇談会」第6回から使われ始めていた。
37 NPO/NGO税・法人制度改革連絡会、国際協力NGOセンター、NPO事業サポートセンター、大阪ボランティア協会、芸術文化振興連絡会議、シーズ：市民活動を支える会、子ども劇場全国センター、日本NPOセンターなど幅広い市民団体が協力した。
38 とくに朝日新聞・辻陽明記者は、後年「ネクタイを締めた紳士が大勢集まって怒りの声を上げている、これは何か大変なことが起こっているのではないかと思った」と回想している。辻記者はその後も公益法人制度改革の動きをフォロー、2008年11月25日の公法協主催シンポジウムのパネリストとして登壇したのを最後に2009年4月逝去。
39 座長は堀田力さわやか福祉財団理事長、座長代理は山田二郎弁護士、他9委員、事務局公法協。
40 委員長藤野忠彦(元三菱信託銀行専務取締役)、委員会は2005年10月から2007年3月まで続いた。
41 報告書『市民にとっての公益とは？』2007年7月。
42 公益法人誌、2004年6月号。
43 同報告書「1改革の意義(1)基本認識」より。
44 公益法人誌、2006年2月。
45 意見陳述全文及び質疑応答概要は、公益法人誌、2006年5月号に掲載。
46 現NPO学会会長、独立行政法人大学評価・学位授与機構教授。
47 2007年1月発足、座長は能見善久氏(当時東京大学大学院教授)。
48 2006年10月発足、座長は佐竹正幸氏(当時日本公認会計士協会常理事)。
49 前掲書『公益法人協会40年の歩み』に添付されているCD-ROMには、これらを含め公益法人制度改革に関連する政府発表及び公法協意見書等主要なものが収録されている。
50 午前零時には内閣府に繋がらず、正式に受付のオートリプライを着信したのは0時8分であった。
51 公法協が事務局となって呼びかけ2004年3月に発足した組織。最終加盟団体33、政府

動向に合わせて14回の会合を開催した。
52　不認定の理由及び勧告内容については、法律上公表することとなっており、内閣府サイトで確認できる。
53　「この法律は、内外の社会情勢の変化に伴い、<u>民間の団体が自発的に行う公益を目的とする事業の実施が公益の増進のために重要</u>となっていることにかんがみ、当該事業を適正に実施しうる公益法人を認定する制度を設けるとともに、公益法人による当該事業の適正な実施を確保するための措置等を定め、もって<u>公益の増進及び活力ある社会の実現に資することを目的とする</u>」（公益認定法第1条）下線筆者。
54　公法協は2013年10月に内閣府等法務省に対し、小規模向け法人類型の創設又は機関設計における一部適用除外を内容とした改正要望書を提出した。

第3章
主務官庁制度のパターナリズムは解消されたのか

出口正之

1 税制面から見た制度的総括

　本章においても、公益法人制度改革の総括を行いたい。筆者は、政府税制調査会特別委員、非営利法人課税ワーキング・グループ委員、さらに第1期（非常勤）、第2期（常勤）の公益認定等委員会委員を務めた。いわば、内部の者である。そこでできるだけバイアスがかからないように、公表資料のみに基づいて中立的な評価を試みたいと考えている。まず、税制面の評価をしたうえで（1節）、公益法人制度改革の量的評価を加え（2節）、さらに立法趣旨を踏まえた観点から質的な評価を行った（3節から6節）。

　筆者が政府税制調査会の特別委員及び非営利法人課税ワーキング・グループの委員に任命された2003年当時、税制調査会の中では、公益法人税制は不公平税制の象徴と捉えられており、ほとんどの委員は、公益法人に関する課税強化が進行するものと考えていたように思う。

　実際、それまでの税制調査会の集大成といえる答申書「わが国税制の現状と課題——21世紀に向けた国民の参加と選択」（平成12年7月14日）では、公益法人に対してその活動に期待する記述は以下の通り皆無であった。

(6) 公益法人等

　現行法人税法は、財団法人、社団法人、宗教法人、社会福祉法人、学校法人などの公益法人等、人格のない社団等、NPO法人などについては、その営む事業が一般法人の営む事業と競合する場合については、課税の公平性・中立性の観点から、その収益事業から生じた所得に対しては法人税を課税することとしています。（中略）、現在収益事業とされていない事業であっても民間企業と競合するものについては、<u>これを随時収益事業の範囲に追加していくことが適当です。</u>しかし、そうした対応に限界があるとすれば、<u>公益法人等が対価を得て行う事業については、原則として課税対象とし、一定の要件に該当する事業は課税しないこととするといった見直しなどを行うことも考えられます。</u>（中略）

　公益法人等の利子・配当などの金融資産収益については、収益事業に属するものを除き、法人税が非課税とされています。金融資産収益については、会費や寄附金収入とは異なり、公益法人等の段階で新たに発生した所得であって経済的価値においては現在収益事業とされている金銭貸付業から生じた所得と同じであることなどから、<u>公益法人等に対しても一定の税負担を求めてもよいのではないかとの指摘もあります。</u>

　なお、一部の公益法人等の活動について批判がなされることがありますが、当調査会としては、公益法人等が課税上の特典を亨受していることを十分自覚するとともに、主務官庁が適時適切にその業務運営などの適正化を図ることを強く期待します。　　　　　　　　　　（下線部引用者）

（「わが国税制の現状と課題──21世紀に向けた国民の参加と選択」）

　つまり、対価に係る収益事業については、課税ベースの拡大。現在非課税となっている金融資産収益についても、法人で発生した所得である以上、課税すべきであるという指摘。一部の公益法人等の活動に対する批判。どこをとっても課税強化であって、公益法人が我が国に対して大きな貢献をしてきたというような記述はない。

　ところが、2005年の基礎問題小委員会・非営利法人課税ワーキング・グループの公益法人課税に関するグランド・デザインともいえる「新たな非営

利法人に関する課税及び寄附金税制についての基本的考え方」(平成17年6月17日）においては、これを一変させた。

> 「わが国経済社会の構造変化の『実像』について」において指摘した「民間が担う公共」の重要性を踏まえ、この諸課題に関して今後の改革の基本的方向性を提示するものである。「あるべき税制」の一環として、「新たな非営利法人制度」とこれに関連する税制を整合的に再設計し、寄附金税制の抜本的改革を含め、<u>「民間が担う公共」を支える税制の構築を目指そうとするものに他ならない。</u>これはまた、歳入歳出両面における財政構造改革の取組みと併せて、<u>わが国の経済社会システムの再構築に欠くことのできない取組みでもあるといえよう。</u>　　　　　　（下線部引用者）
> （「新たな非営利法人に関する課税及び寄附金税制についての基本的考え方」）

　結局、この考え方に基づいて、平成20年度税制改正がなされるのであるが、そこでは第1に寄附金控除制度の確立、第2に公益目的事業非課税、第3に収益事業における「みなし寄附金の下限設定」という「公益法人税制三冠」の制度となった。

　それでは、当初課税一色だった公益法人課税について、なぜ、このような税制三冠が達成されたのであろうか？　それはワーキング・グループ報告書がまさに指摘している次の2点に集約される。第1は、政府税制調査会の答申書「わが国経済社会の構造変化の『実像』について」（以下、実像把握）に依拠した「民間が担う公共」の重要性の下につくられたこと。第2に「あるべき税制」の一環として、「新たな非営利法人制度」とこれに関連する税制を整合的に再設計したことにある。

　ここで「実像把握」とは、税制調査会が前記の2つの答申の間に行ったもので、「あるべき税制」の具体化に向けて、わが国経済社会の構造変化の「実像」を的確に把握するための取り組みを進めたものである。具体的には、「基本的視点」に立って、「家族」をはじめ、「就労」「価値観・ライフスタイル」「分配」「少子・高齢化（人口）」「グローバル化」「環境」「公共部門」などの分野・テーマについて、関連する基礎的データを広く収集、整理、分析する

とともに、延べ21人に及ぶ各界の有識者からのヒアリングを行ったうえで、まとめられた。

　それまでの政府税制調査会は、どうすれば公平な税制が実現できるか、どのような税が経済活動に対して中立的であり得るか、複雑ではない簡素な税制はどのように実現できるのかといった観点ばかりに関心が向いていた。言い換えれば、変化する社会を直視せずに、文化としての税制を軽視していたとも言える。例えば、働く父親と専業主婦と未成年の子供２人という「標準世帯」をイメージして税制が構築されてきた。それに対して、そのような「標準世帯」が「残像」にすぎないことを明らかにして、文化を税制に反映しようとしたものが「実像把握」である。「わが国経済社会についてのいわば『残像』を払拭し、その『実像』をより一層直視していくことが何よりも重要である」と主張した「実像把握」は政府税制調査会にとっても画期的な試みであった。

　その結果、公私二元論に基づく、「政府が担うだけの公共」というものが「残像」であることを示し、「民間が担う公共」の領域に大いに期待したのである。言い換えれば、「実像把握」を受けて成立した新公益法人税制は公益法人の活動の成果としてではなく、理念の税制の議論の結果なのである。シャウプ勧告以来、理念の税制を論じるべき存在としてあった「政府税制調査会」の歴史において、文化に着目しながら理念的な美しさを追い求めて出来上がった税制はないのではないかと思えるほどの税制であった。

　繰り返し指摘したいのは、「公益法人に目覚ましい活躍があったから公益法人の税制を支えようという動きがあったわけではない」ということだ。さらに、公益法人界は、これまで公益法人の活動が称賛されるべきものであると社会一般から高く評価されることに成功してきたとはとても言えない。この点を誤解すると、今般の公益法人制度改革を全く異なったものとして理解することになるだろう。

2　公益法人制度改革の基礎的な総括

(1) 移行法人数

　次に、公益法人税度改革の実態的な評価を行いたい。公益法人数としてはどのような数字が期待されていたのであろうか。

　公益法人の制度施行前の姿については「平成 20 年度公益法人に関する年次報告」(以下、「年次報告」) に詳しい。「年次報告」では、公益法人の数量的把握を様々な形で行ってきた。公益法人は、共益的法人や営利法人と同じような法人も含まれていると批判がされていた。そこで移行直前の各所管官庁は、当時の公益性に関する基準から判断して、所管法人を①本来の公益法人、②互助・共済団体等、③営利法人等転換候補及び④その他の 4 類型に分類していた。それを表したものが表 3-1 である。

① 「本来の公益法人」とは、その目的・事業に現在においても公益性があり、公益法人として十分な資格を持っている法人のことである。これに該当する法人は 20,711 法人 (公益法人全体の 84.0%) であった。

② 「互助・共済団体等」とは、その目的・事業が、公益 (不特定多数の者の利益を図る) というよりは、共益 (構成員相互の利益を図る) と考えられる法人のことであり、互助会、共済会、同窓会等があげられる。これに該当する法人は 3,760 法人 (15.3%) であった。

③ 「営利法人等転換候補」とは、その法人の公益事業が営利企業の事業と競合し、又は競合し得る状況となっている法人のことであり、29 法人 (0.1%) であった。これらの法人は、公益性を高めたり、新たに公益性の高い事業を付加する措置が講じられていない法人であって、株式会社等に転換することなどが必要とされていたものである。

④ 「その他」とは、前記の 3 分類に従って、法人の性格を調査時点で分類できなかったものであり、148 法人 (0.6%) であった (「年次報告」pp. 12-13)。

表 3-1　法施行前の性格別公益法人数

所管官庁		法人数	性格別法人数			
			本来の公益法人	互助団体共済等	営利転換	その他
国所管	社団	3,654	3,478	176	0	0
	財団	3,066	3,037	27	1	1
都道府県所管	社団	8,963	6,083	2,804	17	59
	財団	9,093	8,239	755	11	88
合　計		24,648	20,711	3,760	29	148
		比率（％）	84.0	15.3	0.1	0.6

出所）　総務省『平成20年度公益法人に関する年次報告』
（＊）　合計数が一致しないのは共管の法人が重複しているため。

　公益法人改革の議論の過程では、公益法人の実態が玉石混交であるという認識はほぼ共有されていた。したがって、移行前の全法人がすべて公益法人へ移行するとは想定されていなかった。ところが、公益法人へ移行する具体的な法人数については予想する数字はほとんどないに等しい状況であった。唯一、依拠可能な数字として前記の「本来の公益法人数」20,711法人があげられていた。したがって、この数字と平成26年3月31日時点実際に移行した数字8,822法人とを比較してみると、4割強が公益法人へ移行したことになる。

　これをどう評価するかというのは意見が分かれるだろうが、「年次報告」で前記分類を行ったのが、許可、監督してきた主務官庁であり、20,711法人という数字自体が多すぎるという見方もあるだろう。しかし、そうだからといって、8,822法人が多いのか少ないのかについては明確な基準がなく、結局中身を見ていくほかはない。つまり、この数字だけによる評価は適切ではないと考える。

(2) 解散・合併消滅法人数

　次に、解散や合併によって消滅した法人数を見てみよう。内閣府発表のデータによれば、移行期間の5年間における解散・合併数は3,581法人である。その数字を評価するにあたって、同じく「年次報告」のデータと比較し

てみたい。「年次報告」には平成15年から19年までの各年における概算合併数が計算されている。それによれば、表3-2の通り、当該の5年間で2149法人である。つまり、移行期間の5年間における解散数は、移行前の5年間の解散数に比べて、大幅に増加したということである。

表3-2 移行前5年間における解散法人数

	平成15年	平成16年	平成17年	平成18年	平成19年	5年累計
国	98	131	76	92	77	474
都道府県	344	271	348	453	293	1,709
計	439(*)	402	422(*)	525(*)	361(*)	2,149

出所）『平成20年度公益法人に関する年次報告』より筆者作成
（＊） 合計数が一致しないのは共管の法人が重複しているため。

（3）新設公益法人数の比較

それでは新設の公益法人数はどうなっているだろうか。新設公益法人数は内閣府発表の数字によれば、平成26年3月31日時点で331法人である。これは法施行から期間をとると5年4カ月間となる。これも比較の必要性から、平成20年12月1日から平成25年の11月30日までの5年間に限った数字を出してみると、答申ベースで新規認定はわずかに160法人である。一方、施行前の5年間（平成15年から平成19年）では「年次報告」から657法人が公益法人として設立が許可されたことがわかる（表3-3参照）。つまり施行前の5年間の新設数657法人に対して、移行後の5年間はわずかに160法人（答申ベース）。さらに4カ月間下駄を履かせてみても331法人であるから、移行前の半分以下に落ち込んだことになる。

公益法人制度改革は民間の公益の増進が立法趣旨であるので、新設法人数の低下は、看過できない数字である。

法律の骨格を作った「公益法人制度改革に関する有識者会議」（以下、有識者会議）においては、次のような発言があった。

普通こういう制度をつくるときに、今2万何がしかの公益法人がありますでしょう。それが移行期でだんだん移行してくるのだけれども、併せてこれだけ自由にしてやり方を柔軟にするのだし、主務官庁の締めつけがなくなるわけだし、2～3年すれば、倍になるとは言わないけれども相当増える。つまり数値目標的なものがあり得るのかどうか。こんなものはないと思います、やってみなくては分からない。だけれども、今いろいろな妨害なり拘束があって設立しやすくなっていないならば、その阻害要因を排除してやるわけだから、そうするとかなり増えるのではないかと。今のこういうテンポでいけば、もっと上がるのではないかと展望されているのではないか。そういう気持ちを持った人が世の中にはたくさんいるのではないかと考えるべきなのだと思うのです。ただ、それがどの程度いるかというと見当もつかない話ではあります。

（第5回有識者会議　平成16年2月23日）

　つまり、数値目標は設定できないものの、新設法人の阻害要因を排除したのであるから、総数としても大幅に増えるはずだという見解である。ところが、純粋な法人新設数だけ比べても、法施行前から大幅に減少してしまった。

表3-3　移行前の5年間の公益法人新設数

	平成15年	平成16年	平成17年	平成18年	平成19年	5年累計
国	19	18	27	24	19	107
都道府県	126	79	125	127	96	553
計	144 (*)	97	152	150 (*)	114 (*)	657

出所）『平成20年度公益法人に関する年次報告』より筆者作成
（*）　合計数が一致しないのは共管の法人が重複しているため。

　表3-4は、以上の結果を一覧にしたものである。本来の公益法人数は約6割減。5年間の解散数は6割強の増加、新設公益法人数は4割強の減少である。

表 3-4 施行前後の公益法人の比較

法人数	施行前	施行後	状況
特定公益増進法人数（公益法人に限る）	862[*1]	8153[*2]	約 10 倍
「本来の公益法人」数	20,711[*3]	8,822[*2]	約 4 割
5 年間の解散法人数（合併を含む）	2,149[*4]	3,581[*5]	6 割強の増加
5 年間の新設数	657[*6]	331[*7]	4 割強の減少

筆者作成
* 1　平成 20 年 4 月時点、国税庁。
* 2　平成 26 年 3 月 31 日時点（移行認定 8822 及び公益認定 331）、内閣府。
* 3 * 4 * 6　「平成 20 年度公益法人に関する年次報告」総務省より出口作成。
* 5　「公益法人制度改革における移行期間の満了について（速報）」平成 26 年 3 月 31 日、内閣府。
* 7　平成 26 年 3 月 31 日時点申請分、内閣府。

　次に、表 3-5 は、平成 26 年 3 月 31 日時点の移行法人処分数である。公益法人への移行は前述のとおり 8,822 法人。一般法人への移行が 11,133 法人である。最終的には、公益法人への移行は申請数から考えて 9,050 法人くらいになるものと思われる。

表 3-5　移行法人数

	公益法人への移行	一般法人への移行	合計
内閣府	2,137	2,231	4,368
都道府県	6,685	8,902	15,587
合計	8,822	11,133	19,955

出所）内閣府
平成 26 年 3 月 31 日時点。このほかに一般法人からの公益認定数 311 法人。審査中 219 法人がある。

3　公益法人制度改革の経緯と立法趣旨

　次節以降については、立法趣旨がどの程度反映されたかについて検証していきたい。そのためには、立法趣旨そのものを確認していく必要があるだろう。

表3-6は公益法人制度改革に関する経緯を一覧にしたものである。公益法人制度改革がどこの時点まで遡れるかについては諸説があるが、民法改正を含む制度改革として、議事日程に上がったのは、2002年3月29の「公益法人制度の抜本的改革に向けた取組みについて〈閣議決定〉」（以下、2002年閣議決定）からである。これに先立つ2000年の「行政改革大綱」は

1. 国から公益法人が委託等、推薦等を受けて行っている検査・認定・資格付与等の事務・事業
2. 国から公益法人に対して交付されている補助金・委託費等、行政の関与の在り方について、厳しい見直しを行うこと。

（「行政改革大綱」）

と、いわゆる政府系公益法人を対象とした国の在り方について行政改革の大綱であって、受け皿の公益法人そのものの改革ではない。これに対して「2002年閣議決定」は、「公益法人制度の抜本的改革」と明言した。

　その後、2002年8月2日「公益法人制度の抜本的改革に向けて（論点整理）」（以下、論点整理）の公表、2002年11月1日の「公益法人制度の抜本的改革に関する懇談会」（以下、懇談会）の設置、2004年11月19日の「公益法人制度改革に関する有識者会議」（以下、有識者会議）の報告書と続き、再度2004年12月24日に「公益法人制度改革の基本的枠組み」の具体化（「今後の行政改革の方針」）が閣議決定された（以下、2004年閣議決定）。これは、公益法人制度改革の根本を示すことであり、立法趣旨もよく表れていると言える。その内容は次の通りである。

公益法人制度改革の基本的枠組み
　「公益法人制度の抜本的改革に関する基本方針」（平成15年6月27日閣議決定）に基づき、公益法人制度改革の基本的枠組みを以下のとおり具体化する。
　1　改革の方向性
　(1) 改革の趣旨

表3-6　公益法人制度改革に関する閣議決定等の経緯

時　期	名　称（カッコ内は本章中の略称）	内　　容
2000.12.1	「行政改革大綱」を閣議決定	1. 国から公益法人が委託等、推薦等を受けて行っている検査・認定・資格付与等の事務・事業。2. 国から公益法人に対して交付されている補助金・委託費等、行政の関与の在り方について、厳しい見直しを行うこと。
2002.3.29	公益法人制度の抜本的改革に向けた取組みについて〈閣議決定〉（2002年閣議決定）	公益法人制度について関連制度（NPO、中間法人、税制等）を含め抜本的かつ体系的な見直しを決定。
2002.8.02	「公益法人制度の抜本的改革に向けて（論点整理）」を公表（論点整理）	真に時代の要請にこたえ得る非営利法人制度の基本的制度として再構築することの必要性。非営利法人制度のあるべき姿。改革の二パターンなどを発表。
2002.11.1	2003年1月まで計7回開催。「公益法人制度の抜本的改革に関する懇談会」を設置（懇談会）	「公益法人制度等改革大綱（仮称）」の策定に向けた具体的検討。
2003.6.27	公益法人制度の抜本的改革に関する基本方針〈閣議決定〉（2003年閣議決定）	一般的な非営利法人制度の創設を前提とし、非営利法人における公益性の在り方を検討するために、有識者の協力を得つつ平成17年度末までに法制上の措置等を講ずることを目指す。
2004.11.19	公益法人制度改革に関する有識者会議報告書を発表（有識者会議報告書）	公益法人制度改革の骨格を提案。
2004.12.24	「公益法人制度改革の基本的枠組み」の具体化（「今後の行政改革の方針」）〈閣議決定〉（2004年閣議決定）	有識者会議の提案を決定。
2005.6.17	「新たな非営利法人制度に関する課税及び寄附金税制についての基本的考え方」〈政府税制調査会基礎問題小委員会・非営利法人課税ワーキング・グループ〉（非営利法人税制基本的考え方）	2004年閣議決定の内容を踏まえた税制の検討。
2005.12.24	行政改革の重要方針〈閣議決定〉（2005年閣議決定）	法案の具体的内容を踏まえ、新制度施行までの間に、対応する税制上の措置を講ずる。
2006.6.2	公益法人改革関連三法の公布	
2007.4.1	内閣府公益認定等委員会発足	
2008.12.1	公益法人改革関連三法施行	
2013.11.30	移行期間の終了	

筆者作成

我が国において、個人の価値観が多様化し、社会のニーズが多岐にわたってきている中、<u>行政部門や民間営利部門では満たすことのできない社会のニーズに対応する多様なサービスを提供し得る民間非営利部門を、社会経済システムの中に積極的に位置付けることが重要である。</u>

　また、民法制定以来100余年にわたり抜本的な見直しが行われていない現行の公益法人（民法第34条に基づく社団及び財団をいう。以下同じ）の制度については、歴史的に大きな役割を果たしてきたものの、<u>主務官庁の許可主義の下、法人設立が簡便でなく、公益性の判断基準が不明確であり、営利法人類似の法人が存続しているなど</u>様々な批判、指摘を受けるに至っている。

　このため、こうした諸問題に適切に対処する観点から現行の公益法人制度を抜本的に見直し、広く民間非営利部門の活動の健全な発展を促進することが重要な課題となっている。

（2）基本的な仕組み

　現行の公益法人の設立に係る許可主義を改め、法人格の取得と公益性の判断を分離することとし、公益性の有無に関わらず、準則主義（登記）により簡便に設立できる一般的な非営利法人制度を創設する。

　また、各官庁が裁量により公益法人の設立許可等を行う主務官庁制を抜本的に見直し、民間有識者からなる委員会の意見に基づき、一般的な非営利法人について目的、事業等の公益性を判断する仕組みを創設する。

（2004年閣議決定「公益法人制度改革の基本的枠組み」下線筆者）

　具体的な施策としては、「主務官庁制度の抜本的な見直し」があげられているが、この点は外形的には主務官庁制度の廃止、公益認定等委員会の新設によって達成された。

　一方「行政部門や民間営利部門では満たすことのできない社会のニーズに対応する多様なサービスを<u>提供し得る</u>民間非営利部門を、社会経済システムの中に積極的に位置付けることが重要である」（下線筆者）という点も、税調と同じく、「多様なサービスを提供していた」という現実的評価のうえで

はなく、理念として「提供し得る」ものとして、それを積極的に位置づけることの重要性を説いている。「行政部門や民間営利部門では満たすことのできない」という以上、そこに市場の失敗や政府の失敗を超えた非営利公益部門としての理念上のプラスの評価が前提となっている。

また、現状の問題意識としては「①主務官庁の許可主義の下、②法人設立が簡便でなく、③公益性の判断基準が不明確であり、④営利法人類似の法人が存続しているなど様々な批判、指摘を受けるに至っている」（下線筆者）と、している。これらも、新制度において「公益法人」として純化させることによって制度的な解決をすでに見ている。あとは、運用面で実際に効果が上がっているのかどうかが問われることになる。[4]

4　主務官庁制度の弊害の内容

以上の立法趣旨の中で、本稿では主務官庁制度の「弊害」の内容が改善されているかどうかについて取り上げてみたい。外形的には「主務官庁制度」は完全に廃止された。したがって、それで立法趣旨通りになったと言われれば確かにその通りである。しかし、主務官庁制度の弊害が何であって、それが実質的に改善されたことを確認しないと、主務官庁が行政庁に看板をかけかえただけということになりかねないからだ。

そこで「主務官庁制の弊害」を表3-6の報告書等から指摘事項を整理してみたものが表3-7である。主務官庁の弊害として次の5点にまとめることができる。①公益性の裁量的判断。これは「結果の裁量性」ということもできる。ある申請団体には設立を許可して、別の団体には許可をしないということが、主務官庁による裁量権の範囲として現実にあった。[5]②次に、設立や監督の中で行われる、裁量的指導の幅が非常に大きい点。これは「結果の裁量性」に対して「過程の裁量性」ということができる。従来、主務官庁は活動内容や理事の人事にまで介入し、その結果法人の理事会が機能しない要因となっていたと言われていた。次に③設立許可の非簡便性。①とも関係するが、長年にわたって、設立の申請を受理しなかったり、設立時に多額の会費

収入や基本財産を求めたりすることなどが指摘されていた。さらに④活動領域の拘束性。これは主務官庁の責任範囲の活動に申請団体の活動を押し込めていたと指摘されていた。⑤主務官庁の天下り問題。主務官庁自身がOBを理事として送り込む問題が存在していた。

表 3-7　報告書等で指摘されていた主務官庁制度の「弊害」の内容

弊害の内容	指摘された報告等	表現
1. 公益性の裁量的判断 （結果の裁量性）	1. 論点整理 2. 有識者会議	1. 公益性の判断基準が不明確。行政が自由裁量で判断。 2. 裁量の幅が大きく、法人設立が簡便でない。
2. 裁量的指導 （過程の裁量性）	1. 税制調査会 2. 有識者会議	1. 箸の上げ下ろしの指導。 2. 裁量の幅が大きく、法人設立が簡便でない。
3. 設立の非簡便性	1. 論点整理 2. 有識者会議	1. 法人設立が簡便ではない。 2. 法人設立が簡便ではない。
4. 活動領域の拘束性	1. 論点整理 2. 有識者会議	1. 事業分野ごとの主務官庁の指導監督。 2. 指導監督が縦割り。
5. 主務官庁の天下り問題	1. 論点整理	1. 公益法人への公務員のいわゆる「天下り」が多く、その公益法人への検査、検定等の行政事務の委託等により、民間企業や個人の活動が著しく阻害されている事例が多数見受けられる。

　表 3-7 のように整理してみると、実は、巷間よく指摘されている⑤の主務官庁の天下り問題については、公益法人制度改革の中で明確に指摘されていたわけではないということがわかる。2000 年の行政改革大綱以降、この問題はあくまで、政府系公益法人に対する各省庁からの補助金や権限付与の問題として扱われてきた。つまり、公益法人を舞台にしたものであるが、省庁側の問題であるため、法人を対象とした純粋な公益法人制度改革の各報告の中とは別の文脈で問題が指摘されていた。

　また、②の「過程の裁量性」は、①の「結果の裁量性」と区別されることが少なく、「公益性の判断基準が不明確。行政が自由裁量で判断。」（論点整理）のように、どちらにもとれる表現が使用された。「過程の裁量性」について、明確に指摘していたのは、税制調査会での内閣官房による次のような説明である。「主務官庁の裁量権に基づく許可、監督の不明瞭性、箸の上げ

下ろしまで官庁が関与するといったようなことに代表されるような問題が指摘されてきておりまして、今回の大改革に至ったわけでございます」（税制調査会企画会合（第11回）・調査分析部会（第6回）合同会議議事録、平成19年5月22日）と「過程の裁量性」の問題を指摘している。

さらに、この点は「公益認定等に関する運用について（公益認定等ガイドライン）」（平成20年4月11日 内閣府公益認定等委員会）の冒頭の中では、「新しい公益法人制度は、主務官庁の裁量権を排除し、できる限り準則主義に則った認定等を実現することを目的として法改正がなされ、今日まで準備が進められてきた」と立法趣旨のうち唯一「裁量権の排除」が掲げられていた。さらに、一歩進んで「できるだけ準則主義に則った認定等を実現すること」と謳っている。そこで本稿では、「過程の裁量性」に焦点を当て、「裁量性の排除」が実現できているかどうかを検証していきたい。

5 「過程の裁量性」と「パターナリズム」

「過程の裁量性」をもう少し一般的な用語で置き換えると、公益法人の運営・活動に対する政府の介入である。公益法人は、主務官庁時代の政府に、その名称、事務所の場所、理事の人事、定款寄附行為の目的の文言、事業内容・手法、財務内容、財団の財産規模などに関して申請書提出前にお伺いを立てねばならなかった（N. R. ロンドン 1992）。その結果、名だたる理事が並ぶ法人は多いものの、名義だけの理事は理事会に出席せず、中には理事会は機能を完全に失っていた法人も存在していたと考えられる。旧法の下、法令に則った手続きで理事会の当日に理事全員で熟議のうえ決定した事項を主務官庁に届けたところ、「なぜ理事会の前に報告に来なかったのか」といわれた事例。また子供の支援に対して、「子供」の範囲を年齢以外で限定させるような指導などが実際に行われていた。

政府税制調査会の「箸の上げ下ろし」という指摘は、このような政府の介入を指し、学術的な用語を使用すれば、「政府による公益法人に対するパターナリズム（paternalism）」ということができる。そこでパターナリズム

に関する議論を少し振り返ってみよう。中村直美（2007）によれば、パターナリズムの議論が盛んになる契機はイギリスにおいて始まったとされる。1957年に同性愛犯罪と売春に関するいわゆる「ウォルフェンデン報告書」が出され、「同性愛犯罪についてはこのような行為は私的な（不）道徳の領域に属する事柄であって、個人の選択の自由や行動の自由を重視する観点から、（刑）法はかかる事柄については関与すべきではないとの結論」が出された。ところが、その4年後、制定法に規定のない「公共道徳を腐敗させる共同謀議」を犯したかどでの有罪判決（ショウ事件判決）が出た。「ウォルフェンデン報告書」とはまったく逆に、不道徳への処罰へと道を開いた点で注目され、「ウォルフェンデン報告書」についてはH. L. Aハートが、「ショウ事件判決」についてはP. デヴリンがそれぞれ支持して論争になった。この論争以降、パターナリズムの問題が議論されたという（中村2007 pp. 26-27）。その後、Dworkin（1972, 1983）Sartorius（1983）の研究をはじめ、国内でも中村直美（2007）、澤登俊雄ら（1997）が盛んに論じはじめた。非営利の世界でもSalamon（1987a, 1987b, 1995）が前記とは別の観点から中心的に扱ってきたテーマである。[6]

　Dworkin（1983: p. 20）は「強制される者（person）の福利、善、幸福、必要、利益、あるいは価値になるという理由だけで正当化される当該者に対する自由な行為への干渉」をパターナリズムの定義として掲げ、各種の規制法と自由の関係を指摘している。Dworkinが例としてあげるのが、オートバイ運転者が、運転中にヘルメットを被ることを義務付ける法律などである。Dworkinの議論には、「あなたのためという正当化」による「強制的な」「自由への干渉」と3つの要素があると考えてよい。その後の論点はこのうち、「あなたのため」という理由以外にも広げ、さらに「強制」以外の干渉にも当てはめている。その後の論者は、とりわけ、本稿の議論と関係が深いのは、ファインバーグの議論である。ファインバーグの議論を紹介した中村によれば、パターナリズムの考え方は「親が子供に、いつ眠り、何を食べるべきか等について、子供よりもよく知っているということを理由に介入することができるとされるのと同様、国家が個々の国民の利益について当人自身よりも（しばしば）よりよく知り得るということを前提」とした守護者の役

割の前提が存在している（中村 2007: pp. 7-8）という。

　澤登（1997）は、個人の自由に対する国家の干渉・介入の理由という観点から、5種類のパターナリズムをあげているが、ここでは、本稿との関連においてそれを取捨選択・統合して次の3点に集約した。[7]

① 干渉する人される人以外の第三者のためという理由。1つは、刑法でいう、個人的法益（人の生命・身体・財産・名誉）、社会的法益、国家的法益に対する侵害のおそれがあるときの介入である。これはJ. S. ミルの「侵害原理」に依拠した考え方である。ミルは「侵害原理」が存在するときにのみ、国家が個人の自由に干渉できるとした。もう1つは逆に他者の利益に資するための介入である。これらをまとめて「第三者原理パターナリズム」と呼ぼう。
② 澤登は、人々に不快感を与える行為を防ぐための「不快原理」と反道徳的な行為を防ぐ「モラリズム原理」を分けている。「モラリズム原理」はデヴリン＝ハート論争の中核的テーマであり、パターナリズムを考えるうえで非常に重要な概念であるが、「不快感を与える行為」と道徳の両者は区分しにくいうえに、公益認定法では、「公の秩序若しくは善良の風俗を害するおそれのある事業を行わないものであること」（公益認定法第5条5号）と一括しているので、ここでは不快原理とモラリズム原理を合わせて「公序良俗原理パターナリズム」と言おう。
③ 干渉する対象の人のために干渉するというものであり、Dworkin 理論の基盤となっている考え方である。また、この考え方は、強制か否かという点を除けば、ファインバーグの考え方と矛盾しない。干渉する者と干渉される者との知識・能力の差が暗黙の前提である。そこでこれを「ドゥオーキン型パターナリズム」と呼んだ上、干渉する者の知識・能力の優越性の前提をここでは「ファインバーグ型前提」と呼びたい。「ファインバーグ型前提」は、それがなにゆえに成立するのか、成立要件は何なのかについては未知数であることには留意が必要であろう。

　なお、パターナリズムは立法との関係で論ぜられることが多いが、我が国

においても、輸血を教義に反するものとして受け入れない「エホバの証人」と輸血を受け入れさせようとする親族との裁判の司法判断についての議論があった。また、澤登が言及する行政的介入、サラモンが主張する非営利組織とその受益者との関係など幅広く論じることができる一般的テーマであることも強調しておきたい。

6 公益法人制度改革におけるパターナリズムの変化

　中村（2007）はパターナリズムをめぐる論点は否定的にも好意的にも捉えられるものであることを強調している。中村はパターナリズムがしばしば避けるべきものであって、パターナリズムが「正当化」される時の理論構成ということ自体を否定し、「よきパターナリズム」と「悪しきパターナリズム」を峻別することを提案している。ここではその二分法は導入しないまでも、パターナリズム自体は「価値自由的」な存在であることを前提にしたい。そのうえで「公益認定等委員会ないし行政庁等が温情・介入・裁量の行使など法令上の must を越えた should の態度についての文言上の表明がなされたとき、ないしその指摘を外部から受けたとき」をパターナリズムの増加、「それらを抑制制御するような態度の文言上の表明がなされたときないしその指摘を外部から受けたとき」を、パターナリズムの減少として、公表資料だけを対象に変化の方向性を一覧にしたものが表3-8である。より具体的には、委員会や行政庁の「裁量」の存在や増大を示す表現、法律上の義務ではなく、価値判断が入った「好ましい」「すべきである」「お願い」「推奨」「慫慂」などの文言が入ったもの、さらに、温情的な表現「暖かく」「温かく」「支援」「サポート」などの文言が入ったものは、パターナリズムの「増」と判断した。逆に委員会や行政庁の「裁量」を小さくする表現、支援やサポートを減らすような文言は「減」とした。

　ここでは、第1に公表資料だけを対象にする。第2にあくまで使用された「文言」に限定することは、筆者が第1期・第2期の委員であったことのバイアスを取り除くことを企図している。

この表3-8から次のことが言えるだろう。

第1に、パターナリズムから脱しようとする動きは、法施行前に集中していて、法施行後から極端に減少していることがわかる。理念として論じるときには、パターナリズムを排除するように議論が展開されるが、現実に直面したときには、パターナリズムを許容するような議論が展開されている。

これは公益法人制度改革だけにとどまらずに言えることかもしれない。総論として語るときには、政府の過干渉を批判し、具体的な事象が出てきたときには、「政府は一体何をしているのだ」という政府に対する介入に期待するという関係にあると考えられる。このことを「パターナリズム仮説」として提示しておこう。

第2に95ページで分類したパターナリズムの型のうち、現時点では「ドゥオーキン型パターナリズム」が集中していることがあげられる。

第3に、具体的な問題事例が発生するにしたがって、パターナリズムの事例が蓄積し、時間軸に対して漸増的に増大してきているということである。これを「パターナリズム漸増仮説」と呼んでおきたい。[9]

「パターナリズム漸増仮説」に基づいて、行政庁によるパターナリズムが増大していくとどのようになるだろうか？　そうすると結局行政庁にお伺いを立てないと、理事会でいくら新しいことを提案しても何も行うことができなくなってしまう。そもそも公益法人は市場のフィードバックを受けないから、旧来のプログラムを変更する推進力がただでさえ湧きにくいと指摘されている中で、行政庁のパターナリズムに安住すればいつまでも親離れができなくなってしまう。言い換えれば、主務官庁の看板が行政庁に変わっただけであとは何も変わらないという事態も起こり得ることを意味している。

表 3-8 内閣府及び公益認定等委員会における文言上のパターナリズムの変化

	時期	内容	委員会ないし同事務局等の対応	外部の対応・反応等	パターナリズムの変化
1期	平成19年4月13日	委員会による審議の基本方針	「暖かく」審議にのぞむ		③増
1期	平成19年10月12日	税制調査会企画委員会での審議官発言	各省庁の箸の上げ下ろしまで介入する根っこになっているのではないかということでございまして、これを改正しようという主眼		減
1期	平成20年4月11日	委員会によるガイドライン策定	新しい公益法人制度は、主務官庁の裁量権を排除し、できる限り準則主義に則った認定等を実現することを目的として法改正がなされ、今日まで準備が進められてきた。		減
1期	平成20年8月21日	公益法人協会による要望書	(実際の説明は不明)	「無理して公益法人を目指すのではなく両者を比較して慎重に判断すべき」という委員会事務局の説明があった。	③増
1期	平成20年11月20日	内閣府による監督の基本的考え方	監督についても主務官庁による裁量的なものから法令で明確に定められた要件に基づくものに改められたこと		減
1期	平成21年12月21日	公益法人協会による仙石大臣への要望	(守秘義務範囲の可能性)	不適切な審査。個人的裁量や解釈による指導例。重箱の隅を突くがごとく詳細な訂正要求。	③増
2期	平成22年4月28日	委員会による2期の方針の表明	柔軟かつ迅速。「温かく」審議。これまで以上に積極的に法人をサポートする	画期的なこと（注1）	③増
2期	平成23年3月31日	震災後の委員長メッセージ	これまでの活動にこだわることなく、是非ともこれまで培ってこられた専門的知見や経験、財産を活かし、被災者支援や震災復興に役立つ形での活動や寄附などに資源を振り向け、取り組んでいただきたい		①増

第 3 章 主務官庁制度のパターナリズムは解消されたのか 99

期	日付	タイトル	内容1	内容2	判定
2期	平成23年4月4日	震災後の政府系法人に対する委員長メッセージ	今回の震災による被災者支援や震災復旧・復興をはじめ社会のニーズに対応した分野に資源を重点的に振り向けられないか、法人の実情に応じて是非<u>前向きな検討を</u>		①増
2期	平成24年2月16日	公益法人協会による委員長への要望書		法令等からは読み取れない内容のもの。<u>担当官の裁量による設立許可・指導監督行政を廃止し、市民にとって「可能な限り客観的で明確なもの（有識者会議報告書）」にするという新制度の理念にも反するもの。指導が法令違反の疑い。</u>	③増
3期	平成25年5月1日	3期の委員長による委員会の重点事項（注2）	<u>支援</u>の充実・強化。 民間と行政が協力して我が国の課題を解決していくための<u>支援</u>		③増
3期	平成25年6月7日	公益財団法人全日本柔道連盟に対する報告要求について	法律上明確に定められた形ではなく、報告要求の内容を公表。		±
3期	平成25年7月23日	「（公財）全日本柔道連盟に対する勧告」に対する反応	生じた損害について責任の所在に応じた賠償請求等を検討すること。執行部（会長、専務理事、事務局長）、理事会、監事、評議員会の各機関における責任の所在を明らかにし、これに応じた適切な措置を講ずること。	<u>「法人運営裁量事項の判断にわたる部分に行政庁が介入することは、旧主務官庁制への回帰につながりかねず」</u>（注3）	①増
3期	平成25年7月23日	「公益法人の自己規律について」	法律上根拠のないにも関わらず理事会や監事、評議員会等の機関に対して外部の人材を登用を推奨		③増
3期	平成25年11月19日	「（公財）日本アイスホッケー連盟に対する勧告について」（注4）	速やかに代表者甲から乙への引き継ぎを行うこと		不明

3期	平成25年12月10日	(公社) 全日本テコンドー協会に対する勧告について」	協会において、「社員の資格停止処分」を受けた社員による社員総会における議決権の行使が妨げられていることは、一般法人法に違反・抵触している疑いがある。			±
3期	平成26年4月1日	「(公社) 日本プロゴルフ協会に対する勧告について」に現れた報告徴収の内容	内閣府が、第三者機関の設置を繰り返し慫慂してきたのに対し、貴法人は、理事会決定を経た平成25年12月20日付の報告書において第三者委員会の必要性を否定した。			③増
3期	平成26年4月16日	(公社) 全日本テコンドー協会に対する勧告について」	当該法人の理事及び社員に対して必要な情報をすべて開示するとともに、経緯をよく説明し、法人としての責任ある検討を行うこと。			±

筆者作成(平成26年4月までの期間)
なお、表の「パターナリズムの変化」欄の①、③は95ページのパターナリズムの分類に対応している。
(注1) 丹下甲一・太田達男(2010:p.5)における太田の発言、「画期的なことだと思います」の発言など。
(注2) 公益認定委員会だより第18号
(注3) 星さとる(2013)
(注4) 民事案件に踏み込んだもので重大事項であるが、ここでは定義にしたがって「不明」とした。

7 「ガバナンスの強化」と「政府によるガバナンス・コントロール」

　パターナリズムの増大の顕著な例として、ガバナンスに対する考え方の変化についてあげてみたい。ガバナンスについては、各種報告書で重要性が指摘されているものの具体的に定義がなされていない。ガバナンス(governance)は「統治」と訳されることが多いが、緒方貞子は「統治と自治の統合の上に成り立つ概念」(京都フォーラム監訳、1995年)と表現した。
　小渕恵三内閣時代、河合隼雄が座長を務めた「21世紀日本の構想」懇談

会では、「協治」の訳語が使われ、アカデミズムへも影響を与えた。「政府無きガバナンス」を提示したRhodes（1996）が示したとおり、ガバナンスの用語は多義的に使用されている。[10]

有識者会議報告ではガバナンスの初出時には「ガバナンス（法人の管理運営の在り方）」という用語が使用されている。

また、先に示した「論点整理」の中では公益法人の「適正運営の確保」については、「セルフ・ガバナンス（法人の自治制度）の確立」が強調されていた。

① 行政の関与を最小化し法人のガバナンスを強化する。

具体的には、理事、監事や社員等の権限、責任や相互の牽制機能等を法制上明確化すること（罰則の在り方も併せて検討する必要がある。）営利法人並みのガバナンスを求めること（社員による代表訴訟等の可否も検討する必要がある。）が考えられる。

さらに公益性の確保という観点から、例えば、寄附者や市民による監査請求、理事の公益遂行義務の明確化等の特別のガバナンスを求めることも考えられる。

（「論点整理」）

「論点整理」では「政府の関与」と「法人のガバナンスの強化」が対比されおり、「政府の関与を最小化」することで、逆にそれを補う形で「法人のガバナンスの強化」が謳われている。「責任や相互の牽制機能等」も法人のガバナンスとしての法制化が主張されているのである。本改革が行政改革の場から誕生したことを見ても分かるとおり、ガバナンスの強化とは法人自身による「適正運営確保」であって、仮に政府が関与を増大化すればそのコストも非常に大きなものになって行政改革とは逆行してしまうだろう。したがって、「法人のガバナンスの強化」と政府の法人自治への関与の増大とは両立し得ない。

一方、近年の勧告などに見られる公益認定等委員会の対応は、ガバナンスへの徹底した介入がなされている。これらは「法人のガバナンスの強化」で

はなく、「政府による法人ガバナンスのコントロール」である。例えば、全日本柔道連盟に対する勧告では「これらの各機関が一般法人法に課せられた義務を果たし又は権限を適切に行使することにより法人としての適切な自己規律を発揮できなかった」とある。注意義務違反が本当にあったか否かはさておき、権限の行使についても基準がないままに「適切な行使」ができなかったと断言し、「生じた損害について責任の所在に応じた賠償請求等を検討すること。執行部（会長、専務理事、事務局長）、理事会、監事、評議員会の各機関における責任の所在を明らかにし、これに応じた適切な措置を講ずること」（公益法人財団全日本柔道連盟に対する勧告書）と民事事項に堂々と介入する勧告をしている。

つまり、法人が実際に行っているガバナンスの「程度」を行政庁（あるいは公益認定等委員会）が「適切でない」と判断し、行政庁（あるいは公益認定等委員会）が満足する水準にまで再構築せよと大幅な介入を行っている。

日本プロゴルフ協会に対する勧告では「（法人の処分が）　軽い処分。意識が希薄。」など、法人のガバナンス自体を、同じく基準を明示することなく評価している。さらには、「貴法人が検証報告書及び役員に対する確認結果を公表したのは、結局、社員総会の当日であった。そのような状況で役員改選が行われても、法人の各機関の責任が明らかにされたことにはならない」（公益社団法人日本プロゴルフ協会への勧告書）とここでも政府が法人のガバナンスの程度を評価する傾向が顕著に現れ出ている。

以上の通り、主務官庁制の「過程の裁量性」をパターナリズムに置き換えて推移を見れば、本改革によって「過程の裁量性」に実質的な変化があったとまでは結論づけることができない。

謝辞

本論文については、2013年9月の「非営利法人研究学会」基調報告（特に3節5節）。2014年3月の「日本NPO学会」パネル新公益法人制度5年の「移行期間」を終えて（その1）：110年ぶりの改革法の完全施行で見えてきた公益法人セクターと公益認定制度の課題での報告（特に1節2節5節）に新しい知見を加味して書き下ろしたものである。なお、非営利法人研究学会の基調報告に基づいた書下ろ

し原稿出口正之著「公益法人制度改革における公益認定等委員会のパターナリズムの傾向」は2014年9月の「非営利法人研究学会誌」に掲載した。

また、このような研究を許容・応援してくれた国立民族学博物館に感謝したい。

注

1 　例えば「現存する公益法人の問題点といたしまして、優遇税制の下で実質的には私益、または共益を図っている公益法人があるとか、公益法人は官の聖域であるといった批判があります」。「公益法人制度改革に関する有識者会議 第2回議事録」平成15年12月16日。
2 　「公益法人制度改革における移行期間の満了について（速報）」平成26年3月31日、内閣府。
3 　小山（2009）、小島（2014）、太田（本書第2章）などが公益法人制度改革の始まりについて論じている。
4 　有識者会議の座長を務めた福原義春は「角矯めて牛を殺すな」と民間法人の良さをつぶさないように戒めていた（福原2003）。
5 　公益法人の設立許可の申請があった場合に、実際に不許可処分とすることはほとんどなく、許可をしないで申請者が取下げを行ってきたものと思われる。例外的に、不許可処分を出した例としては、「足立江北医師会」の例がある。同医師会は不許可処分に対する処分取り消しの訴訟を起こしたが、最高裁で主務官庁の広範な裁量権を認めた（森泉1996）。
6 　Salamonは「サービスに頼る人々は非営利組織に対する依存性を高め、非営利組織がそれらの人々に対して宗教的、倫理的、政治的考え方を強要する危険性」を指摘し、それをパターナリズムと呼んでいる。この時のパターナリズムは、非営利組織が親であり、その受益者が子である関係である。Salamonはパターナリズムについては、十分に実証していないが、何度もそれを強調している。
7 　澤登（1997）は5つのうち1つに「公益によるパターナリズム」というものをあげているが、公益を考察している本稿の中では、完全にトートロジーとなるため、「第三者原理」に含めて再編した。また、澤登（1997）は、同じ書物の中で行政的拡大と正当化原理として、本書であげた3点とほぼ同じものを侵害原理、リーガル・モラリズム、パターナリズムとして掲げてもいる（pp. 140-141）。
8 　イギリスのチャリティ委員会は法律上しなければならないことをmust、委員会がした方が良いと奨励することをshouldとして使い分けている。

9 「パターナリズム仮説」は正確に言えば、パターナリズムの増大が現実的には規制の強化として蓄積され、ある臨界点を超えると、「抜本的改革」という形で規制撤廃がなされる「パターナリズム理念型撤廃仮説」と、そこからスタートする「パターナリズム漸増仮説」から成り立つということができる。
10 筆者自身は公益認定等委員会委員を任期満了に伴い退任するときに「ルールの範囲内では、法人活動を法人自治（ガバナンス）に委ね、情報公開を促進させることが、最も重要だという姿勢で委員会に臨んで参りました」とあえて法人自治をガバナンスと言い換えて強調した（「公益認定等委員会だより」第17号）。

参考文献

京都フォーラム監訳『地球リーダーシップ／新しい世界秩序をめざして』NHK出版、1995年。
公益財団法人公益法人協会、平成20年8月21日付要望書。〈http://www.kohokyo.or.jp/kohokyo-weblog/topics/images/youbou_20080821.pdf〉
公益財団法人公益法人協会、内閣府特命担当大臣 仙谷由人宛要望書、平成21年12月21日。〈http://www.kohokyo.or.jp/kohokyo-weblog/topics/images/20091222.pdf〉
公益法人協会、池田守男委員長宛要望書、平成24年2月16日。〈http://www.kohokyo.or.jp/kohokyo-weblog/topics/docs/20120216_kouekininteitouiinkaiatebunsho.pdf〉
小島廣光「公益法人制度改革における参加者の行動」『札幌学院大学経営論集』第6号、2014年、31-96頁。
小山裕「公益法人制度改革前史・序章：改革はこう始まった」『嘉悦大学研究論集』51（3）2009年3月30日、115-131頁。
澤登俊雄編著『現代社会とパターナリズム』ゆみる出版、1997年。
丹下甲一・太田達男「内閣府における公益認定等に関する最近の取組み」『公益法人』第39巻第8号、2010年。
出口正之「全日本テコンドー協会の認定取消し申請の経緯とチャレンジ・グラントについて」『公益・一般法人』全国公益法人協会、2014年。
―――「公益法人制度改革における公益認定等委員会のパターナリズムの傾向」非営利法人研究学会誌第16巻、2014年、1-13頁。
中村直美　『パターナリズムの研究』成文堂、2007年。
星さとる「初の是正勧告の内容と認定取消要件をめぐる新展開（下）」『公益一般法人』 第855号、2013年10月15日、31-41頁。
福原義春「公益法人改革　民間の観点　幅広い議論を」『朝日新聞』2003年8月4日、朝刊記事。

森泉章『公益法人判例研究』有斐閣、1996年。
ナンシー・R・ロンドン、平山眞一訳『日本企業のフィランソロピー——アメリカ人が見た日本の社会貢献』TBSブリタニカ、1992年。
Dworkin, Gerald, "Paternalism," *The Monist 56* no. 1. 1972, pp. 64-84.
Salamon, Lester M., "Of Market Failure, Voluntary Filure, and Third-Party Government: Toward a Theory of Government —Nonprofit Relations in the Modern Welfare State," *Journal of Voluntary Action Research*, Vol. 16, No. 1&2, January-June. 1987a.
Salamon, Lester M., "Partners in Public Service: The Scope and Theory of Government-Nonprofit Relations," (Chaptor 6), in Walter W. Powell (Ed.) *The Nonprofit Sector*, Yale University Press. 1987b.
Salamon, Lester M. *Partners in public service: Government-Nonprofit Relations in the Modern Wefare State*, Baltimore: The Johns Hopkins University Press. 1995.
R. A. W. Rhodes, "The New Governance: Governig without Government" *Political Studies 44*. 1996, pp. 652-667.

参考公文書

「21世紀日本の構想」懇談会最終報告書『日本のフロンティアは日本の中にある——自立と協治で築く新世紀』2000年。〈http://www.kantei.go.jp/jp/21century/houkokusyo/0s.html〉
税制調査会答申書「わが国税制の現状と課題——21世紀に向けた国民の参加と選択」平成12年9月14日。
「行政改革大綱」平成12年12月1日。
「公益法人制度の抜本的改革に向けた取組みについて〈閣議決定〉」平成14年3月29日。
「公益法人制度の抜本的改革に関する懇談会 議事録・資料等」平成14年11月から平成15年1月まで計7回開催。
「公益法人制度の抜本的改革に関する基本方針〈閣議決定〉」平成15年6月27日。
「公益法人制度改革に関する有識者会議 第2回議事録」平成15年12月16日。
「公益法人制度改革に関する有識者会議有識者会議 第5回議事録」平成16年2月23日。
政府税制調査会「わが国経済社会の構造変化の『実像』について」平成16年6月。
「公益法人制度改革に関する有識者会議有識者会議報告」平成16年11月19日。
政府税制調査会 基礎問題小委員会・非営利法人課税ワーキング・グループ「新たな非営利法人に関する課税及び寄附金税制についての基本的考え方」平成17年6月17日。
「内閣府公益認定等委員会 第3回議事録資料」平成19年4月13日。
「税制調査会企画会合(第11回)・調査分析部会(第6回)合同会議議事録」平成19年5月22

日。
「政府税制調査会企画会合(第17回)議事録」平成19年10月12日。
総務省『平成20年度公益法人に関する年次報告』。
内閣府公益認定等委員会「公益認定等に関する運用について(公益認定等ガイドライン)」平成20年4月11日。
内閣府「監督の基本的考え方」平成20年11月21日。
「東北地方太平洋沖地震に関する公益認定等委員会委員長からのメッセージ」平成23年3月31日。
内閣府「公益認定等委員会の活動状況　第2期委員会」平成25年4月6日。
「内閣府公益認定等委員会だより」第17号、平成25年4月5日、内閣府ホームページ。
「内閣府【平成26年3月末】全国の申請状況」内閣府ホームページ。
内閣府「公益法人制度改革における移行期間の満了について(速報)」平成26年3月31日。
「公益認定等委員会だより」第18号、平成25年5月1日。
「公益認定等委員会だより」第20号、平成25年7月1日。
公益認定等委員会「公益財団法人全日本柔道連盟に対する報告要求について」平成25年6月7日。
「公益認定等委員会だより」第21号、平成25年8月1日。
内閣府大臣官房公益法人行政担当室「公益財団法人全日本柔道連盟に対する勧告書について」平成25年7月23日。
内閣府内閣府大臣官房公益法人行政担当室「公益法人の自己規律について」平成25年7月23日。
内閣府「公益法人の各機関の役割と責任」平成25年10月21日。
内閣府内閣府大臣官房公益法人行政担当室「公益社団法人全日本テコンドー協会に対する勧告について」平成25年12月10日。
内閣府大臣官房公益法人行政担当室「公益社団法人日本プロゴルフ協会に対する勧告書について」平成26年4月1日。
内閣府内閣府大臣官房公益法人行政担当室「公益社団法人全日本テコンドー協会に対する勧告について」平成26年4月16日。

第 2 部

新しい市民社会の姿

市民社会セクターの課題と展望

introduction 岡本仁宏

　公益法人制度改革は、非営利法人の一般法とも言える一般法人法と、また その上に公益法人の「一般法」とも言うべき公益法人法を置くことによって、 新しい法領域構造を作り上げた。非常に数多くの非営利・公益法人形態が存 在しており、非営利セクター全体としての統一的アイデンティティが存在し ていない日本の状況において、このことは、重要な問題を提起する。それ は、改革によって生み出された新しい法人制度構造が、既存の法人制度との 関係でどのように位置づけられるか、また今後の制度的な改正の方向はどの ようなものであるべきか、という問題である。

　この論点については、立法過程において、たびたび問題が提起され、関連 する様々な団体からの問題提起、圧力行動がなされた結果、現在のようなカ バーの範囲になったという経緯がある[1]。したがって、この問題は、決して唐 突なものではない。既存の多くの非営利法人類型を含む、日本の市民社会法 制・非営利団体法制についての基本的な問題提起であると言うことができる。

　この問いを具体化するために、編者として、下記の3つの論点を提示した。

論点3、活動領域を超えた非営利セクターの一般法としては、特定非営利活 動促進法体系と公益法人制度改革3法体系とがあるが、この関係をどう考え るか。

論点4、社会福祉法人や学校法人、更生保護法人などは、成立の経緯から も、法体系上は改革3法の特別法の形をとっていないが、特定領域における 法人類型として今後どのような関係を一般の公益法人体系との関係で持つべ きか。

論点5、一般法人の中の「非営利徹底型」、「共益型」、「普通法人型」の諸類 型の展開等、見えにくい一般法人の現状に関する把握し注目すべき論点、そ の制度的課題は何か。

　若干の説明を加えたい。

日本の非営利法人は、以下の3つの類型に分けることができる。

第1に、特例の分野に限定されない一般性を持つ法人格として、一般社団法人、一般財団法人、公益社団法人、公益財団法人、さらに特定非営利活動法人がある。

もちろん、特活法人の場合には、2条1項別表に列挙された「特定非営利活動」という20の「活動」の特定があり、公益法人の場合にも2条4項別表によって23（22列挙事業とその他政令指定）の「事業」に特定されているとは言える。しかし、「公益」的活動・事業の一般的定義が容易ではないことを前提にして、一般的定義を迂回したうえで、広範囲に活動を列挙してある程度の一般性を表現していることは明らかであって、イギリスのチャリティ法同様、一般性を持つと言ってよい。

もちろん、それぞれの制度枠組みには違いがあり、1階（あるいは1階半）部分での法人格取得についても、2階に昇る、つまり税制上の大きなメリットがある公益性の認定の方法についても違いがある。また、多くの市民団体が特活法人となっているという歴史的経緯と現状、自治体の担当窓口が特活法人のみを対象としている場合が多いこと、特活法人制度を作るのに大いなる力があった現在の市民的な（民営の）中間支援団体の多くが公益法人制度改革に対して十分な対応ができていないこと、など、特活法人に特殊な状況もある。丁寧な議論が必要な所以である。これが論点3に当たる。

第2に、特定領域において活動する法人として、社会福祉法人（社会福祉法）、学校法人（私立学校法）、更生保護法人などがある。さらに、強い特殊性を持つ団体類型として、医療法人（医療法人社団、社会医療法人、医療法人財団等）、宗教法人、政党などがある。また、より特定化された領域の法人格として、弁護士会、水先人会、酒造組合、商工会、日本赤十字など、非常に広範囲に130程の特別法によって法人格を付与された団体がある（数え方にもよるが約180の特別法があると言われる）[2]。

この領域の多様な法人格の割拠は、非営利団体、非営利公益団体の一般法制化が遅れたこと、また憲法第89条の公の支配下にない団体への公金支出の禁止規定の迂回のための法人格形成が戦後行われたこと、戦前から「割拠主義」を指摘される日本の官庁が主務官庁主義的監督とコーポラティズム的

団体の取り込みと利益集団化を図ったこと、などいくつかの複合的要因による。

　この領域の法人格をめぐっては、社会福祉法人について、朝日新聞紙上で[3]その問題点が連載された法人格売買や私物化についての議論、特別養護老人ホームなどの介護保険施設や保育施設のイコールフッティング論をめぐる近年の議論[4]、などもある。法人類型による特定領域への参入障壁の維持と外郭団体としての天下りや事業委託等の利権構造が関わっているという議論もある。

　他方、その領域の特殊性から異なった政府の関与の仕方が望ましい場合も、当然にあり得る。例えば、宗教法人の公益性の判断や、政党や政治団体（法人格を持つものも持たないものもある）への政府の関与の妥当性の判断等は典型的な問題である。

　とはいえ、法人格上の区別が必要なのか、という議論は、十分に検討される必要がある。これが論点4に当たる。

　さらにまた、第3に、非営利的な属性も持つが組合員の共益的な性格が強い、各種協同組合（消費生活協同組合、労働組合、農業協同組合、漁業協同組合等）も20ほどの法律による分断が存在する。統一的な共同組合法制を作るべきだという意見も強いしその運動もあるが、制度構築は政治課題としては十分な注目を集められていない状況にある。特に、第1に、大陸ヨーロッパの場合にはこの領域の団体の活発な活動が知られているということ、第2に、営利と非営利の厳格な分離ではない新しい法人格の模索が英米でも行われていること、第3に、非営利共同セクターと考えた場合の市民の「参加」が実質化した法人形態をどう位置づけるのかという問題があること、第4に、第1類型に入る一般社団法人、一般財団法人の共益型の団体類型とどういう関係を取ることができるのか、という問題があること、などいくつかの視点からもこの領域の法人類型にも注目がされるべきである。

　本書、及び本書の成立の元となったセッションでは、この論点を十分に取り上げることはできなかった。しかし、これと関連して、一般社団法人、一般財団法人の内部類型の問題について、論点5として問題提起を行った。

　今回の改革で創設された一般社団法人、一般財団法人については、公益目

的事業をしていない限り、行政関与がなくなることによってその実態は見えなくなってきている。これらの法人格は、非営利性が必ずしも徹底されているわけではない。税務上の取扱いのための要件によって3類型（非営利徹底型、共益型、一般法人型）に分けられているとはいえ、法人名称からは確認できず、それぞれの定款を確認しないとその制度的実態も把握できない。

他方、周知のように、2006年施行の会社法で営利目的の規定要件が明示的には外された結果、「非営利」株式会社を作ることが可能になっている[5]。

したがって、非営利法人と営利法人との間の法人格の区別が、営利法人法制からも、非営利法人法制からも、あいまいになっている、と言ってよい。

このことは、法人格名称から非営利性を外見的に判断することができなくなることから、否定的に議論するべきか、あるいは中間的な領域で設立者たちの都合に合わせて機動的に法人格を使う自由があることから、肯定的に評価するべきか、議論が分かれるところである。もともと、株式会社の法人格も、有限責任のもとで資金を集める1つの手段として考えれば、非営利社会活動に対してこの道具を使えるようにする道を開くこと自体について否定的に考える必要はないであろう。とはいえ、大きな枠として、非営利法人制度としての一般社団法人、一般財団法人がその実質において営利追求の手段として使われるということが明らかになれば、それはこの法人格全体についての、非営利団体としての信用性を毀損し、結果として非営利活動自体を阻害する（例えば、社会的信用性が失われ寄付などが集めにくくなる等）可能性もある。

アメリカやイギリスなどでの社会的企業論の新しい展開、ヨーロッパにおける社会的企業・協同組合の新しい展開なども、日本での法人格の将来を検討する際には重要な検討事例となるであろう[6]。

これらの問題を、どのように考えるべきかが、論点5である。

以上3つの論点を、それぞれの論考がすべて取り扱っているわけではない。しかし、各論者からの接近が、これらの論点について有益で刺激的な議論となっている。今後の法人制度の展望を行うための素材として、各論考を読んでいただきたいところである。

注

1 この点については、多くの資料や文献がすでに存在している。本書の太田論文や氏の一連の論文の他に、例えば、小島廣光「公益法人制度改革における参加者の行動」『札幌学院大学経営論集』第6巻、2014年3月、佐藤岩夫「非営利法の現状と課題——非営利協同法の体系化に向けた一つの素描」『日本社会と市民法学:清水誠先生追悼論集』日本評論社、2013年、砂原庸介「公益法人制度改革——『公益性』をめぐる政治過程の分析」『公共政策研究』第12号(2012年12月)などを参照。なお、宗教法人については、(公社)全日本仏教会の講演録アーカイブ〈http://www.jbf.ne.jp/activity/archive/1476.html〉にある、島薗進、田中治、石村耕治の講演録も参照。

2 151-参-法務委員会-11号 平成13年06月07日。ここでの、3類型の法人については、例えば、法人税法別表2、公益法人等、別表3、協同組合等としてリスト化されているものは基本的に含められるし、また、別表1、公共法人、についても、政府機関としての位置づけのものがあるとはいえ定義によっては一部はNPO、つまり民間非営利組織に含められるであろう。

3 「報われぬ国:負担増の先に、第2部福祉利権」連載『朝日新聞』2014年5月19日以後連載。

4 2014年における「規制改革会議」での議論は注目されているが、例えば、社会福祉法人経営研究会『社会福祉法人経営の現状と課題』全国社会福祉協議会、2006年、なども、そのような議論を踏まえた厚生労働省等既存法人側からの対応として重要である。

5 この点については、株主の権利についての規定(会社法105条 株主は、その有する株式につき次に掲げる権利その他この法律の規定により認められた権利を有する。一 剰余金の配当を受ける権利 二 残余財産の分配を受ける権利 三 株主総会における議決権 2 株主に前項第一号及び第二号に掲げる権利の全部を与えない旨の定款の定めは、その効力を有しない)との関係で、一定の制約を受ける。しかし、「権利の全部」ではなく、1号を否定しても、2号の残余財産を受ける権利を投資金額に限定してのみ認めることにしたり、あるいは残余財産の配分を「解散時の株主総会の議を経て」公益法人に寄付する、などとすれば、この規定をクリアできるようであって、実際に登記が受理されている。

6 藤井敦史、原田晃樹、大高研道編著『闘う社会的企業——コミュニティ・エンパワーメントの担い手』勁草書房、2013年は、ヨーロッパ的議論の紹介としても重要である。もちろん、イングランド等でのチャリティ法の2006年、2011年の改革は、このような新しい動向への対応としても位置づけられる。なお、遠藤公嗣編著『個人加盟ユニオンと労働NPO——排除された労働者の権利擁護』ミネルヴァ書房、2012年は、日米での法的な労働組合概念の違いから日本で労働組合である団体がアメリカではNPOになっているなど制度比較論的にも重要な点を指摘している。他方、アメリカの、Dan

Pallotta, *Uncharitable: How Restraints on Nonprofits Undermine Their Potential*, Tufts University Press, 2009, *Charity Case: How the Nonprofit Community Can Stand Up for Itself and Really Change the World*, Jossey-Bass, 2012などは、印象的に従来の非営利の制限を外すことによる社会貢献効果の最大化を主張している。かくして、例えばDana Brakman Reiserは、「チャリティ法の半商業的ルールに対する圧力は、現実的であり、建設的であり、かつすべてのサイドから来ている」として、チャリティに対する非課税要件としての商業活動の制限を撤廃することを主張している('Charity Law's Essentials', *Notre Dame Law Review*, Vol. 86, Issue 1, 2011)。

第4章
セクターの構造と変容

太田達男

はじめに

　本章では、公益法人制度改革によって非営利セクターの構造、特に制度の法的枠組みにどのような変容がもたらされたのか、そしてその変容が今後さらにどのように進展していくのかを考える上で必要な素材をまず考察する。
　その素材の第1は制度改正後急増する一般法人だ。一般法人は、我が国の法理論上は非営利法人の一種と言えるが、今までの特別法による非営利法人も含めた各種公益法人等とはかなり異質な法人類型である。この一般法人問題をまず考察する。第2に各種の幅広い社会貢献活動を選択でき、税制上も近似する公益法人と認定特定非営利活動法人の制度上の相違を比較し、両制度が併存する意義の有無を考える。そして最後に、今後中長期的に我が国の非営利セクターが直面する課題と制度のあるべき姿について私見を述べる。

1 一般社団・財団法人の登場という問題

(1) 一般法人制度の由来

　旧民法第34条における社団・財団法人（以下、旧公益法人）制度は「祭祀、宗教、慈善、学術、技芸その他公益に関する社団又は財団にして」（下線筆者）と規定されているため、必ずしも公益を目的とするものだけでなく「関する」を広く解釈し、現実には「公益」ではなく「共益」的と見られる互助会、共済会、同窓会、業界団体など専ら構成員の利益を目的とする法人が、公益法人として多数存在したことは事実である。

　しかし、これは本来の法の趣旨に合致するものではなく、批判も多かったことから、1996年に閣議決定された「公益法人の設立許可及び指導監督基準」においても、「公益法人として適用でない」共益的団体を列挙している。[1]

　このように剰余金を分配せず、法人財産に持分権を持たない非営利法人ではあるが、公益を目的とするものではない団体には法人化の道が閉ざされているという法理上の問題点については、多くの研究者は一致してそのような法人制度を創設すべきというものであった。

　他方、1990年前後から市民団体やボランティア団体の活動が活発になり、たとえその活動が地域社会に貢献する公益活動であっても、旧公益法人制度で設立許可を受けることは至難の業であり、簡易に設立できる非営利法人制度を待望する声が大きくなった。

　つまり、互助会など共益的な団体のための法人制度を希求する流れと、簡易な設立・運営が可能な法人制度を希求する流れが特に強くなった1990年代には、本来であればこの2つの流れを十分吟味して新たな非営利法人類型を考える機会でもあったと筆者は考える。

　しかし現実には、ほとんど両者の動きは交わることなく、前者は法人制度の「間隙を埋める」ための「中間法人制度」となり、後者は市民活動を支援するための「特定非営利活動法人制度」になり両者は異種の法人制度となった。また立法過程においても、前者は法務省や学者・研究者と少数の公益法

人関係者が関心を持つ程度であったが、後者はかなり広い市民層の関心と支持を得て、しかも超党派の議員立法となり、両者は別個の道を歩んだ。

　2008 年に新公益法人制度が施行され、中間法人は新しい一般法人制度に吸収された。ところが、一般法人制度は一般市民が予想する以上に設立も簡便、運営も簡単、事業も自由などいわば全天候型非営利法人としてその姿を現した。つまり、もともと市民が望んだ法人類型が、いわば瓢箪から駒として現れたのだ。

　このような由来はともかく、簡便と自由を希求して生まれた特定非営利活動法人制度と新しく誕生した一般法人制度は、当事者の意図はともかくそれぞれの存在意義を改めて考える機会が到来したのではないかと筆者は思料する。

　かかる問題意識もあって、公益財団法人公益法人協会（以下、公法協）と認定特定非営利活動法人日本 NPO センターは、初の共同事業として「非営利法人選択に関する実態調査」を 2014 年度中に実施した。これは一般法人制度が創設された 2008 年 12 月 1 日以降に新しく設立された一般法人及び特定非営利活動法人に対し、アンケート調査を実施し、事業内容や財務の状況を把握するとともに、その法人類型を選択した理由や、選択しなかった法人への印象などを探るものである。本稿執筆現在では集計中であるが、調査終了次第公法協・日本 NPO センターそれぞれのホームページで公開を予定しているのでご覧いただきたい。

(2)　一般法人制度の特徴

　第 1 部第 2 章「4　公益法人制度改革論議始まる」（本書 p. 51）で述べたように、内閣府の行革事務局が 2002 年 8 月に発表した「公益法人制度の抜本的改革に向けて（論点整理）」は、改革パターン①と改革パターン②を示したが、①はいわゆる 2 階建て（公益法人と中間法人を新たな非営利法人とし、その中から公益性を認定する）②はいわゆる 1 階建て（公益法人という平屋と中間法人という平屋）というものであった。

　公法協は①案に反対、②案に賛成という意見であり、その後の立法過程に

おいても中間法人と公益法人は別法人類型とすべきことを一貫して主張し続けた。

しかし、一般には①案を支持するものが多かったと言われ、現行制度である2階建てが成立した。

この一般法人制度は次のような制度的特徴があり、法人規律と行政庁との関係において特定非営利活動法人よりは、はるかに簡便でかつ税制上も同等という究極の自由と全天候型事業の可能性を保障された法人であるといってよい。

設立・監督

登記だけで設立できる準則主義で、株式会社同様定款さえ公証人の認証を得ればすぐにでも設立できる。

目的・事業

根拠法令には全く法人の目的が規定されておらず、事業についても規定を欠く。つまり公益目的事業から、実質私益事業まで、法令や公序良俗に反しない限り自由な事業ができる。

機関設計

社団法人にあっては社員2名以上、設立後1名になっても存続できる。最低必要機関は理事1名（理事会、監事は任意設置機関）。

監督

行政的に監督する機関は設けられていないため、所轄庁による行為規制がない。事業報告や計算書類の届け出制度もない。したがって、株式会社同様すべての意思決定は団体自治において行われ、裁判所による一般的な監督があるのみである。

税制

一般法人は、剰余金非分配と残余財産について一切社員等関係者に分配できないことを定款で規定する「非営利徹底型」と構成員の利益のみを目的とする「共益型」（以下、両者を非営利型）については収益事業課税とされ、非営利型以外の一般法人は普通法人並みの課税となった。つまり非営利型一般法人は税制上、特定非営利活動法人と全く変わらない扱いとなった。

(3) 一般法人の現状　公法協アンケート調査に見る

　現在一般法人は3万2000強存在するものと思われるが、うち旧公益法人から移行したものが1万1000、旧中間法人から移行したものが4000強あるので、一般法人制度が施行された2008年12月1日以降設立された一般法人（以下、新設一般法人）は1万7000前後かと推定される。3・11の大災害後多くの被災地支援団体が一般社団法人を選択しているが、この短期間で設立でき、運営も簡単という点が評価されたものと考えられる。

　しかし、その全体的な実態は、前述のように所轄行政庁がないため、事業目的や財務内容などを統計的に把握する術が全くない。このように、一般法人の実情はある意味で「闇の中」にあることも問題点の1つと言ってよいだろう。

　このような現状にあって、公法協はその実態を調査するため2014年2月、メールアドレスを把握している新設一般法人のアンケート調査を実施した。以下にその結果を示す。

類型

　社団法人が圧倒的に多く87%を占めるが、社団法人は社員2名以上で設立できるのに対し、財団法人は最低純資産が300万円以上、設立後も2事業年度連続して300万円を割り込むと法定解散となる点が敬遠されたのであろう。

前身の組織形態

　任意団体が54%、団体結成後すぐに一般法人を設立したものや、もともとは全国団体の支部が一般社団化したものが30%、旧中間法人であったものが11%、であった。特活法人から乗り換えたものは2%と少ない。

前身組織の設立年度

　新法施行（2008年12月）以前に前身となる組織を立ち上げていたものが86%であり、旧制度では法人化の道が閉ざされていた任意団体が新法成立後、早期に待望の法人化を果たしたということであろう。

税法上の類型

　非営利徹底型が52%、共益型が17%であるが、全所得課税となる普通法人型も31%と意外に多い。

事業種類

教育関係 18%、業界・職能団体 17%、学会・学術団体 9%、福祉関係 8%、助成・表彰関係 6% などで、公益色のあるものも多い。

一般法人選択理由

とにかく「法人格がほしかった」と「設立が容易」を併せると 60% を占め、「公益認定を取得するため」が 14%、「監督官庁もなく自由に経営できる」が 9% あった。中には行政から勧められたというものも少数あった。

常勤役職員（週3日以上勤務）の人数

0 が 30%、1 人が 26%、2 人が 18% とほとんどは小規模法人であるが、中には 10 名以上の法人も 4% もある。

経常費用（2013 年度予算）の規模

0 と回答したものを除いて、500 万円未満が 37%、500 万円以上 1000 万円未満が 12%、1000 万円以上 3000 万円未満が 20%、3000 万円以上も 30% と、数字の取り方が異なるため正確な比較はできないが、特定非営利活動法人の事業規模よりやや多いとみることもできる。[5]

公益認定

公益認定を目指すとするもの 13%、できれば目指したい 24%、当面そのつもりはないとするものが 62% であった。

(4) 一般法人の将来

2014 年 5 月 27 日、NHK の人気放送番組「クローズアップ現代」は「検証公益法人改革」のタイトルの下、「公益法人　ずさんな実態」「新制度"一般法人"」という 2 部構成の番組を放映した。前者は、改革を受けて解散した法人のずさんな運営と行政の監督不行届きにより、約 100 億の資産がなくなった事例、後者では、新制度で設けられた一般社団法人が、詐欺や節税の手口に使われるなどの悪用があるといった事例を報道した。公益法人改革の負の側面のみに焦点を合わせて編成したこの番組は公正な検証に欠けるだけでなく、大多数の公益法人や一般法人のイメージを傷つける大変遺憾な報道であった。

ただ、一般法人の悪用問題については、筆者もかねがね「(一般法人の)問題は私益型法人だ。経済活動を活発化させ発展させるという前向きのものもあれば、非営利に仮装して私益を貪るあるいは財産を逃避させるなどの法人も出現するだろう[6]」、「風俗営業や高利貸しを本業として、儲かれば解散して関係者に分配できるような法人を、世界の常識から見て非営利法人（NPO）と呼称することは到底できないという当たり前の帰結であろう。公益でもない、共益でもない、剰余金も実質的に関係者に還流可能、残余財産も分配できるという私益の権化のような、かつ会社でないという始末におえない怪物が跋扈することにならないか。同じ法人類型を戴く新公益法人としては迷惑千万な話である。新公益法人だけでなく、非営利公益セクター全体として、非営利法人制度の大混乱という大きな課題を背負わされたといえよう[7]」と主張してきたところである。

ながらく社団法人や財団法人が用語として公益性を含意してきただけに、一般市民が「社団（財団）法人〇〇」を公益法人と誤認する可能性は極めて高く、また、公益性の高い一般法人もある中で、不良一般法人問題に社会的、制度的にどのように対応するのか、大きな問題と考える。真面目に社会に貢献しようとする一般法人には社会としてこれらを歓迎し、育成し、支援するという難しい二正面作戦が必要となろう。また、さらに特定非営利活動法人とそれぞれの存在意義をどう整理するかという問題があり、その方向性を見極めるためには多面的な検討が必要となろう。

2　公益法人と認定特定非営利活動法人の制度比較

現在一般市民や企業等の団体が、社会貢献の団体を社団法人として設立し、さらに公益性を公的に認めさせ、税制上の支援措置を受けようとする場合、一般法人を設立し公益認定を取得して公益法人となるか（以下、公益法人ルート）、特活法人を設立し認定を取得して認定特活法人となるか（以下、特活ルート）が一般的である。もちろん、社会福祉事業、学校教育事業、更生保護事業などに特化した法人を作ろうとする場合には、社会福祉法人、学

校法人、更生保護法人などそれぞれの事業法に基づく法人選択があり得るが、各種の民間公益活動を網羅的に規定し、その1つまたは複数の事業を公益活動と認め得る法人類型は言うまでもなく公益法人と認定特活法人に限られる。

その意味で、ここでは我が国の民間公益活動の主体として2つの柱である両制度が存在する意義と今後とも併存していくことが妥当なのかどうかを考える素材として両者の認定上の制度比較をまとめてみた。なお、財団法人制度は一般法人制度では認められているが、特活法人では制度上存在しない。

(1) 概要比較

公益法人にあって、認定特活法人にないもの
第三者委員会、認定取消しにおける一部財産の公益贈与、認定条件のうち収支相償規制・遊休財産規制・技術的基礎

認定特活法人にあって、公益法人にないもの
仮認定制度、条例指定制度、PST要件[8]、認定有効期間、申請日前の実績期間

両法人が類似又は同一のもの
主目的事業、許容されるその他の事業、認定行政庁、特別の利益供与禁止、残余財産の帰属、ガバナンス等機関設計（組織の適正性）、経理的基礎、公益目的事業比率、会計、行政庁監督

(2) 法制比較

目的事業

それぞれ根拠法規の別表で公益法人は22種類が、特活法人は20種類の事業が掲げられており、その表現も微妙に異なる点があるが、基本的にはおよそ不特定多数の社会の人々の利益増進に直接つながる事業であれば、どれかの項目に該当することを説明することが可能であると考えられる。

認定所轄庁

公益法人は、事業所が2都道府県にあるもの又は事業の範囲が2都道府県以上になるものは内閣府が、それ以外は都道府県が所轄庁であり、一方認定特活法人は主たる事務所の所在する都道府県、または1つの政令都市の区域に事務所が所在するものについては政令指定都市が所轄庁である。

第三者委員会

前述のとおり公益法人制度では、公益認定や認定取消しなど行政処分について、有識者から構成される第三者委員会に諮問すること及び関連する政令、府令の制定改廃についても諮問することが義務付けられており、この点が特活法人の認定監督制度と大きく異なる点の1つである。

仮認定制度、条例指定制度

設立後日の浅い特活法人は、まだ広くその活動内容が社会に知られていないこともあり、一般市民からの多くの寄附金を受けてはいないが、将来的にはその様な評価を市民から受けることが期待されるものもあり、このようないわば萌芽期の法人に対して認定基準8つのうちPSTを除く基準を満たしていることを条件に、とりあえず仮認定を与え、その活動に弾みをつけてもらおうという趣旨である(仮認定制度)。

また、地域で活動する草の根型特活法人を行政庁の条例により指定し、PSTを免除の上、他の条件が充足していれば認定するという制度も誕生した(条例指定制度)。

いずれの制度も公益法人にはない。

認定有効期間

公益法人の場合は、認定有効期間という考え方はなく、認定取消しがあるまで有効であるが、認定特活法人の場合は5年ごとの更新申請が必要である。

認定基準

認定基準は公益法人の場合18、認定特活法人は8基準があり、異なる点も多いので基準の性格に沿っていくつかに分類して比較してみよう。

① 市民性

広く市民からの支援を受けているかどうかの定量的判定基準として、認定特活法人の場合はいわゆるパブリックサポートテスト(PST)が適用されて

いるが（1号基準）、公益法人の場合にはそのような基準はない。ただし寄附者が税額控除を受けられるためには、公益法人も別途 PST をクリアしなければならない。

② 法人の事業

・公益法人では、「公益目的事業を主たる目的とすること」（1号基準）、認定特活法人では「事業活動のうち会員その他特定の者のみを対象とする事業等の占める割合は50％未満」（2号基準）と規定ぶりは異なるが、公益法人の場合「主たる」は50％以上とされており、実質的にはほぼ同様と考えられる

・行ってはならない事業として、公益法人では「社会的信用を害する恐れのある事業」（5号基準）が規定され、投機的な事業、高利融資事業、風俗営業などがあげられており、他方、認定特活法人では「宗教普及・信者育成強化」活動（以下、宗教活動）、「政治上の主義を推進、支持または反対する」活動、「特定の公職者、候補者又は政党を推薦、または反対する」活動（以下、両者を政治活動）は行っていないこと（4号基準イ）と規定されている。

　両法人ともこれらを主目的とするだけでなく、その他の事業としても認められない趣旨であると解されるが、認定特活法人が法令上禁じられていない投機的な事業等をその他の事業として実施できるかどうか、逆に公益法人が法令上禁じられていない政治活動をその他の事業としてできるかどうか、精緻な法律的検証が必要であろう。ただし、認定特活法人で明文上禁じられている「政治上の主義を推進、支持または反対する」事業はあくまで「政治主義の推進～」であり、当該法人の目的を達成するために直接関連する法制度の改廃を推進する事業は、両法人とも認められているものと解される。

・収益事業等については、公益法人の場合「収益事業等を行うことによって公益目的事業に支障を及ぼす恐れのないこと」（7号基準）とされ、後述の公益目的事業比率との関係で最大限法人管理部門の費用（いわゆる法人会計）と合計して50％未満まで収益事業等が実施できる。また、収益事業等の利益の50％以上は公益目的事業のために使用しなければならない

（公益認定法 18 条四号）。

一方、認定特活法人の場合は特活法 5 条の「特定非営利活動に支障のない限り、その他の事業を行うことが出来、利益を生じたときは、これを当該特定非営利活動に係る事業のために使用しなければならない」旨の規定が適用される。

事業区分の整理が異なるので、単純な比較はできないが、両法人とも公益目的事業又は特定非営利活動事業を法人の主たる活動としなければならないとする趣旨は同一である。

③ 特別の利益供与禁止

公益法人は社員、役員等関係者及び特定の個人または団体に寄附その他特別の利益を供与しないことと規定されており（3号、4号基準）、認定特活法人でも同様の規定（4号基準ロ）がある。

④ 認定取消しによる公益贈与

公益法人の場合は、認定取消しの場合公益目的取得財産残額[9]を類似の目的の公益法人、一定範囲の公益的法人、国・地方公共団体等へ贈与しなければならないことと規定（17 号基準）されているが、認定特活法人にはそのような規定がない。

⑤ 残余財産の帰属

解散した場合の残余財産は、公益法人の場合一定範囲の公益的法人、国・地方公共団体へ帰属させる定款規定が設けられている必要があり（18 号基準）、認定特活法人では特活法人を含む基本原則として同様の定款規定を要請している（特活法 11 条 3 項）。

⑥ 組織の適正性

・公益社団法人の場合理事会設置が要件（14 号ハ）となっており[10]、したがって理事は 3 人以上、監事は必置機関である（財団法人の場合は、一般財団法人であっても理事会・監事設置法人でなければならない）。特活法では理事会設置は法的要件となっていないが、実質的な慣行となっているので実務的には、同一と考えてよい。

・社員の数

社員の数については、認定基準ではなくそれぞれ一般法人法及び特活法人

法の基本要件として前者は2名以上、後者は10名以上という違いがある。
・社員資格について不当な差別的条件を付さないことについては、公益法人では認定基準（14号基準イ）、認定特活法人でも特活法人の基本要件として特活法2条において規定されている。
・社員総会における議決権については、公益法人は不当な差別や提供した金銭の額によって差を設けることが認められない（14号基準ロ）。認定特活法人の場合も「表決権が平等であること」（3号基準ロ）とし、ほぼ同一である。
・役員に占める親族割合制限も同一（3分の1以下）であるが（公益法人10号基準、認定特活法人3号基準イ（1））、団体出身者の割合制限は、公益法人の場合「他の同一の団体役職員等が各理事又は監事の3分の1を超えないこと」（11号基準）とされているのに対し、認定特活法人では「50％以上の株式・出資をする特定の法人の役職員等が各理事又は監事の3分の1を超えないこと」（3号基準イ（2））と同一団体のとらえ方が異なる。
・役員報酬に関しては、認定特活法人では特活法人共通の原則として、「役員のうち報酬を受ける者の数が3分の1以下であること」（特活法2条2項一号ロ）とされているのに対し、公益法人では報酬を得る役員の人数制限ではなく「役員報酬は民間事業者の役員報酬及び従業員の給与、当該法人の経理状況その他を考慮して不当に高額とならないような支給基準を定めていること」と金額で規制をかけている。
・公益法人の場合大規模法人[11]にあっては会計監査人の選任が義務付けられているが（12号基準）、認定特活法人では法定されていない。
・公益法人の場合他の団体の意思決定に関与できる株式等を50％超保有できないが、認定特活法人の場合はそのような規定はなく、逆に50％超出資法人からの役員が3分の1を超えてはならないという側面から規制している。

⑦　経理・事務処理の適正性
・公益法人では、公益目的事業に必要な経理的基礎を有するものであること（2号基準）とされ、ガイドラインで、専門職、企業等での経理経験者の関与を求めているに対し、認定特活法人では公認会計士、監査法人の監査

を受けていること又は青色申告に必要な帳簿等に記録し保存していること（3号基準ハ）、支出した金銭の使途不明、不適正な記載がないこと（3号基準ニ）と規定ぶりがやや異なる。
・技術的基礎として公益法人では、「公益目的事業に必要な技術的基礎を有するものであること」（2号基準）とされており、事業を他に丸投げなどせず自ら行う能力を求められているが、認定特活法人の場合はそのような規定はない。

⑧　財務基準
・収支相償原則
　公益法人では、「公益目的事業収入がその費用を超えないと見込まれること」（6号基準）とされており、認定特活法人ではそのような基準は設けられていない。収支相償原則は法人の財務的生存力を奪うものとして批判が強く、内閣府では運用によりその緩和を図るべく、様々な特例を設けているが、限界があり抜本的解決となっていない。
・公益目的事業比率
　公益法人では、「公益目的事業費用の比率が50％以上と見込まれること」（8号基準）となっているが、認定特活法人では「実績判定期間における事業費総額のうちに特定非営利活動事業費の占める割合は80％以上であること」（4号基準ハ）及び「実績判定期間における寄附金の総額の70％以上を特定非営利活動事業費に充てていること」（4号基準ニ）と異なる側面から規定している。
・遊休財産
　公益法人では「遊休財産額が前年度公益目的事業費を超えないと見込まれること」（9号基準）とされているが、認定特活法人ではそのような規定はない。

⑨　法令順守義務
　認定特活法人では、①各年度において事業報告書等を所轄庁に提出していること（6号基準）②事業報告書等を事務所において閲覧させていること（5号基準）③法令・処分の違反事実がないことや不正行為による利益の稼得その他の公益に反する事実がないこと（7号基準）が認定基準となっているが、

公益法人の場合は、認定基準としては規定されておらず、③のような事実がある場合には認定申請ができない欠格事由として規定されている（公益認定法6条三号）。①②については公益法人となって以降に発生すれば事後的処分（勧告、命令、認定取消し）の対象となり得る。

⑩　申請日前の実績期間

認定特活法人の場合は、「設立の日から1年を超える期間が経過していること」が要件（8号基準）となっているが、前述のとおり公益法人においては申請日前の実績は問わない。

会計

公益法人についてはまず、一般法人法において会計帳簿の作成及び計算書類として貸借対照表及び損益計算書の作成を義務付け、さらに公益認定法で予算書と財産目録の作成を規定している。また、大規模法人の場合はキャッシュフロー計算書も必要となる。これらの規定を充足する会計として、内閣府は「（平成20年）会計基準」を発表し、これに準拠することを推薦している。

他方特活法人においては、改正前においては事業費を一括りにする、現金主義で仕分けるなどの収支計算書が主流であったが、より財務内容を明確に表現するため、各地のNPO支援センターからなる「NPO法人会計基準協議会」が標準的な会計基準、いわゆる「NPO法人会計基準」を策定した。これは、収支計算書を発生主義に基づく「活動計算書」とするほか、ボランティア寄与分の注記、使途指定寄附金の区分などを内容とするもので、2012年の特活法大改正の際に「活動計算書」という名称が法律上の字句として取り入れられた。

監督

公益法人においては、報告要求、立入検査、勧告、命令、認定取消しという一連の監督を行政庁から受けるが、2012年改正において認定特活法人もほぼ同様の監督規定が設けられた。なお、認定特活法人については、その他の事業（特定非営利活動事業以外の事業）から生ずる利益は特定非営利活動事業のためにこれを使用しなければならないが、これに違反した場合には当該その他の事業の停止を命ずることができることが特徴的だ。

(3) 税制比較

一般法人と特活法人

　特活法人はすべて収益事業のみ課税され、収益事業に該当しない事業収益は非課税である。また寄附者の所得控除など優遇税制は適用がない。
　一般法人については税法上「非営利徹底型」「共益型」「普通法人型」の3種類[12]に区分され、前二者については特活法人同様の税制となっているが、「普通法人型」は通常の株式会社等営利法人の税制と変わるところはない。
　なお、地方税における法人住民税の均等割り部分については、特活法人の場合、ほとんどの都道府県が条例により非課税としているが、一般法人にはそのような特例措置はない。

公益法人と認定特活法人

　詳細は表4-1の通りであるが、両法人の税制はほぼ類似しており、異なる点は、公益法人は利子配当所得非課税、みなし寄附金（収益事業において公

表4-1　公益法人・認定特活法人税制比較

	公益法人	認定特活法人
収益事業	課税、ただし公益目的事業と認定された事業は非課税	課税
みなし寄附金	収益事業から公益目的事業に支出した金額は最低50%まで損金算入可、条件によっては最高100%まで損金算入可能	収益事業から公益目的事業に繰り入れる金額は50%まで損金算入可
利子配当所得	源泉所得税非課税	課税
寄附者（個人）に係る寄附金控除	寄附金より2000円控除した金額を所得（所得金額の40%を限度）より控除	同左
寄附者（個人）に係る税額控除	原則なし、ただし行政庁よりPST条件を満たすものとして証明を受けた時は同右	寄附金より2000円控除した金額の40%（所得税税額の25%を限度）より控除
寄附者（法人）に係る損金控除	（所得金額の6.25%＋資本金等の額の0.375%）×1/2まで一般寄附金とは別枠で損金算入可	同左
有価証券・不動産等の現物寄附	別途国税庁長官の承認を得て、みなし譲渡所得税が非課税	同左
相続財産寄附	相続財産から控除	同左

益目的事業に組み入れる費用を寄附金とみなして損金算入を認める制度）の取り扱いが若干異なる程度である。

5　非営利セクターの課題と展望

(1) 非営利セクターということ

　ここで、今回公益法人制度が抜本的に改正され、また一応、一般的な非営利法人法制が制定されたことを踏まえて、非営利セクターに与えた課題と今後の展望について考察してみたい。

　筆者が初めて非営利の組織を、社会のセクターの1つとしてとらえる考え方を知ったのは、1974年「米国カナダフィランソロピーミッション」[13]に参加し、米国・カナダの非営利団体を訪問し、その状況を調査したときである。そのとき、「the Third Sector」という用語で非営利組織全体を括り、「政府公共部門（第1セクター）」と「市場経済部門（第2セクター）」とともに、それぞれその性格と特徴を補完しつつ社会でその役割を果たすものという説明がなされた。このミッション報告書やその後日本において開催された財団法人国際交流センター主催の国際会議[14]などを契機に、日本でも「サードセクター」が非営利組織を指す用語として用いられるようになった。

　その後筆者は2000年以降、しばしば英米に出かける機会があるが、その用語としてはむしろ、米国では Independent Sector とか Non-Profit Sector が用いられ、英国では、ほかに Voluntary Sector や Civil Society という用語も聞く。ただ、筆者が面談する相手はほとんど非営利法人の実務家であるためか、厳密な定義を認識しての説明はなかった。

　わが国でも、多くの人が非営利セクター、サードセクター、市民社会（セクター）などを用語として用いることが多いが、ここでは英国のコンパクトを意識した政府と市民セクターとの公契約の在り方も1つの検討課題として、民主党政権時代に設置された「新しい公共」推進会議の専門部会が発表（2011年7月）した、報告書「政府と市民セクターとの関係のあり方等に関

する報告」において注書きとして定義付けされているものを筆者が加筆加工した図によって、まず市民セクターの概念図を見てみよう。

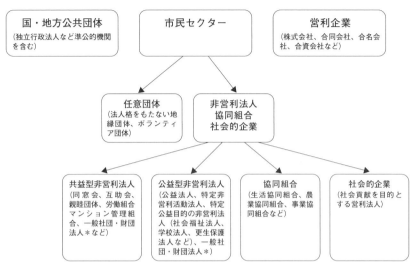

図4-1　市民セクター概念図

これによれば、非営利セクターは協同組合や社会的企業を含む巨大な市民セクターの一部として包摂されるサブセクターであるということになる。

(2) 非営利セクターの法的枠組み

市民が非営利活動を志し、これを法人化しようとする場合、我が国ではその活動・事業が特定の法律の規制を受ける事業の場合は、その法律の規定に従って設立し、経営を行わなければならない。例えば、障害児入所施設や特別養護老人ホームを経営する事業を行おうとする場合は社会福祉法人を、学校教育法による私立学校を経営しようとする者は学校法人を、犯罪者や非行少年の更生保護事業を営もうとする場合は通常更生保護法人を設立しなければならない。

戦前は、これらの事業を目的とする法人は、すべて民法による社団法人又は財団法人として設立されていたものであるが、戦後医療法を皮切りに各種事業を目的とする特別法が制定され、法人類型を異にすることとなった。これらは広義の公益法人とよばれることもあるが、特に公益法人制度の抜本改革以後は機関設計や財務基準などにおいて、古い制度がほぼそのまま残っている状態にあり、新公益法人制度との乖離が目立つようになってきている。しかし、2006年、医療法人においてより公益性が強く、機関運営における規律も厳格な社会医療法人の類型が誕生したり、社会福祉法人においても公益法人制度改革や特活法大改正の刺激を受け、組織の在り方についてより社会に開かれた方向性を意識するようになってきている[16]。また、ごく最近では病院や介護施設をグループ化し、その上部組織として営利法人のホールディングカンパニーの役割を果たす新型非営利法人を設立するという構想も出てきている[17]。さらには農業協同組合についても、全国中央会の一般社団法人化と傘下組織の再編成なども検討されている[18]。

　このような動きが徐々にではあるが顕在化してきているので、比較的近い将来非営利法人制度全体について、総合的に見直す機会が訪れる可能性がある。

　他方、前記のような特別法に基づいて非営利法人が行う特定の事業以外の事業を非営利法人として行おうという場合は、一般法人又は特活法人のいずれかの選択肢があり、さらにその公益性を国に認めさせ、一定の税法上の支援措置を受けたい場合には、認定を得て公益法人又は認定特活法人となる。

　先に見たとおり、一般法人（非営利徹底型及び共益型）と特活法人は、税制上は同様の扱いを受けるが、法制度はかなり異なり、今後併存させる意義があるのかどうか、よく見極める必要があろう。とくに、急増する一般法人がどのような事業をしているのか、それが社会に対してどのような影響を及ぼしているのかということを見極めるためにはいましばらく時間を要しよう。

　これは全く私見であるが、およそ公益活動を目的とする法人について[19]、かつて公益法人協会が唱えたような「公益基本法」で共通の規範を規定し、特別法法人は事業にかかわる法律（事業法）で所轄庁の事業監督を受けるという構造を検討する価値があると思っている。

このような非営利法人法制の究極的な統合は法人間の利害関係や省庁間の利害関係が錯綜しており相当の長期間が必要となろう。しかし、公益法人と認定特活法人の並立問題は比較的早期に統合方向で調整し得るものと考える。両法人は許容される事業範囲がほぼ同一で、また多少の差異がある税制も同一化することはさして困難なことではない。制度的規律については、ガバナンス構造、情報公開、計算、会計などは2012年特活法大改正によりかなりの部分近似化してきていると考えてよい。ただし、認定基準の一部（とくに財務基準）は相当異なる点がみられる。

　両法人のステークホルダー（会員、寄附者、ボランティア、受益者さらには一般納税者）の視点に立てば、同じ事業、例えば、国際協力をする組織、高齢者の介護事業をする組織、自然災害の救援活動をする組織、青少年の育成事業をする組織などが、法人類型として公益法人と認定特活法人の両制度が存在しなければならないという意義を見つけ出すことは困難であろう。制度が異なるために生ずる、税制、ガバナンス、情報公開や財務基準の差異がある理由を見つけ出すことは難しい。

　このように考えると、早晩両制度は統合の方向に進むと考えてよいだろう。ただし、制度の統合といっても、いわば公益法人寄りか認定特活法人寄りかという、リストラクチュアリングの方向性には慎重な議論が必要となろう。また、留意すべきは両サイドの一部に内在するかもしれない一種のアンビバレントな感情の解消も前提となろう。

注

1　(1) 同窓会、同好会等構成員相互の親睦、連絡意見交換等を主たる目的とするもの
　　(2) 特定団体の構成員又は特定職域の者のみを対象とする福利厚生、相互救済等を目的とするもの
　　(3) 後援会等特定個人の精神的、経済的支援を目的とするもの
2　登記件数だけは法務省宛ての公示請求により入手可能であるが、移行法人と新設法人との区分がなく、移行一般法人については解散と設立双方にカウントするなど、正確な

3　発信先件数1602件、回答157件、回答率9.8%。アンケート結果は公法協ホームページで公開している。
4　断っておきたいことは公法協が把握するメールアドレスは、原則としてホームページからトレースしているため、その事業目的は公益寄りに、規模も大きめの方向でバイアスがかかっていると思われることだ。
5　平成25年度特定非営利活動法人に関する実態調査（内閣府）による特定非営利事業総支出中央値74万8000円、平均値371万6000円。
6　「公法協メール通信」2007年5月。
7　同2006年7月。
8　PSTは公益法人としての認定要件とはなっていないが、個人寄附者が寄附金の所得控除か税額控除かを選択できることができるようにするためには、別途PST要件を充足することについて行政庁の証明を受けることが必要である。この証明を受けた公益法人数は801団体（2014年4月18日現在）、全体の10％弱である。
9　公益目的事業財産として蓄積された財産を指し、収益事業等の財産や法人管理のための財産は含まない。また、両法人とも認定を取り消されても法人格を失うわけでなく、それぞれ一般法人又は特活法人として存続する。
10　財団法人は一般法人法上、理事会設置が条件となっている。
11　収益又は費用が1000億円、又は負債が50億円以上の法人
12　「非営利徹底型」は剰余金と残余財産の非分配を定款で定める外、親族理事割合が3分の1以下、「共益型」は会員の共通利益を図る目的であり、定款に剰余金の非分配を規定し、残余財産の持分権を特定の個人等に付与する定款規定がないこと、収益事業を行っていないこと、親族理事割合が3分の1以下などの要件を充足するものを言い、それ以外の一般法人を「普通法人型」と区分している。
13　このミッションは財団法人日本国際交流センターが主催し、公法協、経団連、経済同友会、信託協会、米国財団評議会、米国財団センターが後援した「財団及び民間資金援助活動についての国際交流」プロジェクトの一環として派遣された（団長は国際文化会館専務理事、前田陽一）。
14　75年1月2〜5日開催された国際シンポジウム「先進諸国における財団及び民間資金援助の役割」には米、英、加、独、韓からも25名が参加した。また、76年2月23、24日には「財団及び民間資金援助活動に関するファイラー・コミッション国際シンポジウム」が開催されている。
15　「市民セクターとは、特定非営利活動法人、一般社団・財団法人、公益社団・財団法人、医療法人、特定公益増進法人（学校法人、社会福祉法人等）、協同組合、法人格を持たない地縁団体（自治会・町内会、婦人・老人・子供会、PTA、ボランティア団体等）等の民間非営利組織のほか、公益的な活動を主な目的とする営利組織からなるセクター」。
16　例えば、厚生労働省「社会福祉法人の在り方等に関する検討会」における議論。
17　『日本経済新聞』2014年3月28日、朝刊記事。

18 『日本経済新聞』2014年4月9日、朝刊記事。
19 公益信託も含めてよい。

第5章
非営利法人制度の統一的将来像に向けて

山岡義典

はじめに

　本稿は特定非営利法人制度と一般・公益法人制度の将来の関係性を考えるための論点整理メモである。論文の体裁を整える前の、朦朧とした思索をできるだけ具体的に整理してみた。将来像に向けて問題提起したメモにすぎない。従って注記も省略したことをお赦しいただきたい。

　使用した5点の概念図は、いずれも2014年3月の関西大学における日本NPO学会の討論で用いたもので、表現も未熟であるが出版にあたっては最小限の補筆で定着させることにした。今後、2つの非営利法人制度の将来像に向けた議論を活発にすることが重要との視点から、やや大胆に議論の喚起を試みたもので、関心を寄せていただければ幸いである。

1 非営利法人制度と公益概念の変遷

(1) 非営利・公益法人制度の巨視的な流れ

　市民社会セクターの担い手となる法人制度としては1998（平成10）年12月1日施行の特定非営利活動促進法による制度があるが、その丁度10年後、2008（平成20）年12月1日には公益法人制度改革によって一般・公益法人制度が新しい担い手の可能性をもつものとして登場した。これらの関係する動きを、その背景や今後の方向性も含めて包括的な概念図として示したのが、図5-1である。

　その概要について、以下の各節で説明しておく。

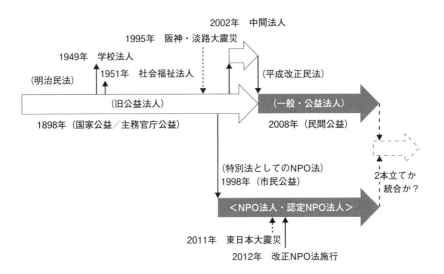

図5-1　非営利法人制度と公益概念の変遷

(2) 明治民法における国家公益・主務官庁公益の概念

　1898（明治31）年7月施行の「民法（明治29年4月法律第89号）」による公益法人制度（社団法人と財団法人の制度）は主務官庁制を特徴とする。この明治民法第34条には、公益法人に関して下記の規定があった（下線筆者）。

> 第34条　祭祀、宗教、慈善、学術、技芸其他<u>公益ニ関スル社団又ハ財団</u>ニシテ営利ヲ目的トセサルモノハ<u>主務官庁ノ許可</u>ヲ得テ之ヲ法人ト為スコトヲ得

　この条文は戦後改革の中でも変わることなくカタカナ表記のまま存続した。この民法が目指した「公益」とは国家の役にたつことを国家が判断するという「国家公益」の概念といえるが、実際に許可するのは個々の主務官庁であり、特に官庁が増え縦割り化が進んだ戦後は「主務官庁公益」と呼ぶほうが適切であろう。戦後にはこの民法の特別法として社会福祉事業法（現社会福祉法）による社会福祉法人制度や私立学校法による学校法人制度等が登場し、また宗教法人法によって宗教法人も登場した。その意味では、「祭祀、宗教」は宗教法人に、「慈善」は社会福祉法人に、「学術、技芸」の多くは学校法人に引き継がれたから、民法本体に残されたのは「其他公益ニ関スルモノ」が中心になる。この民法による公益法人制度の本質は、戦後も変わっていない。

　このカタカナ表記が改められたのは、2005（平成17）年4月施行の「民法の一部を改正する法律（平成16年12月法律第147号）によってであるが、そこでは下記のようなひらかな書きに改められた（下線筆者）。

> 第34条　学術、技芸、祭祀、宗教、慈善、その他の<u>公益に関する社団又は財団</u>で営利を目的としないものは<u>主務官庁の許可</u>を得て之を法人とすることができる。

例示の順序が「祭祀、宗教、慈善」と「学術、技芸」で入れ替わった理由が何で、そのことをどう評価するかは別として、基本的な概念である「公益に関する社団又は財団」も「主務官庁の許可」も、全く変わっていない。60年を経てやっと行われた戦後改革も、例示の順序と表記のみ、といったところであった。

(3) 特定非営利活動法人における市民公益の概念

　この明治民法の施行 100 年目に当たる 1998（平成 10）年の 12 月に施行された特定非営利活動促進法（平成10年法律第7号）によって、この国家公益・主務官庁公益に風穴があけられた。この法律は 2012（平成 24）年 4 月施行の特定非営利活動促進法の一部を改正する法律（平成 23 年 6 月法律第 70 号）によって大きく変化するが、その改正による追記も含めた目的条項を示すと、下記の通りである（改正による追記は［　］で表示。下線筆者）。

> 第 1 条　この法律は、特定非営利活動を行う団体に法人格を付与すること［並びに運営組織及び事業活動が適正であって公益の増進に資する特定非営利法人の認定に係る制度をもうけること］等により、ボランティアをはじめとする<u>市民が行う自由な社会貢献活動</u>としての特定非営利活動の健全な発展を促進し、もって<u>公益の増進に寄与</u>することを目的とする。

　ここで明示されていることは、「市民が行う自由な社会貢献活動」の発展が「公益の増進に寄与」することである。「自由な」は結果としては「多様な」に結び付く。それは主務官庁が判断する一元的な公益概念とは全く異なる。私はこれを「市民公益」概念の確立と位置づけている。なお 2012 年の改正による目的の追記は、寄附税制の優遇を実現する認定特定非営利活動法人制度も、この法律によって所轄庁の担当となったことを示している。

(4) 公益法人制度改革における民間公益の概念

　明治民法による公益法人制度の抜本的な改革が、民法施行 110 年目、特定非営利活動法人制度が生まれて 10 年目にあたる 2008（平成 20）年 12 月施行の一般・公益法人制度改革関連 3 法（通称では一般法人法、公益認定法、整備法）によって行われた。特定非営利活動促進法によって風穴をあけられた障子は、全面的に張替えられたことになる。

　その間、2002 年には中間法人制度も施行されたが、一般法人制度に繋ぐ一時避難の役割を担ったにすぎず、その役割は公益法人制度改革に飲み込まれる形で施行 6 年半後に終えた。法人制度としては異例の短命である。

　ここで関連 3 法のうちの公益認定法、すなわち公益社団法人及び公益財団法人の認定等に関する法律（平成 18 年法律第 49 号）によってその目的を見ると、下記の通りである（下線筆者）。

> 第 1 条　　この法律は、内外の社会経済情勢の変化に伴い、<u>民間の団体が自発的に行う公益</u>を目的とする事業の実施が<u>公益の増進</u>のために重要となっていることにかんがみ、当該事業を適正に実施しうる公益法人を認定する制度を設けるとともに、公益法人による当該事業の適正な実施を確保するための措置等を定め、もって<u>公益の増進及び活力ある社会</u>の実現に資することを目的とする。

　やや複雑で難解な長い条文であるが、この制度改革は 110 年続いた主務官庁制度の解体を最も大きな目的とするもので、「民間の団体が自発的に行う公益」を重視した点を注目すべきだろう。これは従来の国家公益・主務官庁公益とは異なり、また自由を重んじる「市民公益」の考えとも異なる「民間公益」とも呼ぶべき概念の確立と見ることができる。その目的条項から、特定非営利活動法人は「市民公益」の概念を、新公益法人は「民間公益」の概念を確立したと私は理解している。

(5) 2つの公益概念の行方

　私たちは今、市民社会セクターの担い手としてこの2つの制度による2つの公益概念をもつようになった。寄附税制との関連で言えば、前者は所轄庁の認証によって設立される「特定非営利活動法人」から同じく所轄庁によって認定される「認定特定非営利活動法人」への上昇という階段を、後者は準則主義によって登記すれば設立できる「一般法人」から公益認定組織の諮問に基づいて行政庁が認定する「公益法人」への上昇という階段を上っていくことができるようになった。そして上昇すれば、2つのルートでは内容的に少し異なるものの、いずれも寄附税制の適用が可能になる。

　ここで注目すべきは、2つの公益概念は、単に言葉の違いからでてきたものではないということである。「公益」認定の考え方が、全く異なる点に着目しておく必要がある。

　認定特定非営利活動法人の認定の基準は、「決算における収入」の構成または内容である。それに対して、公益法人における認定の基準は、「予算における支出」の構成または内容である。他に諸々の要件はあるにしろ、この2つの違いは決定的であり、どちらかに統一できるものではない。個々の法人についてどちらが認定を受けやすいかは、その法人の活動態様や収支構造によって決まる。2つの公益基準が存在していることが、その選択肢を豊かにしていることも、認識しておく必要があろう。

　これら2つの上昇可能な制度を日本の市民セクターが今後どう活用し、それによって2つの制度がどう変容していくかは、未だよく分からない。当面は2つの選択肢を享受しながらも、その複雑な制度環境に耐えて使いこなしていかなければならないが、将来はどうなのか。図5-1の右端は、その統合の可否が今後の重要な論議事項になるであろうことを示している。そのような視点を踏まえつつ、以下では、いくつかの論議の種について述べておきたい。

2 特定非営利活動法人制度と一般・公益法人制度の比較

(1) 2つの制度の比較の視点

市民社会セクターの担い手として2つの制度を比較するうえで重要な視点は、その制度の根幹的な構成である。

私はよく、「特定非営利活動法人は1次元で2つのセルで考えればよいが、一般・公益法人は3次元で8つのセルについて考えなくてはいけない」と言っている。そのことをそれぞれの建物（らしきもの）として表現したのが図5-2である。

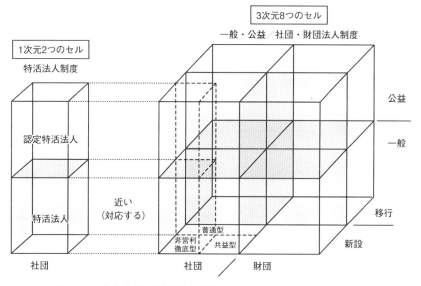

図5-2　特定非営利活動法人制度と一般・公益法人制度の比較

双方とも2階建てであるが、平面的には特定非営利活動法人は各階1室、一般・公益法人は各階4室からなる。特定非営利活動法人と比較できるのはこのうちの上下各1室のみ、という当たり前のことが、まず議論の前提として十分に理解され認識される必要がある。

(2) 1次元の特定非営利活動法人制度

　特定非営利活動法人はタテ軸のみ、すなわち1階と2階の1次元でセルは2つのみである。法人類型としては社団法人のみしかない。社団法人は社員（正会員）の集まりに法人格を与えるもので、10人以上の社員による総会が基本的なことを決める。具体的な業務内容は総会で選出された3人以上の理事が決め、それを1人以上の監事が監視する。所轄庁の認証によって設立され、毎年度終了3月後までに活動報告書（事業報告や会計報告）を所轄庁に提出しないといけない。それが3年以上なされないと認証取り消しも可能である。所轄庁は届け出た情報を公開するから、一定の信頼性は確保できる。これが1階部分である。

　多数の寄附者による寄附の割合や件数によって一定の要件を満たすと、所轄庁の認定によって認定特定非営利活動法人になることができる。以前は国税庁による認定であったが、2012年4月施行の改正で所轄庁の認定に変わった。認定を受けると、寄附金控除など、寄附者に一定の免税措置が与えられる。従って寄附が集まり易くなる。もっとも、集まるかどうかは努力次第で、認定を受けたから自動的に集まると考えてはいけない。

(3) 3次元の一般・公益法人制度

　1階と2階のタテ軸は特定非営利活動法人と同じである。これにさらにヨコ軸として2つの軸がある。社団法人と財団法人の軸、旧公益法人からの移行法人と新設法人（中間法人からの移行法人を含む）の軸である。これで3次元になる。

　まず1階（一般法人）の2軸、4つのセルについてみてみよう。

　1つは社団法人とは別に財団法人があることである。財団法人は財産のまとまりに法人格を与えたもので、新制度では300万円の基本財産が設立要件となる。具体的な業務内容は理事会で決めるが、社員総会がないので、それに代って評議員会が理事を選任するなど、理事会をけん制する。この財団法人という法人類型は特定非営利活動法人にはない。

もう1つの軸は移行か新設かである。これらは全く別の世界を作っているともいえる。今後融合することも、ほとんどないのではないか。旧来の公益法人から移行した一般法人は、それまでの主務官庁制度のもとで厳しい設立基準をクリアして設立され、その多くは長年にわたり厳しい運営基準によって監督されてきた。財政的にも人員的にも、新設型と比べて一般的には規模がはるかに大きい。一般法人への認可の過程で厳しい審査を経ていることから、ガバナンスも形式的にはしっかりしている。移行一般法人は多額の公益目的財産をもつものも多く、それらは今後長年にわたって公益目的財産使用計画に基づいて使用され、行政庁の監督が続く。その点、新設法人は過去がないだけクリアすべき基準が低い。一般法人であれば設立要件もかつて移行法人が設立されたときに比べて著しく低く、準則主義による登記のみで設立できる。特に基本財産の必要もない一般社団法人については、どんどんと設立される傾向にあり、これは今後とも続くだろう。一方、移行型は今後増えることはなく、閉塞的な世界になるかもしれない。

　2階についても移行型と新設型では別の世界をつくっているように見える。移行は施行後5年でほぼ決着がついたが、これらは移行型一般法人同様、厳しい審査と歴史を経ており、新設型に比べて規模も大きい。一般法人に移行した法人で今後公益法人に転換するものもでてくるかもしれないが、それほど増えることはないであろう。新設の一般法人の公益法人への認定は、認可率は今のところ厳しいが、新しい事業計画をどうデザインするかにかかっているから、旧来の事業内容を継承した移行型よりも、要件的には楽なはずで、移行型とは異なる世界をつくることになろう。今後のことを考えると、この新設法人の公益認定率をどうあげていくかが課題になる。

(4) 比較できるのは特定非営利活動法人と新設一般社団法人

　以上からもわかるように、特定非営利活動法人と対応して比較できるのは新設の一般社団法人、あるいは認定特定非営利活動法人に対応する、一般社団法人から昇格した公益社団法人だけである。今後は、この点に絞った比較の議論が必要であるが、準則主義によって設立され情報公開制度もない一般

社団法人には、議論すべき十分なデータがなく、実態把握には膨大な民間の自主的努力が必要である。しかも一般社団法人には非営利徹底型、共益型、普通型の３つのカテゴリーがあり、特定非営利活動法人と厳密な意味で比較できるのはそのうちの１つ、非営利徹底型の一般法人である。他の共益型の一般法人や解散時に財産分与できる普通型の一般法人は、特定非営利活動法人と同等には扱えない。これらのカテゴリー分類は税制に基づくもので、法人制度に基づくものではないから登記にも記載はなく、実態把握はさらに困難である。

　税制優遇のある認定特定非営利活動法人と新設の公益社団法人は情報公開がなされているので、一定の調査によって比較することはできる。しかし、どちらもその数は現在のところ１階部分に比べて著しく少ないので、議論に耐える数字が得られるとは限らない。いずれにせよ、この両法人制度のそれぞれについて、まず２階部分をどう拡充していくかが、当面の課題であろう。

3　5年間別に見た特定非営利活動法人の認証数の推移

(1) 推移を知るためのデータ

　2013年12月１日現在、特定非営利活動法人には施行15年の歴史がある。一般法人制度は施行５年の歴史しかない。今の段階で両制度がどう活用されてきたかを比較することは難しい。そこでとりあえず特定非営利活動法人の１年あたりの平均認証数の変化を５年単位で見て、最後の５年の一般社団法人の年間平均設立数と対比してみた。解散数についても見てみた。それが図5-3である。

第5章　非営利法人制度の統一的将来像に向けて　147

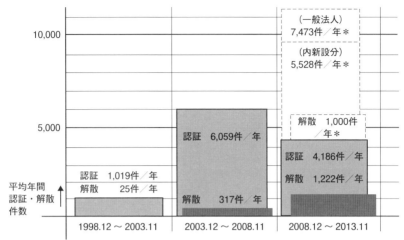

図 5-3　5 年間別にみた 15 年間の年平均特活法人認証数の推移
出所）内閣府ホームページ「タブ切テキスト」（2013.11.30）をもとに山岡作成

(2) 特定非営利活動法人の 5 年間別年平均認証数の推移

　特定非営利活動促進法が施行された 1998 年 12 月 1 日から 5 年後の 2003 年 11 月末までは、年平均 1,019 件の認証で、出足が鈍かった。この制度がどこまで普及するか、見通しを懸念する声もあった。それが次第に増え、次の 5 年、2003 年 12 月から 2008 年 11 月までの年平均認証数は 6,059 件と急増した。ピークは 2004 年 11 月までの 6,892 件である。それが 3 年間減増した後、2007 年以降は漸減傾向にある。一般社団法人の具体的な姿が見え始め、どちらの法人を選ぶべきか様子見がでてきた頃である。その後、一般法人制度が施行された 2008 年 12 月から 5 年後の 2013 年 11 月までの年平均認証数は 4,186 件に減少した。

　解散数については最初の 5 年は年平均 25 件と僅かであるが、次の 5 年は 317 件、最近の 5 年は 1,222 件と増加した。認証数との対比で言えば、30%

近い解散率である。15年間の累積を対象とした解散率とはいえ、かなりの数字になっている。年間の増加認証数は認証数から解散数を差し引いた値であるから、この5年の平均年増加数は2,964件となり、3,000件を下回っている。前の5年では5,742件であったから、半減に近い。今後解散数が次第に増えることを考えると、特定非営利活動法人の増加数は、次第に低減に向かうのではないかと思われる。

(3) 施行後4年5カ月間の一般法人の年平均設立数の推移

では一般法人制度が施行された後の5年の動きはどうであろうか。データの関係から2008年12月から2013年4月までの4年5カ月間（4.42年間）の年平均換算になるが、また一般社団法人と一般財団法人を含めた一般法人数になるが、その平均年間設立数は総数で年7473件、これには旧来の公益法人や中間法人からの移行分を含むから、それを差し引いた新設法人については5,528件になり、特定非営利活動法人の年間認証数4,186件の1.3倍を超える。財団より社団の方がかなり多い傾向があるから、社団法人だけの新設数にすると特定非営利活動法人とほぼ同じ程度になるのではないかと推測される。

解散数について見ると、データの関係で2008年12月から2012年12月までの4年1カ月（4.08年間）の値から年平均すると1,000件になる。移行法人からの解散はほとんどないと思われるので新設の5,528件に対して解散率を換算すると、18%にもなる。5年に満たない累積の中で考えると、かなりの速度で退出していることになる。

4 特定非営利活動法人と新設一般社団法人の今後の関係

(1) 両法人制度の選択の方向性

特定非営利活動法人と新設の一般社団法人の2つの法人制度は、今後どう

なっていくのか。その2つの方向性を示したのが、図5-4である。

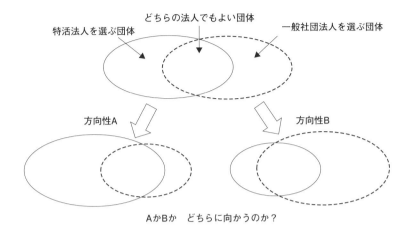

図 5-4　特定非営利活動法人と一般社団法人の今後の関係

　先にも見たように、現在はほぼ同数の法人が設立されていると推計される。しかしそれぞれの法人設立者がどのような理由でその法人を選んだかは、調査データがないのでわからない。私が各地で見聞きする範囲で判断すれば、意図的に特定非営利活動法人を選んだ人もいれば、意図的に一般社団法人を選んだ人もいる。しかし深く考えたわけではなく、たまたま人の出会いや縁があって、あるいは役所に勧められてどちらかを選んだ人も結構いる。選んだというより、それしか知らなかったというのが正直のところである。図5-4の上半分は、そのような私が判断する現状を概念的に示している。重なりは、どちらでもよかったというものである。

　これが今後はどうなるのか。それを2つの方向性として図の下段に示している。左の方向性Aは特定非営利活動法人を意図的に選択する組織が増え、一般社団法人を選択する組織が減る方向である。右の方向性Bはその逆で、一般社団法人を選択する組織が増え、特定非営利活動法人を選択する組織が減る方向である。いずれにしても、今後とも特に意図的な理由がなく、たまたま選択した人も多いと考え、重なり部分を広くとっている。

(2) 特定非営利活動法人の選択が増えれば

　方向性Aが進むと特定非営利活動法人の存在意義は増し、一般社団法人の存在意義は減少する。

　特定非営利活動法人は、所轄庁の認証という設立過程の煩雑さ、設立にかかる期間、社員（正会員）や役員の員数要件、事業報告や会計報告の提出義務、あるいは宗教活動や政治活動の制約規定など、一般社団法人に比較してマイナスの課題は多い。

　それでも最小限の情報公開制度の存在や市民の自由な活動という立法趣旨を、法人制度自体のプラス要因と評価する人や組織は多い。原則非課税（収益事業課税）も保障されており、価値観ではなく客観的な数字で認定される寄附税制による恩典もあり、特に一般市民にとっては寄附に税額控除があるのも魅力的である。これらのプラス面を評価する人や組織が増えてくれば、特定非営利活動法人という制度は、今後も有意義なものとして存続する。それを廃止したり統合したりという動きには大きな抵抗もあろう。

(3) 一般社団法人の選択が増えれば

　方向性Bが進むと、一般社団法人の存在意義は増し、特定非営利活動法人の存在意義は減少する。

　一般社団法人の魅力は、なによりも短期間に少人数の同意で設立可能という点にある。認証や認可の必要もなく、登記所以外、どの役所にいく必要もない。宗教や政治活動に対する制約もない。

　しかしそれだけに組織のガバナンスの規定は厳しく、キチンと守るためには小規模組織にとって相当の負担になる。税制的には、解散時の財産処分について非営利を徹底させれば、あるいは共益型の組織であることを明確にすれば、特定非営利活動法人と同じ原則非課税（収益事業課税）となるが、それ以外の一般法人は原則課税で寄附も会費も補助金も助成金も、法人税の課税対象となる。また、ほとんどの自治体で特定非営利活動法人については地方事業税の均等割り（都道府県と市区町村含めて年7万円）に対して免税措

置があるが、一般法人についてはその制度がない。年7万円とはいえ、小規模な団体にとっては大きな負担になる。とりあえずは法人化したものの事業の拡大が望めず、その7万円が払えなくて解散に追い込まれる団体も頻出するのではなかろうか。それに何よりも情報公開の制度がない。所轄庁も行政庁もないから、全体像も把握できないし、個別の法人の基本情報も得にくい。ホームページでどこまで情報を得られるかにかかっている。小規模な一般社団法人の信頼性の保証は、きわめて不十分なのである。そのままでは、寄附を求めるにも助成を受けるにも、不利といえる。

一般社団法人は行政庁の認定によって公益社団法人になることができる。これを目指して、まず一般社団法人になるケースは増えてこよう。しかし一般社団法人でどこまで公益認定の壁が低くなるか、見通しはない。この壁が低くなって認定特定非営利活動法人になるよりも認定率が相対的に高くなれば、公益認定を目指して一般社団法人になる組織も増えてこよう。

こうして一般社団法人の設立が増え、特定非営利活動法人を選択する団体が減少してくれば、特定非営利活動法人制度自体の存続根拠が問われることになる。2階の広い家に住みたくなるのは当たり前である。

(4) 2制度並存の意義と課題

2制度の今後の方向性については、10年程度は見ていく必要があろう。その過程で並存の意義が社会的にも確認されれば並存させ、並存の意義が見出しにくくなれば、1つの制度への統合に向けた議論が必要だろう。

私の個人的な現在の考えでは、2階に当たる認定特定非営利活動法人と公益法人については、その公益概念や公益認定基準が全く異なるところから、これを1つに絞ることは市民社会セクターの多様性を確保する上で得策ではないと思っている。やはり2階には2部屋ほしい。和室と洋室のようなものである（アメリカ風の部屋とイギリス風の部屋というのが相応しいかもしれないが）。しかし、この上昇の選択が、法人の種類によって固定されているところに課題がある。日本の制度では、寄附税制は固有の法人制度と固有の行政システムに対応しているが、そのことの問題である。

例えば、一般社団法人から認定特定非営利活動法人に上昇でき、特定非営利活動法人から公益社団法人に上昇できればいいのである（勿論、こうなれば名称そのものを変えないといけないが）。そうなれば、市民社会セクターにとってはどれだけ自由度が増すだろうか。法人選択の段階、入口で悩む必要はなくなってくる。

ここまで考えると、はたして1階部分の一般社団法人制度と特定非営利活動法人の2制度は本当に必要かという議論になる。この1階部分は、両制度の特徴を生かしながら統合する方向を検討してはどうか、それは可能ではないかと私は考える（考える程度で、提案するというほどの確信があるわけではない）。1階は1つの入り口から入れる大広間とし、2階には和室と洋室の2部屋があって、そのどちらにも上れる階段がある。そんな姿である。

5　非営利法人制度の統一的将来像のひとつの考え方

(1) 寄附税制を必要とするすべての法人制度について考える

以上は特定非営利活動法人と一般社団法人の関係、および認定特定非営利活動法人と公益社団法人の関係について考えてきたが、非営利法人制度は、何もこの2つに限ったことではない。冒頭でも見たように、戦後になって明治民法34条の特別法として多くの非営利法人制度が立法化され、様々な法人類型が誕生してきた。学校法人・社会福祉法人・宗教法人・医療法人・更生保護法人などである。

それらが、それぞれの所轄庁のもとで独自の歴史を歩み、独自の問題をかかえている。今回の民法の抜本改正は、これらを明治民法34条の特別法という桎梏から解き放ったが、それによって非営利の世界はますます統一的な制度基盤を失った。

前項で述べた考えは、これらの問題を含めた解決へと導くことが望まれる。そのため、どうすればよいか。荒っぽさを覚悟で、そのひとつの構想を図示したのが、図5-5である。その基本的な考え方は、法人格付与と寄附税

制認定の完全分離にある。

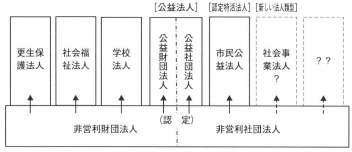

図 5-5　非営利法人制度の統一的将来像のひとつの考え方

(2) 共通の土台としての非営利法人制度の創設

　まず、法人制度は非営利法人法で一本化する。これには非営利社団法人と非営利財団法人を含む。現在の一般法人のうちの非営利徹底型と同等のものとし、設立は準則主義とするが、特定非営利活動法人のように一定の情報公開の仕組みを導入する。税制的には、原則非課税（収益事業課税）とし、それに相応しいガバナンス規定を設ける。

　設立や運営の規定については、現在の特別法による各種の公益法人の多様な規定を比較検討し、その最大公約数的なゆるやかな規定とする。現在の一般法人法の改正と名称変更で可能であろう（2階に昇ることを前提としない共益型や普通型の一般法人もそのまま存置しても問題はない）。これによって、市民社会セクターはバラバラではない1つのセクターとしての意識をもつことができるようになる。

(3) 税制優遇のための公益認定の仕組み

この非営利法人が、一定の認定基準によって認定されると公益社団法人や公益財団法人だけでなく、現在の認定特定非営利活動法人を仮に改称した市民公益法人をはじめ、学校法人・社会福祉法人・更生保護法人あるいは今後必要となる様々な認定法人になり、共通の寄附税制を適用される。学校法人・社会福祉法人・更生保護法人は憲法89条との関係で政府の支配のもとにあることが理念となっているが、これは認定手続きの中で担保できるはずである。医療法人制度をこの仕組みに組み込むことが可能かどうかは、さらに検討が必要だろう。寄附税制を必要としない宗教法人は、この非営利法人制度に含む必要はなく、むしろその特殊性から現状を維持することでいいかもしれない。

この認定は、統一的な認定機関で行うことができればそれが相応しい。しかし認定基準の考え方さえ統一的に法制化できれば、最初から無理に統一することはなく、当面は現在の所轄庁が担当すればよいだろう。それぞれに認定機関を設けて諮問するのがいいが、それに拘らなくてもいいかもしれない。当然ながら具体的な認定基準は、各認定法人によって異なってくる。その基準によっては1階の非営利法人の要件も異なってくるはずだが、それはどの認定を受けたいかによって、各団体が定款で自主的に定めればよい。あるいはまず適当と考える定款で法人化し、一定の運営経験を経てどの認定を受けるかを検討し、認定を申請するに際して必要な定款変更をすればよい。法人設立から認定までの期間には何の制限もない。認定を受ける前に非営利法人の運営経験を積めることも、この仕組みのよき特徴である。

(4) 新しい仕組みの作り方

この仕組みは、一気に作らなくてもよい。初めに公益法人と認定特定非営利法人(市民公益法人)のみを統合し、順次、それぞれの法人制度の改革を経ながら、この仕組みに統合していけばいいのである。既存の制度は、長年の制度疲労で多くの課題を抱えている。その実態を把握する作業がまず必要

であるが、公益概念の再構築や既得権益の解体を含め、おそらく今回の公益法人制度改革と同等の改革が必要になってこよう。その時の制度的な受け皿を用意しておくと考えればよいのである。

　また新たに寄附税制をもつ認定法人を創設する時には、この枠組みに従うことを前提にする。法人格付与の枠組みは決まっているので、新たに考えるのは認定の基準や方法だけとなる。その意味で、この仕組みは新しい認定法人制度を創設するハードルを下げる効果もあると思われる。

　以上は、ひとつの考えである。精緻な課題分析から生まれたものではないから、多くの実現上の課題も含む。日本の常識から考えれば、省庁縦割りの仕組みを横に再統合する仕組みに改編することは全く荒唐無稽かもしれない。夢のまた夢と言われるかもしれない。このような改革がどのようなメリットをもたらし、どのようなデメリットをもたらすかも、キチンと評価しなければならない。そのことを承知で、議論のスタートになればと未熟な構想を書き記すことにした。関係者から、大いに批判をいただければ幸いである。

第6章
制度統合の可能性と問題
ガラパゴス化とグローバル化

出口正之

1 ガラパゴス化する日本の非営利法人制度

　今般の改革は明治民法成立後110年ぶりの「初めて」の改革といわれる。しかし、第2次世界大戦後、新憲法下で特別法に基づき学校法人及び社会福祉法人が誕生することによって、公益法人の全体像は大きく変わった。また、ほぼ時を同じくして医療法改正に伴う医療法人や宗教法人法に基づく宗教法人の誕生によって、日本の公益法人の全体像は著しく統一感がとれなくなった。そこで本稿では、学校法人、社会福祉法人等の誕生を、明治以降の公益法人制度の第1の改革として捉えたい。そして、2006年のいわゆる公益法人制度改革三法の成立による、公益社団、公益財団また一般社団、一般財団の誕生を第2の改革として位置づけることにしたい。

　まず、このように多様な非営利法人が乱立してきた経緯について、簡単に振り返ってみよう。当時の明治民法を見てみると、以下の通りの構成となっている。

　　第三十三条　法人ハ本法其他ノ法律ノ規定ニ依ルニ非サレハ成立スルコ

トヲ得ス
第三十四条　祭祀、宗教、慈善、学術、技芸其他公益ニ関スル社団又ハ財団ニシテ営利ヲ目的トセサルモノハ主務官庁ノ許可ヲ得テ之ヲ法人ト為スコトヲ得
第三十五条　営利ヲ目的トスル社団ハ商事会社設立ノ条件ニ従ヒ之ヲ法人ト為スコトヲ得
前項ノ社団法人ニハ総テ商事会社ニ関スル規定ヲ準用ス

第33条において法律の規定によらなければ成立できないとする、「法人法定主義」がとられ、第34条で公益法人が、35条で営利法人が規定された。法人を非営利法人と営利法人に分けたのではなく、公益法人と営利法人に分けたことから、いわゆる中間法人の法人化の道がなくなり、「公益に関する」という規定を拡大解釈しながら、様々な法人を公益法人として設立許可してきた経緯があった。また、公益法人の設立については主務官庁の自由裁量による「許可主義」、営利法人については要件を具備すれば当然に法人となる「準則主義」がとられたといわれている（林 1981, 林 1985, 森泉 1977, 出口 2014）。

戦後、第34条の例示の活動のうち「祭祀、宗教」は宗教法人法（1951年4月3日法律第126号）による宗教法人に、「慈善」は社会福祉事業法（現社会福祉法　1951年3月29日法律第45号）による社会福祉法人に、「学術、技芸」は私立学校法（1949年12月15日法律第270号）に基づく学校法人にと、それぞれ特別法が制定され、民法上の公益法人ではなくなった（田中 1980）。つまり、民法法人でありながら公益法人は民法上例示されている活動が抜け、「其他公益」のところだけが事実上機能していたことになる。明治の民法施行時に公益法人となった代表的な法人は、ほとんどが学校法人、社会福祉法人その他の法人格に姿を変えている。

さらに、最近では更生保護事業法（1995年5月8日法律第86号）に基づく更生保護法人が学校法人などと同列に加わった。また、1998（平成10）年の特定非営利活動促進法（1998年3月25日法律第7号）に基づく特定非営利活動法人（いわゆるNPO法人）が誕生し、公益に関する社団について

第6章　制度統合の可能性と問題　ガラパゴス化とグローバル化　159

は制度が輻輳することになった。空白の領域だった非営利かつ非公益の団体の法人格取得への道が開けたのは、実に今世紀に入って、中間法人法（2001年6月15日法律第49号）が成立してからである。なお、中間法人法成立時には、中間的法人が相当数混在しているとされていた公益法人からの中間法人への移行は行われずに、公益法人の純化はなされなかった。

それぞれの法人類型により、法人は所管する省庁（法律によって名称が異なる）役所によって指導・監督が行われ、その結果、会計の基準もそれぞれ別個の状態になっている。

この様子を示したのが、図6-1である。

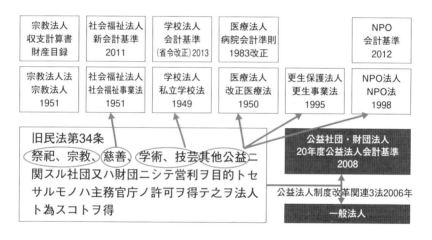

図6-1　非営利法人のガラパゴス化

筆者作成

この状況の法人類型の多様化については、「非営利法人のガラパゴス化」と呼びたい。ガラパゴスというのは、周知の通りダーウィンが進化論の着想を得るに至ったガラパゴス諸島のことである。動物が独自の進化を遂げたことで知られる同諸島のように、独自の分化が生じているものについて、「ガラパゴス化」という表現をすることが、日本国内では一般的になってきている。ガラパゴス化とは、日本の携帯電話がグローバル化した経済の中で独自に変化している様子から生まれた言葉であって、他の多様化する文化の状態の表現としても使用されてきた用語である（吉川 2010）。

日本の「非営利法人のガラパゴス化」は次のような特徴を持っているといえるだろう。

第1に、個別活動を行う法人類型(学校法人、社会福祉法人、医療法人、更生保護法人)だけでなく、一般的な法人類型(特定非営利活動法人、一般法人)なども輻輳・重複している。

第2に、法人類型だけではなく、会計制度も併せてガラパゴス化している(図6-1参照)。

特に、会計においては、会計の歴史を「進化」として表現することに抵抗感がなく(石河1974, 片岡2004, 挽2007)、議論されてきた[3]。その結果、「遅れた会計」を「進化した企業会計」に近づけるような形で、進化主義的改正がそれぞれに行なわれてきた。

さらに、事態を複雑にしているのは、税制上の観点から、NPO法人、医療法人については、認定特定非営利活動法人(認定NPO法人)、社会医療法人という制度が設けられていたことである。つまり、第3の特徴として、一般社団法人、一般財団法人、NPO法人、医療法人については税制上優遇されるカテゴリーとして2階建てシステムが存在し、2階部分については公益法人、認定NPO法人、社会医療法人というものが、それぞれ異なる基準で認定されていることがあげられる(表6-1)。

表6-1 2階建て方式の非営利法人

2階部分	公益社団法人	公益財団法人	認定NPO法人	社会医療法人
認定の根拠法	公益認定法第4条による認定	公益認定法第4条による認定	特定非営利活動促進法第44条第1項による認定	医療法第42条の2第1項による認定
1階部分	一般社団法人	一般財団法人	NPO法人	医療法人

筆者作成

2 NPO法人が公益法人制度改革の対象外となった経緯

中間法人制度も一般的な制度であったが、今回の公益法人制度改革で吸収

され制度としては消滅した。公益法人制度改革は、当初、NPO、中間法人、公益信託を含め公益法人改革が目論まれた。これは平成14年3月29日の公益法人制度の抜本的改革に向けた取組みについて〈閣議決定〉に指摘されている。

　最近の社会・経済情勢の進展を踏まえ、民間非営利活動を社会・経済システムの中で積極的に位置づけるとともに、公益法人（民法第34条の規定により設立された法人）について指摘される諸問題に適切に対処する観点から、公益法人制度について、関連制度（NPO、中間法人、公益信託、税制等）を含め抜本的かつ体系的な見直しを行う[4]
　　　　　　　（「公益法人の抜本的改革に向けた取り組みについて」）

となっている。ここでNPOというのは非営利の組織全体の略称であるので、どこまでがその範囲としているかは曖昧であったが、税制が議論されるにあたって明確にされた。

閣議決定を受けて、政府税制調査会は非営利法人課税ワーキング・グループを基礎問題小委員会の下に設置した。平成14年11月1日に開催された第1回会議の議事録にはその趣旨が事務局より述べられている[5]。

　このワーキング・グループが設置されますその趣旨ということで御説明をさせていただきたいと思います。
　内閣官房を中心にいたしまして、公益法人制度を抜本改革をしようという動きが進められておりまして、その対象として今取り上げられておりますのが、この表の中の濃い線で囲ってある部分、<u>社団法人、財団法人、NPO法人、中間法人</u>、いわゆる一般的な<u>公益法人、非営利法人</u>といったものにつきまして、これを取り上げて抜本的な改革を検討していくということが、今進められているわけでございます。　　　　（下線筆者）
　　　　　　　（「第1回非営利法人課税ワーキング・グループ議事録」）

以上の通り、当初、内閣官房で対象としているのが、社団法人、財団法

人、NPO法人、中間法人であり、これらは活動分野が特定されない「一般的な公益法人、非営利法人」というものであった。ところが、いよいよ答申をまとめるという段階になって、平成15年3月11日に予定されていた非営利法人課税ワーキング・グループ会議が突如として延期になった。3月14日の同グループの第6回会議で内閣官房行政改革推進事務局から以下のような説明がなされている。

> 去る3月10日の夕刻でございますが、自由民主党の行政改革推進本部公益法人委員会、小里貞利先生が委員長をしておられますけれども、この委員会が開催されまして、その際、お手元にお配りしてございますが、「公益法人制度改革に関する申し入れ」について決議が行われ政府へ申し入れされたところでございます。
> 3月10日ということで、11日の前日だったわけでございますが、これを受けまして、私どもといたしましては、11日に予定されていたこのワーキング・グループにつきまして、議論の前提が変わる可能性が高いということで、延期していただきたい旨を要請いたした次第でございます。
> (「第6回非営利法人課税ワーキング・グループ議事録」)

と、事情を説明している。そこで自由民主党の行政改革推進本部公益法人委員会による申し入れを見ると以下のとおりである。

> 当委員会としては、政府に対し、NPO法人については非営利法人として最初から一括りとすることはせず、新たな非営利法人制度の動向を見据えた段階で、発展的に解消する可能性が高いとの位置づけをすることが適当である旨、申し入れるものである。
> (「公益法人制度改革に関する申し入れ」)

つまり、統合の対象は「公益または非営利の一般的な制度」である。そこでNPO法人については「最初から一括りとすることをせず」という形で猶予が与えられ、「新たな非営利法人制度の動向を見据えた段階」として、い

つを指すのかは明確ではないものの「発展的に解消する可能性が高い」とされた。発展的な解消というものも具体的な方向性があるわけではない。以上の通り、自民党の申し入れは、NPO法人について議論の俎上から除くことを目的としてしたと理解するのが穏当であろう。

　これらの事項がどこまで現時点で生きているかは不明であるにせよ、現時点で一般的な非営利法人制度が2つ併存しているのである。

　また、税制面では、特別法に基づく公益法人等との関係も整理しておかねば、税の中立性や公平性の観点から問題になってくる。したがって、前記の法制度の並立が前提とされていたとしても、税の上での整合性については視野におさめられていた。次の答申書にそれは表れている。

　　今般の公益法人制度改革は、民法34条法人と中間法人に代えて、「新たな非営利法人」を制度化するものであり、「特別法に基づく公益法人等」(学校法人、社会福祉法人、宗教法人、NPO法人等)の私法上の位置づけの変更は予定されていない。加えて、「公益性を有する非営利法人」との課税上のバランスを考慮すれば、これらの法人に対する課税については、当面、現行と同様の取扱いとすることが考えられる。ただし、後述のように<u>公益法人等に共通する課税上の諸論点について見直しを行う場合には、制度の整合性に配慮した検討を行うべきである。</u>　　　　　(下線筆者)
　(「新たな非営利法人に関する課税及び寄附金税制についての基本的考え方」平成17年6月17日税制調査会基礎問題小委員会非営利法人課税ワーキング・グループ)

　つまり、今回の公益法人制度改革は、ガラパゴス化している非営利法人の中で、NPO法人を対象外にして、残りの「一般的な公益・一般法人」を対象としたものであったこと。さらに、税制の観点からは、「制度の整合性を配慮した検討」が先送りになったことがあげられる。

3　会計の3つのコンバージェンス(収斂)

　他方で、ここで見逃せないのが、会計の統合である。日本の企業会計はグローバル化の波を受け、1990年代後半以降、大きく変化を遂げた。その時の正当性は投資家に対してより有用な情報を提供するという観点からであり、その結果、連結会計、税効果会計、金融商品会計、退職給付会計、固定資産の減損会計、企業結合会計、リース会計など基準の整備が行われてきた(浦崎2008)。金融・資本市場のグローバル化を背景とした会計基準の整備が進展する。さらに、国際財務報告基準(International Financial Reporting Standards: IFRS)の適用問題などが大きな話題としてあげられている。

　一方、国内を見渡せば、この国際的なコンバージェンス(収斂)を先取りする形で、例えば学校法人会計については、政府の「学校法人会計基準の諸課題に関する検討会」で以下の通りの議論が進んでいる。

　　<u>金融取引のグローバル化等に伴う会計ビックバン</u>により、日本の企業会計基準の様々な事項について<u>国際会計基準への収斂</u>が図られ、国立大学法人会計基準や公益法人会計基準も逐次改正が行われていることなどから、学校法人会計基準の検討に際しては、<u>近時の企業会計の基準の動向を見据えることの重要性</u>も増している[6]　　　　　(下線筆者)
　　　　　　　(「学校法人会計基準の諸課題に関する検討について」)

　さらに、先に述べたように、非営利の会計はガラパゴス化が激しく、これもコンバージェンスしていこうとする会計上の動きがある。
　例えば、公認会計士協会においては以下の通りである。

　　非営利組織への民間からの資源提供を強化し、自立した経営を促す仕組みが必要であり、その一環として、法人形態を超え、幅広いステークホルダーのニーズに応え得る共通的な会計枠組みの構築が必要であると考え、今回、研究報告を取りまとめることとなりました。[7]
　　　　　　　　(「非営利法人委員会研究報告25号」の公表について)

ここで、各国の企業会計の基準を収斂させねばならないとするのは、企業とりわけ金融関係のグローバル化の影響である。しかし、日本の非営利法人会計を収斂させなければならない理由は、ガラパゴス化に伴う横断的理解の困難さに起因する。

　そうすると、現在進行の可能性がある会計のコンバージェンスは以下の3つのレベルであることがわかる。第1にIFRS策定に伴う国際的な（企業の）会計基準収斂の動きの中での各国の企業会計間のコンバージェンス。第2に個別の非営利法人会計（例えば学校法人会計や公益法人会計基準）の変更における企業会計との整合化。これは企業会計を「進化したもの」として個別の非営利法人格の会計を企業会計に近づけようとする「縦のコンバージェンス」ということができる。平成20年度公益法人会計基準も結局このスタイルで策定された。第3に、国内の非営利法人格のバラバラな会計間のいわば「横のコンバージェンス」。以上が、非営利法人をめぐる会計の改定課題として蠢いているのである。

　特に、第2の動きは、コンバージェンスの方向を見据えているようで、実はガラパゴス化を一層進展させる可能性もある。学校法人会計や公益法人会計が企業会計に近づく程度がそれぞれ相違すれば、第3の横断的コンバージェンスが一層困難になりかねないというジレンマもある。この点は留意が必要である。

4　第1の改革としての学校法人、社会福祉法人制度の創設

(1)　「公の支配」の明確化

　ここで、ガラパゴス化している我が国の非営利法人体系を考えるために、もう一度原点に戻って、なぜ学校法人や社会福祉法人が民法34条法人から分離独立しなければならなかったのかについて見てみよう。

　前述の通り、第2次世界大戦後の学校法人及び社会福祉法人の分離・独立、医療法人の新設を明治以降の公益法人制度の第1の改革として捉え、そ

の状況を正確に把握することが非営利法人のガラパゴス化の理解の原点であり、統合の議論を開始するに当たっても必要だと考える。もちろん、規模や影響力において今回の改革は、1度目の改革をはるかに凌駕するものではあるが、学校法人・社会福祉法人については、第1に多数の法人がかかわったこと。第2に公益法人格からの変更が行われたこと。第3に、それらの変更が期間集中的に役所の管理下のもとで行われたこと。以上3点の共通点が今般の改革との間に認められる。

まず、学校法人を見てみよう。私立学校法は長年にわたって公共性や自主性を鑑みて、同種の法案が検討されていたところであったが、新憲法制定後、とりわけ、第89条との関係で、その必要性が急に増すことになった。戦後、戦災などで学校は疲弊し、公金の拠出が望まれていたわけであるが、憲法第89条の「公金その他の公の財産は、宗教上の組織若しくは団体の使用、便益若しくは維持のため、又は公の支配に属しない慈善、教育若しくは博愛の事業に対し、これを支出し、又はその利用に供してはならない」の後段の解釈により、公金の支出ができなかった。そこで、国等による助成に関する必要規定を新たに設けて、「公の支配」に属する学校法人格という、公益法人とは別枠がつくられたのである（福田・安嶋1950　長峰1985、初谷2001）。

また、民法の不備を補うかのように、評議員の法定化や残余財産の取扱いなどを私立学校法に盛り込んだ上に、民法では法律上疑義のあった、収益事業を明確に規定し、収益事業を監督の下に行えるようにして、一層の財政的な安定に寄与できるようにした。

私立学校法の成立に直接関与した福田繁・安嶋彌による『私立学校法詳説』によると（福田・安嶋1950）、監督を規定した私立学校法第5節は監督の制限、監督事項の限定列挙であり、他方で私立学校法59条は憲法89条の「公の支配」との関係から、助成を受けた学校法人及びその設置する学校に対して、所轄庁は学校教育法等に規定する監督権外の規定を設けたという。自主性の尊重と「公の支配」の強化を同時に成り立たせるために、「幾多の論議の末生まれたものであり、憲法の精神と私立学校の性格並びに現実の要請との調和点」と指摘している。

興味深いのは国会審議の中で、我妻榮が参考人として呼ばれ、法案に賛成としながらも、この微妙な点を語っていることである。

> この法案の第59條は、あらためて申すまでもなく、憲法第89條との関係において定められたものでありましょう。御承知の通り憲法第89條は、「公金その他の、公の財産は、――公の支配に属しない慈善、教育若しくは博愛の事業に対し、これを支出し、又はその利用に供してはならない」と言つています。まことに冷厳な規定であります。本法案はこの規定を解釈して、教育事業を担当する私立学校についても、公の支配に属しないものに対しては、何らの助成――すなわち補助金の交付はもちろん、有利な條件による貸付さえしてはならないとなし、反対に補助金の交付ないし低利貸付をするには、これを公の支配に属さしめなければならないとするものであります。その結果、いやしくも国家の低利資金の貸與を受ける私立学校は、公の支配に属するものとなります。公の支配に属する私立学校――まことに奇妙な観念でありましょう。
>
> 私立学校とは、公の支配に属さないことを生命とするものではないでしょうか。公の支配に属する私立学校とは、これ自身矛盾を含む観念ではないでしょうか。私は何とかして、かような概念を避けることはできなかつたものかと考えざるを得ないのであります。(中略) 飜つて考えますと、一時の窮乏のために、公の支配に属したという刻印を押されることは、私立学校の矜持を捨てることであります。
>
> （衆議院 文部委員会 7号 昭和24年11月21日）

とその胸の内を述べている。

本稿の観点からは、第1に「公の支配」を明確化して、監督を法律の範囲で強化したこと、第2に収益事業を可能ならしめたこと、第3に法律の用語が「許可」から「認可」に変わったこと、に注目したい。

特に第3の点については、田中實（1980）は次のように記している。

> 戦後の改革の特徴として、法人設立の基本的構成上、いわゆる許可主義

から認可主義への移行がみられる。民法が公益法人の設立について許可主義の原則を維持していることは、いうまでもないけれども、前記のように各種公益法人の設立を定める特別立法が数多くあらわれ、しかもそのほとんどすべてが法人設立について認可主義の原則を示している。例えば医療法四四条、私立学校法三〇条、社会福祉事業法二九条など、いずれも認可主義を示している。

(田中實『公益法人と公益信託』1980年、pp. 16-17)[11]

認可については、我妻榮は「法律の要件を具備しておれば、認可権者は、必ず認可を与えなければならない」と説いていて、これが学説上の定説であろう。しかるに私立学校法での認可は「第31条　所轄庁は、前条第1項の規定による申請があつた場合には、当該申請に係る学校法人の資産が第25条の要件に該当しているかどうか、その寄附行為の内容が法令の規定に違反していないかどうか等を審査した上で、当該寄附行為の認可を決定しなければならない」(下線引用者)として、「法律上の要件を具備していたとしても」、法律上、審査対象の中に「等」が入っており、何をもって法の要件を具備しているかという点については、法律に記載されていないといわねばならぬだろう。この点について、(福田・安嶋 1950: pp. 153-154)は次のように記している。

　　学校法人の設立の申請があった場合には、おおむね左の事項を基準としてこれを審査した上、当該認可を決定しなければならない(法31条1項)。
(下線引用者)

当時、民法が全く設立許可基準を示していなかったことと比べれば、私立学校法において、認可の基準を示していることは画期的であったのかもしれないが、「等」については福田・安嶋は「おおむね」という用語で解説しており、法律によらない形での審査基準などを盛り込むことが可能な状態にあった。現在ではもちろん、認可基準が明示されており、法律はともかくとしてこうした公表基準が存在している以上、必要以上の裁量が紛れ込むこと

はないだろうが、当時としてどのようなものであったのかはさらに研究が必要である。

社会福祉法人についても、ほぼ学校法人と同じ立法趣旨となっている（小川1973, 吉田1990, 初谷2005）。

表6-2はそれを表している。

表6-2　私立学校法・社会福祉事業法における認可の審査対象

	私立学校法	社会福祉事業法
認可	第三十一条　所轄庁は、前条第一項の規定による申請があつた場合には、当該申請に係る①<u>学校法人の資産</u>が第二十五条の要件に該当しているかどうか、②その寄附行為の内容が法令の規定に違反していないかどうか③<u>等</u>を審査した上で、当該寄附行為の認可を決定しなければならない。 2項（略）	第三十条　厚生大臣は、前条第一項の規定の認可の申請があつたときは、当該申請にかかる①<u>社会福祉法人の資産</u>が第二十四条の要件に該当しているかどうか、②その定款の内容及び設立の手続が、法令の規定に違反していないかどうか③<u>等</u>を審査した上で、当該定款の認可を決定しなければならない。（現行法では条ずれに伴い、第32条）

筆者作成（下線部、番号、括弧内は筆者が挿入）

（2）　設立の簡易化としての医療法人の誕生

他方で、この時期に医療法の改正という形で、医療法人が誕生している。医療に関する法人は、これも従来は公益法人が担っていて、上の二類型と同じような形で成り立っているようにも見える。しかし、医療法改正の趣旨説明を見れば、前記とは全く異なる形で誕生したことがわかる。

　　すべての病院が、民法による公益法人たる資格を取得するということもできないため、病院等を建設して、医療事業を行おうとする場合においても、その経営主体が法人格を取得することが困難であつて、従つて資金の集積、及びこれに伴う病院等の維持建設のために、著しい困難を感じている状況であります。この点にかんがみ、医療事業の非営利性を考慮し、本事業の経営主体に対して、<u>容易に法人格取得の道を与えるために</u>、この際医療法の一部を改正して、医療法人の章を追加しようとするものであります。　　（衆議院厚生委員会21号、昭和25年4月3日、下線引用者）

つまり、医療法人にあっては、民法での公益法人の取得が困難であるから、法人格取得を簡易にするために法人制度が創設されたのである。医療法の第7条の第2項に、営利を目的とするものに対しては、病院又は診療所の開設の許可を与えないという方針のもとに、非分配制約だけを持たせていた。結果的に、持ち分のある社団では、残余財産については、帰属先を定款により定めており、そのほとんどが出資者の払込済出資額に応じて帰属するとされて、いわゆるシ・プレ原則が徹底していなかった。言い換えれば、非営利性そのものにも疑義がもたれ、こうした点から公益法人制度改革とほぼ同時期の2006年に医療法（平成18年6月21日法律第84号）で第5次の改正がなされ、翌2007年4月1日より施行された（第5次医療法改正）。その結果、解散時の残余財産の帰属先の制限（医療法第44条第5項）、社会医療法人制度を創設（医療法第42条の2）、役員・社員総会等の法人内部の管理体制を明確化（医療法第46条の2～第49条の4）、事業報告書等の作成・閲覧に関する規定を整備（医療法第51条～52条）、附帯業務[12]の拡大などを内容としたものであった[13]。

このように、第1の改革では、2種類の改革が行われたことがわかる。1つは「公の支配」[14]を明確にして監督権を強化した形での別法人（学校法人・社会福祉法人）の創設。もう1つは、民法による法人格取得の困難さから脱するための別法人（医療法人）の創設である。そして、両者に共通したことは、許可主義を認可主義に変更したことである[15]（図6-2参照）。

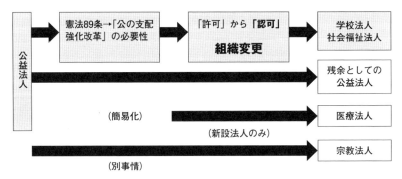

図6-2　公益法人の第1の改革における各法人の位置付け

筆者作成

両者の大きな違いは、前者は公益法人制度から分離・独立するものであるから、公益法人から学校法人・社会福祉法人へ「組織変更」する法人が数多くあったことである。極端に言えば、公益法人から脱皮したことである。それに対して後者は、簡易な法人の新設であり、すでに公益法人として病院を経営していたものは、そのまま公益法人として継続していたので、組織変更の必要はなかった[16]。ここで、公益法人制度からの離脱について前者を学校法人型離脱、後者を医療法人型離脱とすると、NPO法人、中間法人は医療法人型離脱といえる。ガラパゴス化はこのようにして起こったのである[17]。

5　学校法人・社会福祉法人の組織変更

それでは、公益法人からの新法人への組織の変更はどのように行われたのであろうか。第1の改革においては、寄附行為（ないし定款）の変更の認可に伴う「組織変更」という形態がとられた。第2の改革では、いったん解散を行って新法人を登記する「移行」が行われ、この点は大きな違いである。

私立学校法では、「法律施行の際現に民法による財団法人で私立学校（学校教育法第98条の規定により存続する私立学校を含む。）を設置しているもの及び学校教育法第98条の規定により存続する私立学校で民法による財団法人であるもの（以下、財団法人）は、この法律施行の日から1年以内にその組織を変更して学校法人となることができる」（附則2項）となっており、具体的には、「前項の規定により財団法人がその組織を変更して学校法人となるには、その財団法人の寄附行為の定めるところにより、組織変更のため必要な寄附行為の変更をし、所轄庁の認可を受けなければならない」（附則3項）と「所轄庁の認可」による寄附行為の変更によって組織変更を行うこととしていた。なお、財団法人の寄附行為の変更に当たっては、「この場合においては、財団法人の寄附行為に寄附行為の変更に関する規定がないときでも、所轄庁の承認を得て理事の定める手続により、寄附行為の変更をすることができるものとする」（附則3項後段）と定められた[18]。

また、「組織変更は、学校法人の主たる事務所の所在地において登記をす

る「ことに因つて効力を生ずる」（附則4項）とされ、認可の時点での組織変更ではなく、登記によって効力を生じせしめた。

社会福祉事業法でもほぼ同様の規定が設けられ、組織変更による社会福祉法人化（附則11項）。定款または寄附行為の変更の厚生大臣の認可と、寄附行為変更の特例（附則12項）、登記による効力（附則13項）が定められた。両者の違いは、学校法人が財団法人に限った組織変更であるのに対して、社会福祉法人は社団法人及び財団法人の組織変更である点と、前者は所轄庁の認可、後者は厚生大臣の認可とされていた点である。

両者は民間の自主性という前提はあるものの、助成金を受け入れることと「公の支配」を明確化するための監督を強化することをいわば「取引」とした形で組織変更が行われたのである。

これらの関係を図式化したのが、図6-3である。

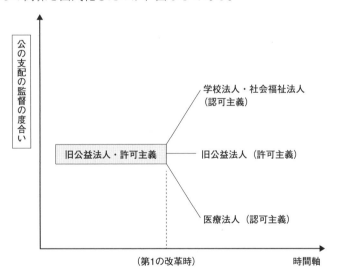

図6-3　公益法人の組織変更と公の支配の監督の度合い

筆者作成

これは縦軸に「公の支配」に伴う監督の度合い。横軸は時間軸で第1の改革の後の新法人等の位置づけを模式化したものである。

6　公益法人制度改革における移行

　公益法人制度改革における移行は、特例民法法人が、整備法第44条により、行政庁に公益法人へ移行する移行認定申請または一般法人へ移行する移行認可申請を行って、行政庁より認定または認可を受け、新法人に移行することをもってなされた。期間は法施行後5年間であった。移行認定の基準は、第1に定款の変更の案の内容が一般社団・財団法人法及び公益法人認定法並びにこれらに基づく命令の規定に適合するものであること。第2に公益法人認定法第5条各号に掲げる基準に適合するものであること（整備法第100条）。行政庁は認定するにあたって、委員会へ諮問しなければならないとされた（整備法第133条第2項）。

　また、一般法人への移行認可については、第1に定款の変更の案の内容が一般社団・財団法人法及びこれに基づく命令の規定に適合するものであること。第2に公益目的支出計画が適正であり、かつ公益目的支出計画を確実に実施すると見込まれるものであること。（整備法117条）。同じく行政庁は認可をするには委員会への諮問をしなければならないとされた（整備法133条第3項）。

　ここで、第1の改革の組織変更と第2の改革の公益法人への移行と異なる点がいくつかあるので紹介したい。

　第1に、第2の改革では、単なる組織変更ではなく、特例民法法人の解散の登記と名称変更後の公益法人の設立の登記を行ったこと（整備法106条）。法人格としては不連続なのである。

　第2に、従来財団法人の基本的規則を定めていた「寄附行為」の名称がなくなり、第2の改革ではすべて「定款」に統一されたこと。この点については、改正前民法の「寄附行為」の用語が①基本的規則の意味（改正前民法39条）と②その設立行為をも意味（改正前民法41条42条）していたので、基本的規則を「定款」とし、設立行為を「設立行為」として統一されている（新公益法人制度研究会 2006）。

　第3に、第1の改革では設けられていた財団法人の寄附行為の変更に関す

る例外規定（この場合においては、財団法人の寄附行為に寄附行為の変更に関する規定がないときでも、所轄庁の承認を得て理事の定める手続により、寄附行為の変更をすることができるものとする）が第2の改革では設けられていなかったこと。

第4に、第1の改革では組織変更が認可とされていたものが、第2の改革では認定（一般法人への移行については認可）とされていたこと。

以上の点が大きな違いである。

表6-3　第1の改革と第2の改革の移行及び組織変更

	学校法人	社会福祉法人	公益社団・公益財団	一般社団・一般財団
移行前	財団法人	社団法人 財団法人	社団法人 財団法人	社団法人 財団法人
認可又は認定	認可	認可	認定	認可
認定又は認可の根拠法	私立学校法附則3項	社会福祉事業法附則12項	整備法44条	整備法45条
手法	組織変更	組織変更	移行（みなし解散）	移行（みなし解散）
対象期間	1年	1年	5年	5年

筆者作成

7　非営利法人制度の第2次ガラパゴス化

新しい公益法人制度では、公益目的事業を行う一般法人が公益認定を申請して公益法人となる。この仕組みは、前述の通り、俗に2階建て方式と呼ばれている。一般法人法は名称から言っても、一般法としての共通の基盤整備を図ろうとしたものであろう。しかし、皮肉なことに、2階建て方式がスタンダードになったことで、非営利法人制度のガラパゴス化が一層進んだ状況にある。

法人側から見た1階と2階の違いは、税制上の優遇措置である。私立学校については法律が、私立学校の設置者を限定する形になっているので、税制上の優遇措置以上の意味合いを有している。しかし、非営利法人制度とし

て、2階建てシステムがスタンダードだと見たときに、1階部分のない学校法人、社会福祉法人の特異性が却って目立ってしまった。

　NPO法人と医療法人についても、税制上の観点から従来より2階建て方式ではあったが、公益法人制度改革と時を違わずして、個別に制度が改正された。NPO法については、税の観点から2001年に国税庁長官の認定による認定NPO法人という2階が設けられていたが、平成24年4月1日から認定NPO法人については改正NPO法によって次のような変更が加えられた。

　第1に、新認定制度が設けられた。認定基準の変更とともに認定事務は国税庁長官から所轄庁に移された。

　第2は、仮認定制度が設けられた。

　第3に、所要の監督規定が整備された。

　また、医療法人も2階として租税特別措置法による特別医療法人、医療法による特定医療法人が存在していたところ、第5次の医療法の改正により、社会医療法人が2階部分として整備され、併せて収益業務も行えることになった。持分の定めのない社団で自由診療の制限、同族役員の制限、差額ベッドの制限（30％以下）、給与の制限（年間3600万円以下）等に基づき、国税庁長官の承認を得ることになる。また、1階部分についても、非営利性を徹底させることとなった。つまり、公益法人改革時には他の非営利法人改正も行われ、結果的に第2次ガラパゴス化が進展したといえる。こうした第2次ガラパゴス化は、非営利性の観点、公益性の観点、税制の観点から、一層不連続な状態を示すことになった。したがって、制度改革の動きに対して脆弱であり、今後とも様々な観点から、微調整を余儀なくさせる余地を残したと言える。[19]

8　制度統合の可能性

　以上の通り、日本の非営利法人制度のガラパゴス化の状況を概略見てきた。「一般法」たる制度改革であった公益法人制度改革であるが、これらが

どの程度制度統合へ向けて意味を持つのかについては、結論から言えば、不透明といわざるを得ない。

そもそも制度統合の意義が様々な意味で使用されている。

第1に、「一般法」としての制度統合である。これは法律論としての統合論議である。

第2に、資産や負債の捉え方には普遍的なものが存在するとしての制度統合である。いうまでもなく会計論としての統合論議である。

第3に、租税の中立、公平の原則からくる制度統合である。租税論としての制度統合である。

ところが、これらは異なる場面で、異なる専門家によって、異なる役所で議論がされてきた。また、モデルとするものが、企業（営利法人）なのか、非営利法人なのかすら、その時々の改革論議で揺れてもいる。第5次医療制度改革が非営利性の徹底にあったことは述べたが、すでにこれも大きく変化している。例えば、最近の議論をいくつか検討してみよう。医療法人・社会福祉法人については

> 医療法人等の間の競合を避け、地域における医療・介護サービスのネットワーク化を図るためには、当事者間の競争よりも協調が必要であり、その際、医療法人等が容易に再編・統合できるよう制度の見直しを行うことが重要である。
>
> このため、医療法人制度・社会福祉法人制度について、非営利性や公共性の堅持を前提としつつ、機能の分化・連携の推進に資するよう、例えばホールディングカンパニーの枠組みのような法人間の合併や権利の移転等を速やかに行うことができる道を開くための制度改正を検討する必要がある。
>
> （中略）
>
> あわせて、介護事業者も含めたネットワーク化や高齢化に伴いコンパクトシティ化が進められているまちづくりに貢献していくことも見据えて、医療法人や社会福祉法人が非営利性を担保しつつ都市再開発に参加できるようにする制度や、ヘルスケアをベースとしたコンパクトシティづくりに

要する資金調達の手段を、今後慎重に設計されるべきヘルスケアリート等を通じて促進する制度など、総合的な規制の見直しが幅広い観点から必要である。

　特に、社会福祉法人については、経営の合理化、近代化が必要であり、大規模化や複数法人の連携を推進していく必要がある。また、非課税扱いとされているにふさわしい、国家や地域への貢献が求められており、低所得者の住まいや生活支援などに積極的に取り組んでいくことが求められている。

　　　　　　　　　（「社会保障制度改革国民会議報告書」平成 25 年 8 月 6 日）

と、競争より協調を強調している。また、「ホールディングカンパニーの枠組み」というのは株式会社をモデルにしていることは言うまでもない。「法人間の合併や権利の移転等」には折角、主体重視として盛り込まれた「シ・プレ原則」が却って邪魔となってこよう。

　一方、税制に関しては、資料として提示されただけではあるが、イコールフッティング論から次のように述べられている。

　　介護事業と保育事業は、多様な主体が競合して実施している。特に介護事業は、法人税法上は収益事業とされているものの、社会福祉法人等が実施する場合は特例として収益事業から除外されている。この特例を経営形態間のイコールフッティングの観点から見直すべきではないか。
（政府税制調査会法人課税ディスカッション・グループ　平成 26 年 5 月 16 日）

ここでは競合を前提としているのであり、協調よりも競争主義的世界観が前提としてあり、これは企業を直接モデルとするものではないにしろ、「市場経済」をモデルにしたものである。「主体」を中心に抜本的な税制改正がなされた公益法人税制改正であったが、「事業」を主体とした、イコールフッティング論がすぐに出てくるのが税制議論の特徴でもある。

　以上の通り、現状のようにガラパゴス化した状況では、「政策論」で議論

することによる収斂は難しいだろう。「政策論」の場合には「部分統合」がそれぞれの政策目標において実施され、相互のベクトルは一致しない。公益法人制度改革のエンジンは理念であったことは第3章で述べたが、ガラパゴス化の今後の統合が仮にあり得るとすれば、ベクトルの方向性が単一でなければ困難であろうし、そうなれば理念中心主義でいかねば難しいのではないか。本章2節で示した税制調査会での2003年の議論の崩壊（162頁参照）は、法制、税制を個別に議論したことからくるある意味必然的な結果でもある。今後は同じ轍を踏むわけにはいかない。

　また、規制緩和の観点からは、様々な「主体」の参入を認める方向にある。病院はすでに述べたように、様々な法人格の主体が運営しているが、学校は従来幼稚園を除けば、民間の設置者は学校法人に限られていた。しかし、構造改革特別区域法（平成14年12月18日法律第百八十九号）第12条による学校設置会社（株式会社）や第13条の学校設置非営利法人（特定非営利活動法人）による設置も認められるようになり、学校の設置者は多様化しつつある。ただし、ここにおいても、学校設置非営利法人はNPO法人のみであり、一般社団、一般財団さらに公益社団、公益財団は対象外である。このような矛盾は非営利法人制度全体のガラパゴス化から生じる事態であろう。これは規制緩和というだけではなく、学校法人がもともと財団法人であったことを考えると、営利社団と非営利社団の一部に緩和をしているという点でも、法人制度との関係は不連続であり、ガラパゴス化の進展といってよい。

　政策論においてこうした事態が続けば、同じく政策論の税制の観点から、前述の通り、競合の問題が発生し、いくつかのカテゴリーに分けるような議論が噴出する。

　そこでもう1つ考えられるのは、「2階建て方式」の他の非営利法人への拡張である。1階と2階の区分をどのような「基準」で、「誰が」判断するのかという点が残るが、参入の規制緩和と税の観点からの「2階建て方式」の導入というものが、今後のオプションの1つと考えられる。

　他方で、法人内部では「改革疲れ」が顕著である。日本オリンピック委員会の第三者特別委員会はスポーツ団体の不祥事の報告書にわざわざ次の一文を入れている。「新しい公益法人制度が発足し、競技団体はこれまでにない

出費がかさんで赤字に苦しんでいる」[20] こうしたことから、統合を考えるにも十分な時間的余裕を以て考えていかねばならぬだろう。また、特に、強調したいのは、第2次世界大戦後、非営利法人のガラパゴス化が始まって、専門家そのものも分断化されてきたということだ。統合化を進めるにしてもどのように専門家を作り上げていくのかという問題もある。公益法人制度改革では、企業会計の専門家に過ぎない公認会計士が、法律上の財務関係を含めた収支相償、特定費用準備資金、遊休財産と控除財産の関係、公益目的財産額の算定といった公益法人制度特有の課題を前に途方に暮れて気の毒な立場にあった。例えて言えば、医者だという理由で内科医がいきなり外科手術を担わされたような状況がなかったとは言えないだろう。したがって、今後は公認会計士協会の役割も外科手術を内科医ができるように治療法を統合化しようとするだけではなく、両者の本質的な相違を認めたうえで、真剣に外科医を育てることも模索してもらえないだろうか。現に公益法人会計基準に詳しい専門医的な公認会計士が存在しているのである。また、奇しくも米国型のパブリック・サポート・テストが認定NPO法人に、そして英国型のチャリティ・コミッション方式が公益法人に導入されているわけであるから、今後は両制度の文化がどちらに日本の風土に合うのかを見極めながら、あるいは、併存する可能性も探りながら制度の方向性を見ていく必要があるだろう。

いずれにせよ、アカデミックな場で、学校法人、社会福祉法人、医療法人、NPO法人、一般法人、公益法人すべてを視野に収めた、非営利セクター全体の議論の場が誕生していくことが何よりも大事なのではないかと考える。

謝辞

本論文については、2014年3月の「日本NPO学会」パネル新公益法人制度5年の「移行期間」を終えて（その2）：110年ぶりの改革法の完全施行で見えてきた公益法人セクターと公益認定制度の課題での報告（特に1節、4節、5節、8節）及び2014年非営利法人研究学会第1回関西部会で「2度目の移行改革としての公益法人制度改革——法と文化を考える」（特に4節、5節）に新しい知見を加味して書き下ろしたものである。

また、このような研究を許容・応援してくれた国立民族学博物館に感謝したい。

注

1 中間法人制度導入時の公益法人の純化の議論は初谷（2012）に詳しい。また、民法学者の星野英一は有識者会議において純化を進めるべきとの発言をしている。「それどころか、なぜか分かりませんが、『公益』目的を広くとったか、あるいは『事業』の公益性を判断したのか、例えばゴルフクラブ（これらは中間法人的なものもありますが）、日本相撲協会なども公益法人になっているのですね。その結果、『公益法人』にたくさんのものが入っているため、営利法人でもできるものがかなりあり、同業の営利法人を圧迫している。そこでそれらは営利法人に転換しろということになったのです。そして、ハイクラスの人だけを会員にしているゴルフクラブなどは営利法人になるわけにはゆかないから、中間法人に転換することを考えて中間法人法を作る目的の一つにした。ところが何かの理由で中間法人への転換の規定は作らないことになったのです。

したがって、もしもここを緩めますと、現状とちっとも変わらない。現状の正当化という意味を持ちます。それどころか、現在は一応公益目的を掲げ、構成員の利益はいわば恐る恐る目的・事業に入れているものを、表からそれをやってよいということになってしまいます。今より悪いわけで、やらない方がましというぐらいです。

中間法人ないし非営利法人を認めるなら、公益法人は本来の形に純化する方がよいと思います」（第4回有識者会議議事録）。
2 本稿で言及する法人格以外にも、個別に特別法で設立された法人は非常に多くあるが、本稿ではこれらについては紙数の関係で言及しない。
3 ただし、比較制度分析に基づいて会計を研究した藤井（2007）は、慎重に進化の用語を使用し、「進化経済学」的な意味での「進化」でナッシュ均衡との関係の上に限定している。したがって、進化したものが他のものに比べてよいということではない点を強調している。
4 「公益信託ニ関スル法律」第1条に定義される公益信託は、受益者の定めのない信託のうち、学術、技芸、慈善、祭祀、宗教その他公益を目的とするもので主務官庁による許可を受けたものをいう。
5 この間の背後の動きなどについては小島（2014）に詳しい。
6 学校法人会計基準の諸課題に関する検討会「学校法人会計基準の諸課題に関する検討について（課題の整理）」平成24年3月30日。
7 公認会計士協会「非営利法人委員会研究報告第25号　非営利組織の会計枠組み構築に向けて」。
8 会計基準については、企業会計との整合性を高める方向となったが、例えば出塚（2013:

第6章　制度統合の可能性と問題　ガラパゴス化とグローバル化

p. 9)は「企業会計と公益法人会計が全く異なるということを、ここでもう一度よく考えなければならない」と述べている。
9 戦後、民法そのものの改正も検討されていた（雨宮 1995）。
10 学校教育法第2条では「私立学校とは別に法律で定める法人の設置する学校をいう」と私立学校法制定前に規定されていた（福田・安嶋 1950: p. 1）。
11 福田繁・安嶋彌（1950: p. 26）は、教育は国の事業であるから「特許」であると主張。教育基本法第6条も「法律に定める学校は、公の性質を有するものであって、国、地方公共団体及び法律に定める法人のみが、これを設置することができる」となっており、特許の根拠とする。
12 附帯業務のほか、社会医療法人に限っては、収益業務も行えるようになった。
13 厚生労働省「第五次医療法改正の概要」(http://www.mhlw.go.jp/shingi/2007/11/dl/s1105-2b.pdf) 平成26年6月3日ダウンロード。
14 その後の国会での答弁「公の支配に属するといいますのは、その会計、人事等につきまして国あるいは地方公共団体の特別の監督関係のもとに置かれているということを意味するわけでございます」（平成5年2月23日参議院文教委員会　内閣法制局長官答弁）。

「この意味でございますが、これまで私学助成をめぐりまして過去いろいろ国会でも相当な議論が行われました。その結果、現在では、第一に、学校教育法による学校の設置や廃止の認可、そして閉鎖命令。第二に、私立学校法によります学校法人の解散命令。第三に、これが大事なわけですけれども、私立学校振興助成法によります収容定員是正命令、それから予算変更勧告、役員解職勧告などの規定がございまして、これらの規定を総合的に勘案いたしますと、こうした特別の監督関係にあれば公の支配に属しているというふうに解しているというのが現在の状況でございます」（平成15年5月29日参議院内閣委員会　内閣法制局第二部長答弁）。
15 宗教の法人だけは明治民法制定時から全く別の形態となっていた。本稿では宗教法人については紙数の観点からふれていない。同様に、他の特別法に基づく多数の法人、協同組合なども、対象から外している。
16 公益法人から医療法人への移行についての答弁「（公益法人である）済生会等がいよいよ行詰つて医療法人になりたいと言いました場合には、別に何ら制限をする必要はないと思つております。その場合には公益法人を解散して、この法律に基く法人になるわけでございます。ただ実際問題としては、特別な解散理由の発生しない限りこの法人になることは、今申し上げたような実際の問題、課税の関係から、却つて利益ではないかも知れんと思つております」参　厚生委員会　24号　昭和25年4月4日。
17 改正前民法に例示されている「祭祀、宗教」については、条文に規定されていたところであるが、民法施行法第28条において「民法中法人ニ関スル規定ハ当分ノ内神社、寺院、祠宇及ヒ仏堂ニハ之ヲ適用セス」とされていた。別途、特別法が予定されていたところであるが、宗教法人法が制定されたことによって、宗教法人の設立は同法により行われるに至っている。

18 今般の公益法人制度改革の整備法においては、財団法人の寄附行為変更に係るこの規定は入れられていない。公益法人としての学校法人、社会福祉法人の法体系を時間軸に対して「縦の体系」と呼ぶならば、会社法を過剰に参照する手法は「横の体系」と呼んでよいと思う。この規定が漏れていたのは、「横の体系」を重視するあまり、「縦の体系」が軽視された結果ではないか。
19 2014年の税制調査会では、法人税率の実効税率の引き下げの伴い、課税ベースの検討が行われており、社会福祉法人の税の在り方やみなし寄附金制度が議論としてあげられている。
20 文部科学省の中央教育審議会スポーツ・青少年分科会(第66回) 配付資料の場で公開された資料による。

参考文献

雨宮孝子「幻の民法改正案」『公益法人』1995年5月号、16-19頁、公益法人協会。
石河英夫「会計の歴史的背景:イギリス株式会社と会計の進化」『商学討究』25(1/2)1974年、7-23頁。
浦崎直浩『国際会計研究学会年報2007年度』2008年3月。
小川政亮『社会事業法制』第四版、ミネルヴァ書房、1973年。
小島廣光「公益法人制度改革における参加者の行動」『札幌学院大学経営論集』第6号、2014年、31-96頁。
学校法人会計基準の諸課題に関する検討会「学校法人会計基準の諸課題に関する検討について(課題の整理)」平成24年3月30日。
片岡洋人「原価計算の基本的プロセスにみる生成と確立」大分大学経済学会、2004年7月21-47頁。
閣議決定「公益法人制度の抜本的改革に向けた取組みについて」平成14年3月29日。
公益法人実務研究会『四訂公益法人の理論と実務』耕文社、1981年。
公益法人制度改革に関する有識者会議 第4回議事録 平成16年2月4日。
公認会計士協会「非営利法人委員会研究報告第25号 非営利組織の会計枠組み構築に向けて」公認会計士協会、2013年7月2日⟨http://www.hp.jicpa.or.jp/specialized_field/files/fa8bf01a3dd5a6c2a24360dd212b1519.pdf⟩。
参議院文教委員会議事録 平成5年2月23日。
参議院内閣委員会議事録 平成15年5月29日。
自民党行政改革推進本部公益法人委員会「公益法人制度改革に関する申し入れ」平成15年3月10日(政府税制調査会非営利法人課税ワーキング・グループ第6回会議 添付資料)⟨http://www.gyoukaku.go.jp/jimukyoku/koueki-bappon/yushiki/dai1/1siryou6-9.

pdf〉。
社会保障制度改革国民会議 報告書　平成25年8月6日。
衆議院文部委員会-7号　昭和24年11月21日。
衆議院厚生委員会-21号　昭和25年4月3日。
政府税制調査会非営利法人課税ワーキング・グループ　基礎問題小委員会第1回議事録　平成14年11月1日。
政府税制調査会非営利法人課税ワーキング・グループ　第6回議事録　平成15年3月14日。
政府税制調査会法人課税ディスカッション・グループ　平成26年5月16日〈http://www.cao.go.jp/zei-cho/gijiroku/discussion3/2014/__icsFiles/afieldfile/2014/05/15/26dis36kai3.pdf〉。
新公益法人制度研究会『一問一答公益法人関連三法』商事法務、2006年。
田中實『公益法人と公益信託』勁草書房、1980年。
出口正之「日本における民法施行前の『講』と現代非営利組織（NPO）との特性の共通点」『国立民族学博物館研究報告』第38巻第3号、299-335頁、国立民族学博物館、2014年。
出塚清治「公法協と公益法人会計基準」『公益法人』第42巻、2013年。
長峰毅『学校法人と私立学校』日本評論社、1985年。
長谷川哲嘉「非営利会計基準の意義を問う──制度に歪められた平成20年公益法人会計基準」『公益・一般法人』第849号、2013年、4-11頁。
初谷勇『NPO政策の理論と展開』大阪大学出版会、2001年。
初谷勇「戦後福祉政策とNPO政策」佐口和郎・中川清編著『福祉社会の歴史──伝統と変容』325-352頁、ミネルヴァ書房、2005年。
初谷勇『公共マネジメントとNPO政策』ぎょうせい、2012年。
林修三『公益法人研究入門』改訂版、公益法人協会、1985年。
林寿二『公益法人の研究』湘南堂書店、1972年。
林寿二『公益法人論』湘南堂書店、1981年。
挽文子『管理会計の進化──日本企業にみる進化の過程』森山書店、2007年。
藤井秀樹『制度変化の会計学──会計基準のコンバージェンスを見すえて』中央経済社、2007年。
福田繁・安嶋彌『私立学校法詳説』玉川大学出版部、1950年。
文部科学省中央教育審議会スポーツ・青少年分科会（第66回）参考5-2調査報告書要約、公益財団法人日本オリンピック委員会（JOC）、平成24年3月27日。
森泉章『公益法人の研究』勁草書房、1977年。
吉田久一『現代社会事業史研究　改訂増補版』吉田久一著作集3、川島書店、1990年。
吉川尚『ガラパゴス化する日本』講談社、2010年。

第7章
論点の再整理
よりよい非営利法人法体系に向けて

初谷　勇

はじめに

　本書の契機となった日本NPO学会における2つの企画パネルのうち、(その2)では、当初、発題者（モデレーター）より次のような3つの問いが論点として掲げられた。

論点3、公益法人制度改革三法と特定非営利活動法人
　活動領域を超えた非営利セクターの一般法としては、特定非営利活動促進法体系と公益法人改革三法体系とがあるが、この関係をどう考えるか。
論点4、公益法人制度改革三法体系と従来の特別法法人
　社会福祉法人や学校法人、更生保護法人などは、成立の経緯からも、法体系上は改革三法の特別法の形をとっていないが、特定領域における法人類型として今後どのような関係を一般の公益法人体系との関係で持つべきか。
論点5、一般法人の現状に関する論点と課題
　一般法人の中の「非営利徹底型」、「共益型」、「普通法人型」の諸類型の展開等、見えにくい一般法人の現状に関する、把握し注目すべき論点、その制度的課題は何か。

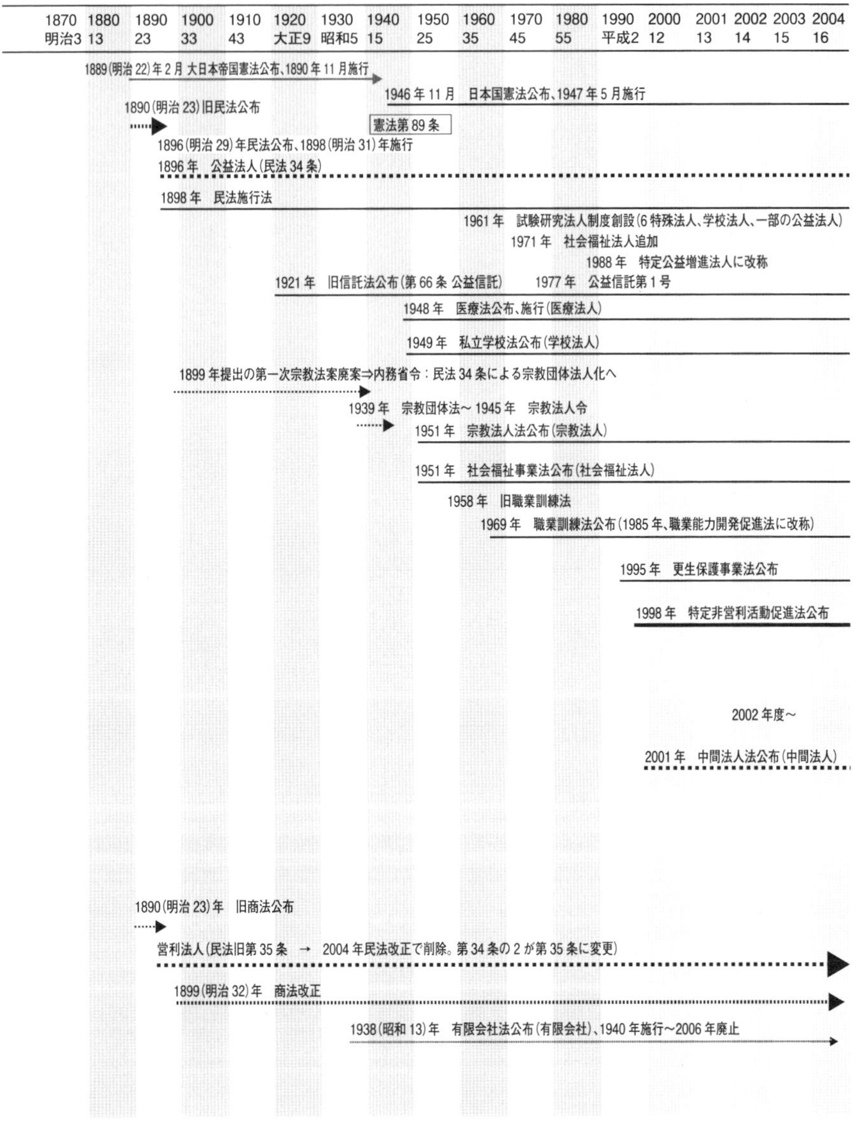

1870	1880	1890	1900	1910	1920	1930	1940	1950	1960	1970	1980	1990	2000	2001	2002	2003	2004
明治3	13	23	33	43	大正9	昭和5	15	25	35	45	55	平成2	12	13	14	15	16

1889(明治22)年2月 大日本帝国憲法公布、1890年11月施行

1890(明治23)年 旧民法公布

1946年11月 日本国憲法公布、1947年5月施行

憲法第89条

1896(明治29)年民法公布、1898(明治31)年施行

1896年 公益法人(民法34条)

1898年 民法施行法

1961年 試験研究法人制度創設(6特殊法人、学校法人、一部の公益法人)

1971年 社会福祉法人追加

1988年 特定公益増進法人に改称

1921年 旧信託法公布(第66条 公益信託)　1977年 公益信託第1号

1948年 医療法公布、施行(医療法人)

1949年 私立学校法公布(学校法人)

1899年提出の第一次宗教法案廃案⇒内務省令：民法34条による宗教団体法人化へ

1939年 宗教団体法〜1945年 宗教法人令

1951年 宗教法人法公布(宗教法人)

1951年 社会福祉事業法公布(社会福祉法人)

1958年 旧職業訓練法

1969年 職業訓練法公布(1985年、職業能力開発促進法に改称)

1995年 更生保護事業法公布

1998年 特定非営利活動促進法公布

2002年度〜

2001年 中間法人法公布(中間法人)

1890(明治23)年 旧商法公布

営利法人(民法旧第35条 → 2004年民法改正で削除。第34条の2が第35条に変更)

1899(明治32)年 商法改正

1938(昭和13)年 有限会社法公布(有限会社)、1940年施行〜2006年廃止

図 7-1　法人法制等の推移

出所）筆者作成。

第 7 章　論点の再整理　よりよい非営利法人法体系に向けて　187

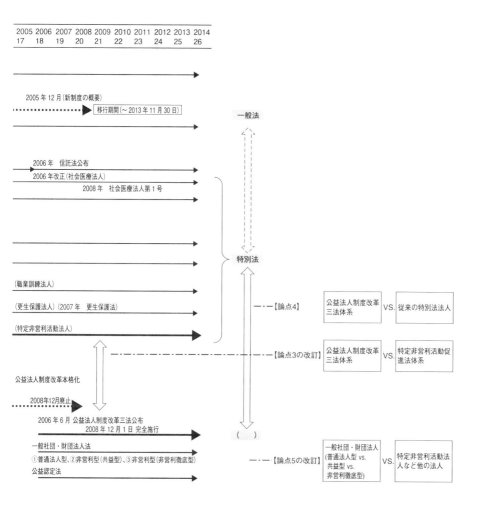

筆者は、我が国の法人法制等の推移を俯瞰した上で、発題者による論点3から論点5の位置を示し、各論点で対比される法人体系や法人類型の各範疇の広狭に着目し、これらの論点の順序を一部入れ替えて論点3と論点5を改訂し、次のような「3つの選択問題」として整理の上（図7-1参照）、私見を報告、発表した。

　第1は、公益法人制度改革三法体系と従来の特別法法人の関係（**論点4**）である。制度改革前、民法と社会福祉法や特定非営利活動促進法等の関係は、一般法と特別法の関係にあった。改革後、一般社団・財団法人法と従来の特別法は、一般法と特別法の関係にはない。では、両者の関係をどのように捉えるべきか。

　第2は、公益法人制度改革三法体系と特定非営利活動促進法体系の関係（**論点3の改訂**）である。個別法としての一般社団・財団法人法（及び公益認定法）と特定非営利活動促進法のレベルでは、法人類型としての一般社団・財団法人と特定非営利活動法人が、あるいは公益社団・財団法人と認定特定非営利活動法人が、様々な観点から比較され、そのいずれかを選択した場合の得失が論じられてきた。本書の元になったパネルにおいて、こうした個別法のレベルではなく、改革三法と特定非営利活動促進法がそれぞれ何らかの「体系」を成しているものとみなし、両「体系」を比較するよう求めた発題者の意図は、両者における「公益性認定システム」の比較論を期待したものだったのかもしれないが、筆者の報告では、文字どおり両者の「体系」性の比較を行った。

　第3に、一般社団・財団法人をめぐる選択問題（**論点5の改訂**）である。この選択問題には、一般社団・財団法人内で「非営利徹底型」、「共益型」、「普通法人型」のいずれを選ぶかという同一法人類型内でさらに細分化された類型の選択と、例えば特定非営利活動法人など他の法人と一般社団・財団法人のいずれを選ぶかという法人類型の選択という2つの局面がある。いずれを考える場合でも、一般社団・財団法人への役割期待が何か、またそれらの期待に応える上で一般社団・財団法人が克服すべき制度的課題（改良・改革のポイント）は何かが問題関心の対象となる。

　本論では、これら3つの選択問題について順次検討する。その上で、選択

問題の選択主体として想定される非営利法人（団体）当事者はもとより、非営利法人というヴィークルに参画し活動する一般市民や、非営利法人と補充（代替）、補完（協働）、対抗（敵対）といった関係を築く地方自治体等にとって、これらの選択問題に臨む上で求められる視点についても、可能な範囲で言及したい。

1 公益法人制度改革三法体系と従来の特別法法人

第1の論点は、公益法人制度改革三法体系と従来の特別法法人との関係（**論点4**）についてである。この点を考える前提として、2006年法人法改革前後で法人法における一般法と特別法の位置づけがどのように変化したかを見ておこう。

(1) 「一般法と特別法」から「法人基本法と法人根拠法」へ

法人法における一般法と特別法の位置づけは、2006年法人法改革前後で大きく変化した。元来、一般法と特別法の区別は相対的であり、一般法であるA法との関係では特別法であるB法が、別のC法との関係では一般法であることがある（例：商法が民法との関係では特別法であり、銀行法との関係では一般法である等）。また、「ある法領域について特別法がない限り一般法が妥当する」という意味での一般法・特別法の関係だけで、一般法とされる法の意味を適切に捉えたことにならない場合もある（例：「民法は、単に特別法がないところで妥当する法であるだけでなく、そうした特別法の基礎となる枠組みを構成し、特別法の内容を方向づけるという面も持っている」として、民法を私法の「基本法」と呼ぶ論者もある）。両者の関係のそうした相対性や限界も念頭に置いた上で、2006年法人法の改革前後の状況を比較してみよう。

まず、2006年法人法改革前、民法は、法人通則を定める法人基本法であるほか、法人類型の1つである公益法人（社団法人・財団法人）に関する根

拠法であり、公益法人に係る一般法としての性格を持つものであった。それが、2006年法人法改革後になると、民法は、法人通則を定める法人基本法（第33条〜第37条の5箇条）となり、法人類型ごとの個別の法律が、[法人]根拠法となった[4]（図7-2参照）。

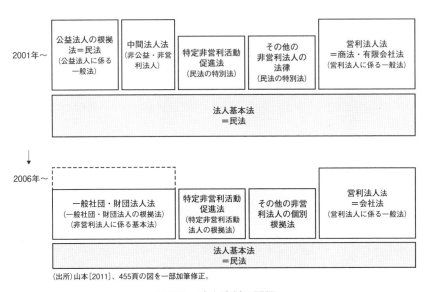

図7-2 法人法制の再編
出所）山本（2011）455頁の図を一部加筆。

同じ観点から、民法典が公益法人に関する一般法を喪失した以上、従来の「特別法上の公益法人」の成立を認める法律はもはや「特別法」ではなく、「単行法」（民法第33条2項を受けた各種法律）であり、したがってそれらの法人の呼称も「各種の法律に基づく公益法人」とでもいうほかないとする見解がある[5]。同見解によれば、一般社団・財団法人法は、民法典から括り出された体系的位置づけと、同法の準則を充たす法人にのみ適用されるということに照らし、非営利法人または公益法人に対する一般法としての性質は有しない。しかし、非営利目的の団体・組織に対する準則主義による法人化の受け皿的機能・性質と、会社法に範を取った詳細かつ充実した内容ゆえに、非営

利法人（または、公益法人）の「基本的法律」（基本法）として、解釈上、援用ないし類推適用の対象とすべきものとされる[6]。つまり、一般社団・財団法人は非営利法人の一類型（一根拠法）に過ぎないが、非営利性以外に目的の限定がないという意味で「一般性」を帯有しており、非営利法人法の基本法として扱われる意義があるというのである[7]。

制度改革を経て、こうした基本法としての一般社団・財団法人法を中心に非営利法人に係る法的問題を総体として扱う学問分野を確立すべき要請は高まっていると考えられる。我が国では、非営利法人を直接の研究対象とする複数の関係学会において、法学者の参加や法学によるアプローチの研究報告は必ずしも多くない[8]。民法学者からは、「少なくとも、非営利団体を独立に取り上げる学問領域が形成されるまでは、市民社会の一般法である民法の教科書において、これを解説し続ける必要がある[9]」とか、「非営利法人については、その法的問題をまとめて扱う学問分野は確立していない。そのため、非営利法人にかかる法的問題は、現状では民法総則で取り上げなければ、ほかに取り上げられることがなくなってしまう[10]」といった指摘も重ねられている。また、民法改正によって「公益法人に関する規律は、私法だけでなく、公法の領域にもまたがることが正面から示された」との認識に基づき、「法人法及び認定法には、私人間の規律だけでなく、行政法上の規律や刑罰規定など、民法の枠におさまらない性質の規定が入っており、新法を民法に組み戻すことは、もはや困難である。公益法人は、今後、行政法上の問題として論じられることが多くなるだろう。」と予測し、それゆえにむしろ「個人に着目する視点を維持するためにも、民法学においても論じ続ける意味がある」とする見解も注目される[11]。

2013年11月30日に特例民法法人の移行期間も終了し、新制度の運用が定着していくに伴い、非営利法人法の横断的な解釈法学、比較法学、ひいては総合的な立法学等に関わる課題が累増していくことだろう。民法学からのこうした評価を踏まえ、公法・私法にわたる調査研究の蓄積に努める必要がある。

(2) 公益法人制度改革三法体系と従来の特別法法人

　上記の変化を前提として、第1の論点、公益法人制度改革三法体系と従来の特別法法人の関係（**論点4**）について検討する。一般社団・財団法人法は、民法のような一般法ではないものの、その「一般」という名称から何らかの「一般性」獲得への動機を胚胎するものとして、従来の特別法法人（現在では個別の根拠法に基づく法人）にとって、その動向は無視し得ない存在であるだけでなく、急速に増加する法人数は一種の脅威として映るものと思われる。

　従来の特別法法人は、新たな制度改革三法とそれに基づく一般社団・財団法人や公益社団・財団法人を、例えば特定非営利活動法人や宗教法人のように、自らの公益法人としての存在意義や位置づけを揺るがせ、損なう惧れのある存在として警戒し、敬遠、牽制に及んだり、あるいは、社会福祉法人や医療法人のように、法人の指導理念としての「非営利性」や「公益性」を同じ水準で確保するよう促す存在として捉えたりしてきた。

　筆者の報告では、前者の例として宗教法人を、後者の例として医療法人を取り上げた。以下、その要旨を述べる。

公益法人制度改革の影響：宗教法人の場合

　2006年改正前の民法第34条は、改正後は第33条2項となり、制度改革前の一般法（民法）と特別法の関係は、前述のとおり、改革後は、法人基本法（民法）と個別の法人根拠法の関係に変容した。このように、特別法法人から個別の根拠法に基づく法人に位置づけが変化することに対して、鋭敏に反発を募らせたのが宗教法人であった。

　宗教法人に拠る関係者は、今次の制度改革によって自らの公益法人としての法的根拠と税制上の処遇を保持することを大きな課題と捉えた。2005年12月に公表された新たな公益法人制度に関する「（新制度の概要）」に対し、宗教界は、「祭祀・宗教に関連して既に設立されている民法第34条法人が新制度下においても引き続き「公益性」が認められ、継続して活動できるか否か」を懸念し、活発なロビー活動を行った。その結果、民法第33条第2項

に「祭祀・宗教」の文言が残ったとされている。

一方、公益認定法の第2条（定義）では、「この法律において、次の各号に掲げる用語の意義は、当該各号に定めるところによる。1　公益社団法人（略）　2　公益財団法人（略）　3　公益法人（略）　4　公益目的事業　学術、技芸、慈善その他の公益に関する別表各号に掲げる種類の事業であって、不特定かつ多数の者の利益の増進に寄与するものをいう。」とされており、第4号では祭祀、宗教の文言は掲げられていない。また、同法の「別表　公益目的事業」には「思想及び良心の自由、信教の自由又は表現の自由の尊重又は擁護を目的とする事業」とされ、「信教の自由」が掲げられるにとどまる。そのため、なぜこのように改められたのかという理由に対する疑念や、2005年6月の「政府税調案」に対して、法人再編により「公益」の領域を狭めることで課税範囲を拡大しようとしているのではないかとの懸念も表明されている。[12]

公益法人制度改革の影響：医療法人の場合

次に、公益法人制度改革が従来の他の特別法法人の改革に影響を与えた例を見ると、社会福祉法人や医療法人において、各々の改革に向けた調査や研究、報告等の契機となってきたことがあげられる。[13]

ここでは特に医療法人の場合を見ると、2006年第5次医療法改正[14]（2007年4月施行）により医療法人制度改革が行われ、医療法人の非営利性の徹底と公益性の追求を前提として、「社会医療法人」が創設された。社会医療法人の認定元年にあたる2008年には55法人が誕生しているが、その主な認定要件である①公的な運営要件と②5事業要件（救急医療、周産期医療、小児（救急）医療、災害医療、僻地医療）のうち、後者の事業要件の選択については、救急医療が圧倒的に多いなど実際に適用される要件間で大幅に偏りがあり、また認定法人数に地域的な偏在もあるなど課題も少なくない。[15]

小括

このように、一般社団・財団法人法は、その「一般性」の帯有ゆえに、他の特定領域の個別根拠法に基づく法人類型にとっては、制度改革により、自

らの公益法人としての立場の保全を図る上での葛藤（例えば宗教法人）や、非営利性の徹底と公益性の追求を図る改革の波及（例えば社会医療法人）等をもたらした。

同法は、従来の特別法法人（現在では個別根拠法に基づく法人）との関係では、もはや一般法ではないが、非営利法人基本法として、個別法人の根拠法に一定の枠づけや方向性を示唆する存在となる可能性がある。その際の「枠づけ」や「方向性」としては、前述のように「公益」の範囲の枠づけ（宗教法人の場合）や、非営利性の徹底と公益性の追求という方向性（医療法人の場合）などがあげられるが、それに限られるものではない。他の個別根拠法に基づく法人との関係においては、新たな枠づけや方向性が浮上する可能性があり、それが個別根拠法に基づく法人側に受容され得るかが問題となってこよう。

2　公益法人制度改革三法体系と特定非営利活動法人体系

第2は、公益法人制度改革三法体系と特定非営利活動法人体系との関係（**論点3改訂**）である。前掲のとおり、本節では文字通り両者の「体系」性を比較し、個別根拠法同士の選択問題は、第3の論点（**論点5改訂**）とも深く関わることから、次節に譲る。

この問題を考えるためには、まず法人法における「体系」とは何を意味しているのかということを確認しておく必要がある。

(1) 非営利法人法の体系化

体系性

ある分野の法の体系化を図るということを考える上では、法学における「法典化」の議論が参考になる。法典化は公法・私法いずれにおいても古くから様々な議論がなされている問題であるが、ここでは、フランス私法と日本の行政法に関する論考を手がかりに、非営利法人法への示唆を得たい。

ルヴヌールは、フランス私法において「法典化」とは「『ある分野に関する規範の全体を体系的な目次立てに従って組み込んでいる、一貫した法文の集成』を、この総体に規範的な性質—すなわち以前の法文の拘束力に取って代わる形で付与された拘束力—を付与しながら、作り上げること[16]」であるとする。なお、「法典」（国家に由来する成文法規範である法律の集成）というときには公権力による集成だけでなく、公式の法典が存在しない分野について、出版社が例えば会社法典や非営利団体法典などを私的に集成することがある（出版社法典といわれる）。ただ、「法典化（codification）」という概念の場合は、「公式の法典の作成に限定されたものであるように思われる」としている。

　一方、我が国の行政法について、山本隆司は、「日本において行政法という１つの法典は、過去に定められたことがなく、現在も存在せず、将来の制定を目指す際立った動きもない」けれども、「行政分野を問わず分野横断的に行政活動に適用される行政通則法は、断片的な形でいくつか存在する」とし、戦後の例では国税徴収法や行政不服審査法、行政事件訴訟法などをあげる。また、「行政組織を通則法により統一的に規律する」国家行政組織法、独立行政法人通則法、地方自治法等も例として摘示している。そして、「行政分野を横断して適用される１つの行政法典を構想する基礎」として行政手続法（1993年）をあげ、行政手続の観念を拡張することを提示している[17]。

　そして、法典化の意義について、まず、「複雑・多様で変化の激しい各行政分野の法規範および現実の行政過程を、利害関係者および公衆が理解でき、また批判的に検討できる状態に置くことが、正に法システムの役割であり、法治国原理・民主政原理の基本的な要請と言える」こと、ついで、「行政法規の無用の複雑さを除去し（簡素化）、行政過程の構造、全体の流れを透明化するのに資する」こと、さらに、「縦割りで制定および展開される度合いが強い」「各行政分野の法規範および行政活動が」「分野間で比較できるようにし、特定の行政分野の法規範および行政活動が、他の行政分野に移入できる優れた考え方を含んでいないか、あるいは逆に、一般の行政分野に対して特殊な扱いをする合理性を有するかを、検討できるようにすることは、法政策上有益」であることをあげている[18]。実際に法典化に取り組むに当たっ

ては、「内容上の体系化を図らない既存の通則法の寄せ集めでは、ほとんど意味がな」く、「内容の体系性を備えた行政法典を構成するための視点」が何かを考えねばならないとする[19]。これらの指摘は、本論の対象とする非営利法人法の体系化の意義や方法を考察するうえでもきわめて示唆に富むものと考えられる。

非営利法人法の体系化と個別法の再編整備

　制度改革により、法人格取得上の「空隙」は充填された。その上で、非営利法人基本法の要否の議論をするとすれば、例えば統一的な法人概念について何処にどの程度の通則的規定を置くかという問題などは現実的にも意義がある。しかし、筆者は、そうした基本法の下に、多様な個別根拠法をすべて再編統合して一本化していかなければならないと論じるわけではない。非営利法人を「体系化」するということと、様々に分岐した個別の法人類型を「再編・統合」していくことは区別して考える必要がある。ここでの体系化は、前述のように、適切な法典化によって個別根拠法を整序することをイメージしている。

　筆者は、かねてより非営利法人体系における「節度ある多元性」の重要性を提唱しており、今後は、個別根拠法の分岐や相互の差異のうち、将来の民間非営利セクターの発展のために障害や弊害となるような問題を除去するという意味で、「節度ある多元性」を求める公論の喚起と合意形成に向けた努力をはらっていく必要があると考える[20]。そこでいう「多元性」は法人格の類型だけでなく、一般社団・財団法人における「非営利型」のように、特定の法人格の中で細分化された類型についても問われているものといえよう。

「体系化」に向けた、市民による法体系選択の保障

　そして、そうした法体系の選択（回路）を市民に保障する上では、選択肢の比較検討を可能にする情報が、適切なかたちで常に公開されている必要がある。個々の法人の静態的な情報開示とともに、規制緩和により公共サービスの提供に多様な法人の参入機会を拡げ、各々の力量を実証する機会を設け、その結果を公表するなど動態的な情報提供のあり方も工夫される必要が

ある[21]。

　公益法人制度改革三法の施行は、剰余金分配可能性（営利目的）の有無により区分される営利法人及び非営利法人からなる法人二分体系の成立を意味し、従来の公益法人、営利法人、その他の中間目的の法人という三分体系よりはるかに簡明であるとする評価がある[22]。営利性の有無のみを基準に法人を区分した二分体系が、営利性の有無だけでなく公益性の有無も基準に区分した三分体系に比べ、複数の基準ではなく単一の基準に拠るものとして簡明であることは容易に想像される。ただ、ここでの「簡明」という評価には、法人制度の利用者である国民・市民の視点からの予測可能性や操作可能性の高さなど積極的な意味合いが含意されていることに留意する必要があるだろう[23]。非営利法人法の体系化は、まず、国民・市民にとって理解が容易で、予測や操作の可能性の高いものが目指される必要がある。

(2) 公益法人制度改革三法体系と特定非営利活動法人体系

　体系化についての前記の検討・整理を前提として、公益法人制度改革三法体系と特定非営利活動法人体系の関係（**論点3改訂**）を検討するならば、前者には、前述のとおり営利法人と非営利法人という簡明な二分体系を成立させた画期的意義が認められる。その体系性は、旧民法法人と中間法人の再編統合により生み出されたが、その過程では、特定非営利活動法人も再編に合流させようとする働きかけがあったものの、特定非営利活動法人関係者等からの激しい反対に遭って撤回された（見送られた）経緯がある。当時は、一般社団・財団法人と特定非営利活動法人というそれぞれの法人類型を生み出した背景にある価値観なり立法に当たっての政策理念の相違が、それらの法人類型を統合せず並存させることにむしろ積極的な理由があるものとして支持を集めたともいえよう。その価値観は、例えば、一般社団・財団法人については、「旧公益法人の純化」や「行政補完型法人など政府セクターの外縁部の見直しなり刷新」であり、特定非営利活動法人については、「旧公益法人を支配していた主務官庁制や官の自由裁量に基づく許可主義からの離脱」による「法人格の簡易な取得へのバイパスの確保」などであった。

その後、制度改革が進展し、一般社団・財団法人数が急激に増加するにつれ、前述のような価値観や政策理念だけではなく、改革のいま1つの指導理念として標榜された「民の担う公共」という価値観に少しずつ実体が追いつくようになり、そこへさらに「新しい公共」や、東日本大震災の復興や今後の「共助社会」における民間公益活動の担い手の創出、育成という政策考慮が重なっていくことによって新たな正統性を具えるようになったともいえる。その結果、今や、一般社団・財団法人の正統性との比較において、特定非営利活動法人がなお独立した体系として並存し続けることに、いかなる積極的な「体系」的意義や正統性を見いだすことができるかが、改めて課題として浮上してきているものと捉えられる。

　今後、様々なかたちで市民による法体系選択機会を保障していくことにより、特定非営利活動法人の活動実績が一般社団・財団法人との比較においてどのように評価されるかによって、いずれ再編統合の要否も決せられる時期を迎えるのではないかと予想される。

3　一般法人（非営利型）の現状に関する論点と制度的課題

　第3の論点は、一般社団・財団法人をめぐる選択問題である（**論点5改訂**）。これには、前掲のとおり一般社団・財団法人内の細分化された類型の選択問題と、特定非営利活動法人など他の法人類型との間の選択問題という2つの局面がある。後者については、制度改革の過程においても、特定非営利活動法人と一般社団・財団法人が、あるいは認定特定非営利活動法人と公益社団・財団法人の比較が、それらの社会的認知度や信頼性、組織運営や非営利性、認定システムの相違など様々な観点から検討され、いずれを選択すべきかといった議論が重ねられてきた。

　そこで、まず、これら2つの局面における類型選択の現状を概括的に把握した上で、実際的な論点と制度的課題が何であるかを考察することとしたい。

(1) 選択の現状

一般社団・財団法人内の類型選択

まず、一般社団・財団法人内の類型選択についてはどうか。2012年に経済産業研究所により行われた「第2回日本におけるサードセクターの経営実態に関する調査」によれば、非営利型は一般社団法人の83.5%、一般財団法人の80.0%と多数を占めている[24]。

この調査結果について、同調査の研究代表者である後房雄は、現行の会社法上、剰余金と残余財産のいずれかの配分を行わない非営利型株式会社の設立が既に可能となっているにもかかわらず、公益法人制度改革において残余財産の配分が可能な一般社団・財団法人を制度上許容した意味が不明であると批判する立場から、「現状でも一般法人の8割以上が非営利型を自主的に選択していることは健全といえるが、今後も、定款で非営利型を選択することの意義をより広く普及していく必要がある」と指摘している[25]。

他の法人類型との選択

次に、特定非営利活動法人など他の類型との選択についてはどうか。

まず、一般社団・財団法人を選択せずに他の法人類型を選択した事例についてである。公益法人制度改革施行時（2008年12月1日）の特例民法法人数24,317法人のうち、移行申請法人数20,729法人を除いた3,588法人（15%）が解散・合併等に至っている。このうち、みなし解散法人数426法人を除いた3,162法人の中に、新制度における公益法人への移行認定や一般法人への移行認可を選択せず、特定非営利活動法人や社会福祉法人など他の法人類型に転じた法人が含まれるものと見られるが、その実数や内訳は定かではない[26]。

次に、他の法人類型を選択せずに（あるいは選択していたものから転出して）、一般社団・財団法人を積極的に選択した事例についてである。本書の元となったパネルにおいても、特定非営利活動法人を前身に一般社団・財団法人を設立し、公益認定を受けた主な法人の例として、(公財) School Aid Japan はじめ10法人が紹介された[27]。

このように、現状では、前記の2つの選択局面のうち、前者については「非営利型」の選択が多数を占めていることが明らかになっており、後者については特定非営利活動法人等と一般社団・財団法人の双方向の選択の状況が垣間見えるという状況にある。

(2) 一般社団・財団法人の制度的課題

一般社団・財団法人への役割期待

一般社団・財団法人内での類型選択と他の法人（特定非営利活動法人等）との間での類型選択のこうした現状は、もとより各法人の自発性に基づく選択が集積した結果である。ただ、この論点の背後には、前節で見たように、公益法人制度改革三法体系と特定非営利活動法人体系の意義を比較したときに、後者よりも前者に積極的な存続意義が認められるのではないかという見方があるように思われる。そのため、一般社団・財団法人の選択問題という論点は、一般社団・財団法人の今後の推移を客観的・価値中立的に考察するだけでなく、今後の民間非営利セクターの構造変革への期待やその中での一般社団・財団法人（非営利型）への何らかの役割期待をもって、規範的に議論されるといった面が生まれてきているのではないだろうか。

換言するならば、今後、一般社団・財団法人が特定非営利活動法人よりも多く選択され、さらには一般社団・財団法人の中では非営利型がより多く選択され増加していくことが、そうでない場合よりも民間非営利セクターの構造変革にとってより良い影響をもたらすとすれば、そうした選択が促進されるような新たな制度改革が必要なのではないかという議論である。

その際、民間非営利セクターの構造変革のイメージとして、法人類型を整理統合する方向か、分立並存させながらも有意義な機能分担関係を築いていく方向か、そのいずれを掲げるかにより議論の展開も異なってくるだろう。

推計的には、一般社団・財団法人は、いずれ特定非営利活動法人を量的には凌駕し、質的にも例えば法人規模という点では優勢に立つことが見込まれている[28]。その中で、前者の類型統合の方向性の議論としては、例えば一般社団・財団法人（非営利型）は特定非営利活動法人との類縁性により、いずれ

特定非営利活動法人を包摂、統合していく接点としての可能性をはらんでいるのではないかという観察である。

　後者の並存分担の方向性の議論としては、例えば一般社団・財団法人は、いずれ特定非営利活動法人とともに主務官庁制から脱却した法人格のグループとして数的に大きな勢力となり、依然として主務官庁制の下にある特別法人（医療法人、社会福祉法人、学校法人）のグループに比肩する存在感を持つようになるのではないかという予測である。[29]

制度的課題（改良・改革のポイント）

　いずれの方向を採るかによって、そのために解決を要する制度的課題（改良・改革のポイント）は重点の置きどころが変わる。まず、前者の類型統合の接点としての機能を高めるには、特定非営利活動法人の側から見た一般社団法人への統合の障壁を下げる必要がある。そのためには、1つには、一般社団・財団法人の「非営利型」のメリットを高める方策が考えられる。2つには、選択主体である国民に向き合う性格が希薄ではないかとされる点の改善があげられる。複雑で膨大な条文は、（一方で、前掲のように、その「基本法」としての性格を展望する際には、それを担保するだけの詳細で充実した内容となっていることが評価されるとしても、）同法人類型を選択する多様な利用者、特に小規模法人にとっては必ずしも利用しやすいものとはいえない。この点をとらえて、例えば（公財）公益法人協会は、2013年6月に公表した「五つの政策提言」に、同年10月、6つ目の提言として「一般法人法の改正（小規模法人に配慮する）」を追加している。[30] 簡素化の要請を踏まえ、小規模法人に配慮して一般法人法を改正するべきとする提言は、一律に簡素化を求めるというのではなく、一方で基本法としての可能性を担保する内容を維持しつつ、法人規模によっては過剰な要請となっている条項の整理を図るという趣旨で傾聴されるべきである。[31]

　次に、後者の並存分担の一端を担うには、両法人格の差異が意味のある相補関係を形成できるか否かが鍵となろう。そのためには、一般社団・財団法人について、その非営利性に加え、公益目的への様々な貢献をさらに可視化していくことが必要である。筆者はかねてより公益社団・財団法人だけでな

く、一般社団・財団法人の公益目的事業に積極的に光を当てる重要性を主張しているが、それを通じて、特定非営利活動法人との相補性や棲み分けが様々な選択主体にとって如実に感得できるようになれば、並存分担の選択肢も有力なものとなり得るだろう。

4　より良い非営利法人法体系に向けて

　以上、「3つの選択問題」を検討してきた。最後に、これらの選択問題を見取り図に表現し、論旨を小括した上で、選択問題の選択主体である市民や地方自治体について、今後求められる視点を述べることとしたい。

(1) 小括

　論点4、3、5で選択の対象となっている項目の組み合わせと配置状況を図示してみた（図7-3参照）。

　第1の論点（**論点4**）では、「1-B：一般法と特別法」のセットから「1-A：基本法と個別根拠法」のセットに変化している中で、一般社団・財団法人法が「基本法」として、法人の個別根拠法に対して一定の「枠づけ」や「方向性」を示唆する機能を果たす可能性について検討した。

　第2の論点（**論点3改訂**）では、体系化の意味を整理した上で、「2-A：公益法人制度改革三法体系」の意義や、同体系を構成する一般社団・財団法人数が著増する中、両体系を支える価値観の接近、オーバーラップが見られる中での「2-B：特定非営利活動促進法体系」の存続意義を検討した。

　第3の論点（**論点5改訂**）では、「3-A：一般社団・財団法人」と「3-B：特定非営利活動法人」の双方向の選択状況を窺いつつ、両者の接点となる存在として一般社団・財団法人（非営利型）の持つ意味と可能性を検討した。

　これら「3つの選択問題」は、現時点では、必ずしも、1-A、2-A、3-Aがセットとして親和的であり、かつ1-B、2-B、3-Bに対して優位にあると見なされているわけではない。例えば1-Bから1-Aへの変化を認めつつも、

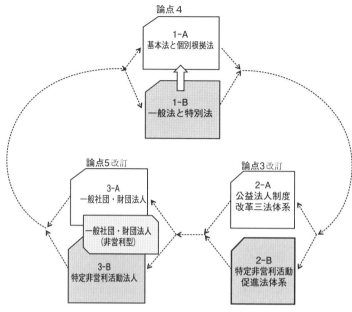

図 7-3 「3 つの選択問題」の見取り図（イメージ）
出所）筆者作成。

2-B の存続意義を評価し、3-A と 3-B の並存を選択することに多元性の意義を見出す選択主体もあるだろう。また、1-B の従来の特別法法人時代に一般法より優先適用される立場に価値を見出していた選択主体は、制度改革によって、たとえ個別根拠法の立場に変化したとしても、個別根拠法としての独自性を追求する志向性から、その同志として論点3の局面では 2-B の特定非営利活動法人が一般社団・財団法人に再編統合されることに強く反発し、独立並存していくことを積極的に支持するかもしれない。

　そうした意味では、非営利法人法体系を考える上で、これらの「3つの選択問題」の連鎖と組み合わせは、直ちに最適解を見出し難い状況にあり、まだまだ可変的、流動的である。ただ、それぞれの論点でいずれの選択を行うとしても、まず、選択主体としては、非営利法人の重要なユーザーである国民・市民の視点を尊重することが不可欠である。そのために少なくとも非営利法人法の「体系化」の意味や、本論で示したような選択問題の見取り図に

ついての理解を広める必要があると考える。

(2) 選択主体としての市民の連帯と地方自治体に期待される視点

最後に、こうした選択問題の選択主体としての市民の連帯と地方自治体に期待される視点について述べておきたい。

市民の連帯

選択主体としての市民にとって、選択問題の見取り図を、そこに登場する非営利法人の現況とともに分かりやすく可視化していくことの重要性は前述のとおりである。その上で、市民が選択のための見識を養うためには、非営利法人に対する領域横断的な調査研究を蓄積しつつ、非営利法人に参画し活動する担い手の人々同士の連帯を促す契機を適時に捉えて場や機会として設定していく必要がある。そうした契機としては、例えば経済政策や規制緩和政策、大規模災害など外部環境の著しい変化への対応や、非営利セクターを構成する特定の法人類型の一部の不祥事に対する外部からの攻撃、バッシングに対し、法人類型として防御や自浄の要請、共通する利害の保持などがあげられよう。

今後、異なる法人類型に関わる人々が幅広く集合し、経験や意見を交流できる連帯の場や組織を編成、強化していく必要はいよいよ大きい。こうした連帯への取り組みは直ちに大きな成果に結びつくことは難しいかもしれないが、漸進的に成果を蓄積し共有していくことにより、非営利法人、非営利セクターの体質の向上に資するものといえる。

地方自治体に期待される視点

次に、選択主体としての地方自治体に期待される視点がある。公益法人制度に関する自治体関係者の議論を見ると、第3セクターや外郭団体であった旧公益法人の見直し、整理統合、再選択を経た今もなお、法人を管理するという制度改革以前の観点が濃厚であるように窺える。例えば、一般・公益法人に対する管理形式として分散管理か集中管理のいずれがよいかといった議

論がある。移行期間が経過し、法人に対する監督実務の進め方が関心を集めている中では、一定の意味のある検討ではあるが、今後はそのレベルの議論に終始するのではなく、各自治体ごとに、管内の多様な非営利法人全体を視野に入れ、機動的に政策に活かすための司令塔となるような内部組織を構想していく時機にきていると考えられる。[33]

　これまで全国に普及してきた市民活動支援センター、NPOセンターの多くは、自治体行政がNPOのうち特定非営利活動法人など限られた法人類型を視野に入れた支援拠点にとどまっている。しかし、今後は、多様な法人類型を総合的に視野に入れ、それらと自治体行政の各部門との新たな横断的対応関係を構想し、複合的な政策連携を企画提案できるセンター機能が不可欠である。その際、一気に市民社会組織（CSO）全般に対象を拡張するのではなく、段階的には、政策連携の対象とする非営利法人の種類を豊かなものにしていくことが考えられる。それは、従来型の市民活動支援センターを改組再編し発展させる際の見直しの方向にも重なってくる。

　また、非営利法人を公共マネジメントの組織資源として捉える視点も重要である。[34]公益法人、非営利法人は地域の貴重な組織資源（財産）であり、自治体にとって、公共サービス提供の代替（補充）・協働（補完）の担い手、カウンターパートとしての存在意義はますます高まることだろう。地域の歴史や文化に根差す傑出した非営利法人は枚挙にいとまがない。そうした非営利法人を開拓し、選択して支援していく非営利法人政策は、集客、移住、雇用促進等の受け皿機能の強化にも通じ、地域の創生やプロモーションにも役立つ政策として、多くの人々の関心と共感を呼ぶことだろう。

おわりに

　本章では、企画パネルにおいて提示された3つの論点に触発されて、筆者が整理した「3つの選択問題」について、それらの見取り図を示し、選択の現況や課題を見てきた。その上で、選択主体としての非営利法人当事者はもとより、市民や自治体関係者に求められる視点についても言及した。

もとよりいずれの選択問題についても、にわかに満点の解答が得られる性格のものではない。しかし、この20年間あるいは少なくとも10年間を振り返ったとき、その起点において、私たちの誰が、この間に経験した制度改革の規模と速度、波及を予想し得ていたかということに思いを致すとき、動き出した流れの速さに翻弄されるのではなく、我が国の特性や発展状況に沿ってその時代その時代の岸辺に着実に接岸していくためには、こうした選択問題についての公論を様々な形で喚起していく必要がある。

いわばその一歩ともいうべき検討と議論の機会を学会セッションとして設けていただき、新たな問題意識をかき立ててくださったモデレーターの岡本仁宏先生をはじめ、登壇された諸先生方、さらに活発なご質問をいただいた出席者の皆様に厚く御礼を申し上げたい。

注

1 日本NPO学会第16回年次大会　運営委員会企画パネルD4「新公益法人制度5年の「移行期間」を終えて（その2）110年ぶりの改革法の完全施行と新しい市民社会の姿――市民社会セクターの課題と展望」(2014年3月16日)。
2 会社法における法源と特別法について、青竹 (2006)、3頁、加美 (2011)、3頁等参照。
3 山本 (2011)、10頁。
4 山本 (2011)、455-457頁。
5 後藤 (2008)、132頁。
6 同上。「基本法」には、教育基本法のように形式的に「基本法」と名付けられている法規範と、実質的に「基本法」の規定内容を有する法規範の両方を含む。引用文では、民法のように他の個別法に対して何らかの「枠づけ」や「方向性」(方針・指針) を示す機能を有する基本的な法律という意味合いで「基本法」を用いている例である。なお、基本法の概念、問題点については、川崎 (2005)、同 (2006)、同 (2007) 参照。
7 この点に関し、佐久間毅は、「「非営利法人法」という学問分野が確立するまでの間は、これ［一般社団・財団法人法：筆者注］を中心に非営利法人にかかる諸問題を取り上げることには、（一般社団・財団法人法は会社法を参考にした規定・制度を数多く置いており、会社法とともに検討することが望ましい面があるにもかかわらず）一定の合理性がある」とする。佐久間 (2012)、329頁。
8 また、民法、商法、民事訴訟法等の法学者が多数加入している私法学会における公益

法人制度改革以降の年次大会報告で、非営利法人法に係る研究報告は、宗教法人や公益法人制度改革について取り上げた2件程度が見出せるに留まる。
9 山本（2011）、457頁。
10 佐久間（2012）、329頁。
11 中田（2007）、11頁。
12 宮澤（2013）参照。2006年改正前民法（2004年改正（2005年施行））で現代語化された第34条（公益法人の設立）は、「学術、技芸、慈善、祭祀、宗教 その他の公益に関する社団又は財団であって、営利を目的としないものは、主務官庁の許可を得て、法人とすることができる。」とする。2006年改正後民法の第33条（法人の成立等）では、第1項は「法人は、この法律その他の法律の規定によらなければ、成立しない。」（改正前第33条と同じ）、第2項は「 学術、技芸、慈善、祭祀、宗教 その他の公益を目的とする法人、営利事業を営むことを目的とする法人その他の法人の設立、組織、運営及び管理については、この法律その他の法律の定めるところによる。」とされた。以下、第34条（法人の能力）（改正前第43条）、第35条（外国法人）、第36条（登記）、第37条（外国法人の登記）の5箇条のみとなり、改正前の第38条から第84条までは削除された（下線筆者）。宗教法人制度と宗務行政の推移について文化庁文化部宗務課（2013）。
13 公益法人協会（2007）、14-15頁。医療法人について、2005年7月の「医業経営の非営利性等に関する検討会」報告書と2006年の医療法改正（2007年4月施行）による社会医療法人の創設等、また、社会福祉法人について、2006年8月の社会福祉研究会による報告書「社会福祉法人経営の現状と課題」が公益法人制度改革による隣接法人のあり方に対するインパクトの例として紹介されている。なお、社会福祉法人について、初谷（2005）参照。
14 「良質な医療を提供する体制の確立を図るための医療法等の一部を改正する法律」。
15 社会医療法人の設立、認定と運用の諸問題について小林ほか（2011）、その公益性と地域差について井上、矢崎（2009）等参照。
16 ルヴヌール（2011）、81頁。
17 山本隆司（2006）、83頁。
18 同上、85頁。
19 同上。
20 現代の日本で民間非営利セクターの指導理念に「多元主義」を援用する場合の留意点について、また、「節度ある多元性」というべきものを構想することの必要性について、初谷（2001）、68-72頁。
21 この点に関し、後房雄は、サードセクターの個々の組織の経営力強化を図り、事業独占や参入規制などの制度的障害を打破すること等により、「さまざまな法人格を共存させる意味はなくなり、より統一的簡易な非営利法人制度や協同組合制度が導入しやすくなるはず」とする。後（2012）、37頁。
22 後藤（2008）、130頁。
23 同じ論者は、続けて「一般社団・財団法人法には非営利法人の、・・・（中略）会社法

には営利法人の、(一般法ではないが) 基本的法律という体系的位置づけが与えられるべき」とし、その立場からは、改正後の「民法第33条2項における三種の法人の列挙には、法人の区分に論理的整合性がなく、体系構築上の意義を見出すことができない。」と批判する。同上、132頁。

24 「第2回サードセクター経営実態調査」(2012年) は、14,000団体に送付し、有効回答3,656団体 (26.1%)。ただし、同調査の「非営利型」は共益型と非営利徹底型の細区分までは問うていない。

25 後 (2013)、3頁。

26 特例民法法人の帰趨について、雨宮 (2014) 参照。なお、雨宮ほか (2013)、太田ほか (2014)、土肥 (2013) における制度改革の総括に係る発言参照。

27 同上、スライド13参照。

28 2014年4月に特定非営利活動法人が医療法人の総数を越えて、非営利法人中、法人数第1位になり、2015年7月には社団法人・財団法人も医療法人の総数を越え、2016年3月には一般法人数が特定非営利活動法人数と並ぶと推計するものとして、後 (2013)、22-23頁。その後の推移は、2014年3月31日現在で、特定非営利活動法人は48,726法人、医療法人は49,899法人となっている (内閣府、厚生労働省調べ)。その後の推移は、2014年3月31日現在で、特定非営利活動法人は48,726法人、医療法人は49,889法人となっている (内閣府、厚生労働省調べ)。

29 後 (2013)、23頁。

30 公益法人協会 (2013) 参照。

31 非営利法人法研究会 (2013) 参照。非営利法人法研究会は、(公財) さわやか福祉財団と (公財) 公益法人協会の共同プロジェクトとして2011年5月設置。「3 3) 新たな (実質的な) 小規模法人概念の創出とその法人に対する現行法の一部不適用」で、新たな小規模法人の定義を行った上で適用除外条項の選択を行っている。なお、一般法人法成立に伴い廃止された中間法人法の場合には、有限責任中間法人と無限責任中間法人の類型区分が、法人規模の実体を事実上反映し得ていたことや、組合の法人格取得の可能性を閉ざしていなかったことについて、星野英一のインタビュー記録 (『公益法人』編集部 (2013)、13-14頁) も参照。

32 初谷 (2012)、「第2章　未完の公益法人制度改革 (2)」、112-116頁。また、「第4章　非営利法人制度改革への視点 (2)」、161-162頁。

33 例えば、公益法人協会が、新公益法人制度施行後3年目に入った2011年1月に内閣府、北海道、東京都、神奈川県、京都府、大阪府の各行政庁担当者を迎えて開いた座談会で、新制度移行に向けた取り組みについて、集中管理方式を採る北海道、東京都や分散管理方式を採る大阪府の担当者の意見参照。ここでの集中、分散とは、あくまで所管の特例民法法人に対象を限定した用語であり、管内の非営利法人を広く視野に入れたものではない。『公益法人』2011年3月、2-18頁。

34 初谷 (2012) 参照。

参考文献

青竹正一『新会社法』信山社出版、2006年。
雨宮孝子「公益法人制度改革の現状と今後の展望」（日本NPO学会第16回大会セッション（その1）報告資料、平成26年3月16日。本書22頁、図1-2参照。
雨宮孝子、勝又英子、田中眞一郎他「パネル・ディスカッション「公益法人制度改革の総括と市民社会組織の課題」（創立40周年記念シンポジウム：公益法人の40年と今後の展望）、『公益法人』第42巻第1号、2013年、9-11頁。
井上貴裕、矢崎芽生「社会医療法人の公益性と地域差」『日本病院会雑誌』第56巻第10号、2009年、1194-1197頁。
後房雄「『新しい公共』の担い手としてのサードセクター：各法人形態の現状とサードセクター構築への課題」『RIETI Highlight リエティ・ハイライト』第41号、2012年、36-37頁。
―――「サードセクター組織の経営実態とセクター構築への課題—分断による多様性から横断的多様性へ—」RIETIディスカッショ・ペーパー、2013年6月、13-J-047。
太田達男、能見善久、堀田力、土井香苗ほか「公益法人協会シンポジウム2013：公益法人制度改革の総括と今後の課題」『公益法人』第43巻第1号、2014年、3-10頁。
加美和照『新訂　会社法　第10版』勁草書房、2011年。
川崎政司「基本法再考（一）」『自治研究』第81巻第8号、2005年、48-71頁。
―――「基本法再考（二）」『自治研究』第81巻第10号、2005年、47-71頁。
―――「基本法再考（三）」『自治研究』第82巻第1号、2006年、65-91頁。
―――「基本法再考（四）」『自治研究』第82巻第5号、2006年、97-119頁。
―――「基本法再考（五）」『自治研究』第82巻第9号、2006年、44-62頁。
―――「基本法再考（六・完）」『自治研究』第83巻第1号、2007年、67-96頁。
公益法人協会『公益法人制度改革〜そのポイントと移行手続』ぎょうせい、2007年。
公益法人協会「非営利法人法研究会　小規模法人法制のあり方に関する報告書をとりまとめ」『公益法人』第42巻第6号、2013年、2-14頁。
『公益法人』編集部「創立40周年にあたって　公益法人協会に望むこと——故星野英一東京大学名誉教授」『公益法人』2013年1月号、12-16頁（鈴木勝治）。
後藤元伸「取引法研究会レポート　一般社団・財団法人法および会社法の成立と団体法体系の変容」『法律時報』第80巻第4号、2008年、130-134頁。
小林甲一、塚原薫、横井由美子、吉川啓子、大野弘恵「地域における「政策医療」の担い手と経営形態の多様化——「社会医療法人」の設立をめぐって」『名古屋学院大学論集社会科学篇』第47巻第4号、2011年、1-24頁。
佐久間毅『民法の基礎1　総則（第3版）』（補訂2版）、有斐閣、2012年。
土肥寿員「「市民セクターの20年」研究会報告(3)公益法人制度改革と公益法人・一般法人

の現況」『公益法人』第42巻第9号、2013年、30-34頁。

中田裕康「一般社団・財団法人法の概要」『ジュリスト』1328号、2007年、2-11頁。

初谷勇『NPO政策の理論と展開』大阪大学出版会、2001年。

―――「第11章 戦後社会福祉政策とNPO政策 ―― 鼎立するNPO政策と社会福祉の多元化」佐口和郎、中川清編『講座・福祉社会 第2巻 福祉社会の歴史 ―― 伝統と変容』ミネルヴァ書房、2005年、325-351頁。

―――『公共マネジメントとNPO政策』ぎょうせい、2012年。

非営利法人法研究会「小規模法人法制のあり方」『公益法人』2013年6月号、2-14頁。

文化庁文化部宗務課「宗教法人制度の概要と宗務行政の現状」『宗務時報』第116号、2013年、16-20頁。

宮澤佳廣「公益法人制度改革と宗教法人制度：公益性という視点からの検討」『神道宗教』神道宗教学会、2013年、33-62頁。

山本敬三『民法講義Ⅰ 総則（第3版）』有斐閣、2011年。

山本隆司「行政法の法典化」（特集 行政手続の法整備）『ジュリスト』1304号、2006年、81-91頁。

ロラン・ルヴヌール、幡野弘樹訳「現代フランスにおける民法の法典化および再法典化 ―― 国会、執行府および大学教授の役割」『ジュリスト』1426号、2011年、79-92頁。

（注）参考文献の表記は本書の統一表記にしたがい、本文中では、「著者（発行年）」として引用した。

終章
日本の市民社会セクターの発展のために
論点整理と提言

岡本仁宏

はじめに

　公益法人制度改革は、市民社会の構造改革である。
　法の完全実施のための移行期間は終了したとはいえ、その改革自体はまだ進行している。
　第1に、新しい制度は、法解釈と運用によって大きくその効果を変えるからである。また、第2に、新しい制度の運用状況の把握によって、次の制度改革のための具体的な知見が得られ、日本の市民社会セクターの次の改革課題が明らかになってきているからである。
　もちろん、当初の改革課題が今回の改革によって完全に達成されたとすれば、この分野の改革はこの時点で完了したという見方もできるであろう。
　1998年に制定された特定非営利活動促進法の立法過程では、多くの市民社会団体の担い手たちの間で「民法改革はとても無理だから」ということがしばしば語られていた。そこで、税制上の優遇がなくても、とにかく準則主義的な形で取りやすいNPOのための法人格を作ろうとして、多くの人々の尽力によって議員立法として特活法が成立した。ところが、その後いわば本

丸の民法34条の改革がなされた。多くの識者が主張していた準則主義による法人格形成と、公益認定制度の切り離しも実現した。さらに、特定公益増進法人水準の税制上の取り扱いが新しい公益法人全体に認められ、また認定特活法人制度もその基準が緩和されさらに税額控除も導入された。

　つまり、市民社会セクターのリーダーたちがかつて主張していた多くの改革が実現したのである。主要な制度改革が実現したことで、さらなる改革よりも、むしろ改革の成果を守ること、また改革された制度を使って実際の活動を蓄積していくことが重要であると考える人々がいることも無理のないことであろう。

　もちろん、有利な寄付税制ができたからと言って、実際に寄付が増えるわけではない。多くのNPOの創意あふれる、かつ地道な寄付の呼びかけの努力があって、初めて制度は存在感を得る。制度は入れ物にしか過ぎないとも言える。また、国家的な財政危機状況にあっては、税制は、またすぐに引き締められる可能性もある。

　しかし、日本の市民社会セクターが存在感のある形で表現され、民間の非営利活動や共益活動、さらに公益活動が発展してくためには、まだまだ法制度改革やその運用における改革が必要である。入れ物は、中身の発展を制限し、しばしば中身を入れ物の形に歪める。しかも、新しい制度の運用は始まったばかりであり、その形はまだ可塑的な部分がある。幅広い市民のウォッチ、そして支援によってのみ、実質的に使いやすい形も出来上がってくる。

　1998年の特定非営利活動促進法施行がブレイクスルーとなって始まった日本の非営利法人・公益法人制度改革の過程は、10年後の民法改正と公益法人三法制定という重要な結節点を経て、まだ継続しているし、継続させなければならない。

　すでに本書でここまでの諸論考において、具体的な多くの指摘がなされてきた。本章では、このことの意味、そしてそのことから来る改革の課題や、獲得された現行制度を育てていくために必要な課題を、少し大きな文脈の中で確認していくことにしたい。そのことが、今後の制度改革を展望しつつ課題を析出させていく時に意味があると考えるからである。

1　日本の市民社会の在り方と公益法人制度改革

(1) 市民社会

　公益法人制度改革は、日本の非営利セクター全体の骨格となる法制度の改革であることは先に述べた。このことの意味について、大きな視点で把握しておきたい。

　我々の社会は様々な形での人との協力関係から成り立っている。一方では、市場が媒介となって、人々の社会的分業が全体として組織化され、他方では、政府が媒介となって、人々の行動の規制や誘導が行われている。市場では、貨幣がその媒体であり、政府では法とそれを支える暴力的な強制力がその媒体である。これらの2つのメカニズムは、長い人類史の中で形成された重要な社会的メカニズムであることは言うまでもないが、同時にこれらのメカニズムによって担われる社会的共同が我々のすべての社会的共同ではない。お金儲けという動機によらず、また法的強制力によって駆り立てられることのない、非常に広範囲な社会的行動の領域がある。

　家族は、もちろん、このような社会的共同の重要な単位として重要であるが、同時にそれを超える広範囲な社会的活動が行われている。それらには、一時的な共同もあるが継続的に集団をなしている活動も多い。例えば、自分たちが楽しんで行うスポーツクラブや文化的なサークルでの活動、ファンクラブ、同窓会、町内会、ボランティア団体、地域で活動する多くのNPO、さらに巨大なNGOに至るまでの様々な組織が存在している。これらの団体は、その日常活動においては何らかの形で市場に参加しているが、その団体の主要目的は貨幣獲得ではなく、また政府に指示されてその仕事を行うわけでもない。また、社会的に弱い立場にある人々が仲間作りをしながらその社会的地位を高めたり共通の利益を実現しようしたりするための団体も、存在している。様々な種類の組合は、多くの場合これに当たる。

　我々は、政府から命令されなくても、また金儲けのためでもなく、様々な社会的共同を行っている。これらは、単に、市場や国家の活動の付属物では

なく、むしろ我々の社会的活動の一部が、貨幣や法的強制力という手段を使って行われているに過ぎない。しばしば、これらの手段は巨大な力によって我々を平伏させ、それに仕えさせられるとはいえ、結局のところ、貨幣も権力も共に手段であって、ギリシャ神話におけるミダス王のように何でも金に変えられる力を持っても、生自体は豊かにはならないことはあたり前である[1]。

日常的に行われている友人との自然なコミュニケーションや仲間との共同の自発的活動、さらにそれを発展させた多くのコミュニケーションや組織活動がなくしては、この社会は、単に機械のようになるのみならず、その機械すら円滑に作動することもできなくなるであろう。

このような非貨幣的非権力的な社会領域は、しばしば「市民社会」、あるいは「市民社会セクター」と称されて、特に1990年代以後新たな注目を浴びるようになった[2]。また、いわゆる「ソーシャルキャピタル」（社会資本[3]）として、これらの社会領域自体が社会的信頼を育み、市場や政府の活動を支えていることが注目されてきた。

この市民社会領域は、2つの側面から把握されてきている。すなわち、一方では、市民のお互いのコミュニケーション、つまり、会話や発信、表現を通じて、議論や交流がなされ社会的対立・合意を通じて世論が作られていくことに注目があてられている。この面では、日常的な会話の世界や手紙の世界から、マスメディア、インターネットを通じたソーシャルメディアなどの展開に至るまで、技術的展開をベースに急速な変容が行われている。そこには、お金儲けでも、また政府の命令を伝えるためでもない、様々な自主的な社会的スペース（「公共圏」）が存在している[4]。これは、本書の直接の対象ではない。

他方、人々が集団をなして活動するという側面から把握されると、そこに多種多様で広範囲な集団や組織が存在することがわかる。この場合、その組織的骨格をなすのが、NPO（非営利団体）の存在である。本書では、この領域を、特に、市民社会セクター、あるいは非営利セクターと呼んでいる。本書で取り扱われている公益法人制度改革は、日本におけるこの社会領域の法的構造の大変容なのである。

(2) 市民社会と国家：「私党」・「徒党」から「公党」へ

　この市民社会の諸団体の活動も、国家の活動と市場での営利企業の活動という2つの働きによって支えられているし、また逆も真である。したがって、市民社会にとって他の領域との接点の形は常に重要な問題となる。

　本書で最大の問題となった公益法人の許可主義・主務官庁制度からの離脱によって、日本の非営利セクターと国家との関係の転換が期待されたわけである。

　この関係についての規範的な方向性を考える場合に、政党との比較は有用である[5]。少し遠回りであるが、政党の憲法構造との関係の歴史を簡単に整理しておこう。

　現在、政党なくして民主主義政治は語れない。多党制が維持され、与党に対して健全な有力野党があることは、民主主義制度の基本と言ってもよいであろう。たとえ政党不信や批判が激しく行われていると言っても、それは、政党に対する期待の表れでもあって、民主主義的政治制度をもつ国々においては、政党の自由な設立と活動が民主主義制度の基本であるというコモン・センスが存在している。

　しかし、その昔、政党の形成は東洋でも西欧でも死に値する罪であった。そもそも「党」という漢字は、「君子は矜にして争わず、群するも党せず」（『論語』衛霊公22）と言われるように強く否定的な意味を含んでいた。日本では、「公儀御政道」について徒党を作り議論することは厳しく罰せられた。西欧でも例えばジョン・ロックが『統治二論』で中心的批判対象としたことで有名なサー・ロバート・フィルマーは、統治について論ずることがいかに恐れ多いかをつとに強調している[6]。権力者による秘儀的な統治の営みに対して、集団を形成し異議を唱えることは、洋の東西を問わず死に値する罪であった。

　しかし、政党は、近代民主主義の発展過程において次第に正統性が認められてきた。この過程について、ハインリッヒ・トリーペルが政党と国家との関係を、敵視、無視、承認・合法化、憲法編入という4段階で表現したことは有名である[7]。すなわち、国家は党派を敵視していたが、次第に無視する段

階に至り、その次にはその存在を合法化する。そして、最後には、憲法秩序の中に組み入れていくというのである。

日本でも、明治の帝国憲法が制定されて議会の存在が公認されて後も、黒田清隆が「唯た施政上の意見は人々其所説を異にし、其合同する者相投して團結をなし、所謂政黨なる者の社會に存立するは亦情勢の免れさる所なり、然れとも政府は常に一定の方向を取り、超然として政黨の外に立ち、至公至正の道に居らさる可らす」、つまり、政党はやむを得ないが政府は「超然」とするべきという演説を行う時代があった。その後、大正デモクラシーや総動員体制などの紆余曲折を経たものの、戦後の政党政治の展開によって、政党は国家の憲法秩序の中に位置づけられるようになる。

現在では、政党はしばしば「公党」と呼ばれ、日本では、憲法典自体には編入されてはいないにせよ、「議会制民主政治における政党の機能及び社会的責務の重要性」(「政党交付金の交付を受ける政党等に対する法人格の付与に関する法律」)が認められ、「政党助成法」に基づいて政党交付金が支払われようになっている。

この過程には、様々な意義を見出すことができる。ここでは、特に、この過程が、政治的意志形成の多元的存在の承認、つまり異論の存在は現政権の公共性解釈と異なる複数のオルタナティブの用意であって公的重要性があることの承認の過程である、ということに注目したい。もちろん、その過程は必ずしも平和的なものではなく、欧米においても、流血の抑圧や革命の時期を経て、この政党の政治体制上の受容は進んできた。現在でも多くの発展途上国では、この過程が進んでいない。まず、政権を取った途端に抑圧体制を敷いて反対派を抑圧するなどのことは、枚挙にいとまを見ない。しかし、先進諸国では、多党制の承認は、民主主義の基本的な条件として考えられていると言ってよいし、日本も、昭和前期の総動員体制・治安維持法体制のもとで権威主義的独裁体制にはまりこみつつも、戦後改革を経て、現在では、前記のように少なくとも国政レベルでは、政党の政治的正統性は確立していると考えられる。

(3) 市民社会と国家：公益民間団体について

福沢の闘い

　この歴史過程を、日本の公益性を持つ非営利団体に対してあてはめてみたい。

　NPO（当然ながら、特定非営利活動法人のみならず非営利団体一般）、特に公益性を持ったNPOについて、同様の段階が考えられる。

　もともと、日本においても、民間主体の社会貢献活動自体は時々のガバンメントによっても評価されており、しばしば育成を行ってきた。とはいえ、その民間団体が、政府や時の権力者に対する態度によって、官から猜疑の目を持って見られ、しばしば激しい抑圧を受けてきたし、またそれらの団体を統制しようと様々な手立てがとられてきた。

　江戸時代には、例えば、二宮尊徳（1787-1856）は、小田原藩に仕えることによって、後には明治時代以後修身の国定教科書で取り上げられ全国の学校にその像が立てられることになり、官位を得て、神として祭られることなった。他方、現在の千葉県、当時の下総国香取郡長部村で1838年（天保9年）に「先祖株組合」といういわば農村協同組合の先駆を作って民間で活動した大原幽学（1797-1858）は、幕府に抑圧されて自死を遂げ、「改心楼」という寄付によって作られた建物は破壊され、弟子が神社を立てようとしたが許可も下りなかった[13]。

　明治時代では、本書第1部の太田論文や島村博[14]が明らかにするように、「公益」団体に対する国家統制をその設立・運営について及ぼそうという、明治の民法制定の際の「予防的取締的トーン[15]」は、明確であって、「『主権者以外の者が法人を造成することは『公益ニ非スシテ公害タル法人ヲ造成スル』ということに他なら[16]」ないとされた。この点は繰り返す必要はなかろう。

　このような民間団体に対する官の姿勢は、一般的な公益法人統制のみならず、例えば、私立大学についても明らかである。帝国大学令体制を敷き官立大学の特権的地位が定められ、1899（明治32）年の私立学校令では私学に対する強力な監督がなされたにもかかわらず、1918（大正7）年にいたるまで私学は大学としてすら認められなかった。かくて、「『これほどまでに傑出

した指導者たちの真剣な努力にもかかわらず、私学が官学に拮抗することができなかった』のは、権力による圧迫と資金難であった」とも言われる[17]。

福沢諭吉は、当時、透徹した目でこの官の支配の過剰を見つめ闘っていた。『学問のすすめ』第4編「学者の職分を論ず」で、「政府は依然たる専制の政府、人民は依然たる無気無力の愚民のみ」の状況にあるが、「一国の文明は、独り政府の力を以て進む可きものに非ざるなり」、したがって民の力を向上させるべく、有意な人材が民として尽力する必要があると主張する[18]。しかし、当時の現実は違う。

　青年の書生僅に数巻の書を読めば乃ち官途に志し、有志の町人僅に数百の元金あれば乃ち官の名を仮りて商売を行はんとし、学校も官許なり、説教も官許なり、牧牛も官許、養蚕も官許、凡そ民間の事業、十に七、八は官の関せざるものなし。
　是を以て世の人心益其風に靡き、官を慕ひ官を頼み、官を恐れ官に諂ひ、毫も独立の丹心を発露する者なくして、其醜体見るに忍びざることなり。
　これを概すれば、日本には唯政府ありて未だ国民あらずと云ふも可なり。

福沢は、その状況に対して、自ら「実の例を示すは私の事なれば、我輩先づ私立の地位を占め、或は学術を講じ、或は商売に従事し、或は法律を議し、或は書を著し、或は新聞紙を出版する等、凡そ国民たるの分限に越えざる事は忌諱を憚らずしてこれを行」うことを宣言する。そして、「固く法を守て正しく事を処し、或は政令信ならずして曲を被ることあらば、我地位を屈せずしてこれを論じ、恰も政府の頂門に一釘を加へ、旧弊を除て民権を恢復せんこと、方今至急の要務なる可し」とその独立の気風を主張する。

続けて、「固より私立の事業は多端、且これを行ふ人にも各所長あるものなれば、僅に数輩の学者にて悉皆其事を為す可きに非ざれども、我目的とする所は事を行ふの巧なるを示すに在らず、唯天下の人に私立の方向を知らしめんとするのみ」と。

これに対して、官吏となっていた森有礼（後の初代文部大臣）や加藤弘之

（後の枢密顧問官で東大総長）らは『明六雑誌』第2号などで福沢を批判する。[19]いわゆる学者職分論争である。反論の紹介は省くが、それに対して、福沢は、『学問のすすめ』の「附録」で批判の論点を四点に整理して、再反論する。

すなわち、1、「事を為すは有力なる政府に依るの便利に若かず」、に対しては、政府もうまくいっているわけではないし民間の方の事業も試みるべきだとし、2、「政府人に乏し、有力の人物政府を離れなば官務に差支ある可し」、については、「故(こと)さらに政府の事務を多端にし、有用の人を取て無用の事を為さしむるは策の拙なるもの」と痛烈に批判し、官を辞しても「日本に居て日本の事を為すのみ、何ぞ患るに足らん」とする。

さらに、3、「政府の外に私立の人物集ることあらば、自から政府の如くなりて、本政府の権を落すに至らん」、つまり民間で政府に対して反対する者が出て政府の権威を低めるかもしれないいう意見に対しては、

　　答云く、此説は小人の説なり。私立の人も在官の人も等しく日本人なり。唯地位を異にして事を為すのみ。其実は相助けて共に全国の便利を謀るものなれば、敵に非ず真の益友なり。且この私立の人物なる者、法を犯すことあらばこれを罰して可なり、毫(がう)も恐るゝに足らず。

と批判する。明快なものである。

さらに、4、「私立せんと欲する人物あるも、官途を離れば他に活計の道なし」、に対しては、民間も官も難しさは同じなのであって、「若し官の事務易くして其利益私の営業よりも多きことあらば、則ち其利益は働の実に過ぎたるものと云ふ可し」として、「実に過ぐるの利を貪るは君子の為さゞる所なり。無芸無能、僥倖に由て官途に就き、慢(みだり)に給料を貪(むさぼ)て奢侈(しやし)の資と為し、戯れに天下の事を談ずる者は我輩の友に非ず」と、強烈に反批判を行っている。

福沢の主張も反批判も痛快ではあるが、実際には、帝国大学令体制のもとで慶応義塾も経営危機に陥る状況に陥るなど、窮状にも至る。[20]

日本における民間事業は、包摂され官の中に位置づけられたり、あるいは

日本で最初のセツルメント運動の実践者であった片山潜のように社会主義化していく場合には抑圧されたりする場合も多い。そこには、また、「政府の外に私立の人物集ることあらば、自から政府の如くなりて、本政府の権を落すに至らん」という福沢に対する先の批判のように、政府の外での結社に対する明らかな警戒感が背景にあったのである。

　福沢が批判したような、民間市民社会の活動に対する軽視や敵視、警戒の姿は、現在でも解消されているわけではないであろう。

　しかしながら、特定非営利活動促進法の制定や本書のテーマである公益法人制度改革によって、少なくとも、政府は、民間の公益的な非営利団体に対して、やっと自由な法人形成を認め、その公益性を認定する段階に至った。つまり、政党論との比較で言えば、承認・合法化を行う段階に至り、かつ公益認定をある程度の独立性を持った民間有識者委員会によって行うことによって、一定の範囲で国の視点からの公益的法構造への編入の一歩すら示されたと言えるであろう。本書での論考の多くがこの決定的な段階への移行について高く評価している。

政府の公共性と公益的 NPO の公共性

　もちろん、NPO は、時の政府の公益解釈に基づいて活動する場合もあるが、時には異なる公益解釈によって活動する場合もある。政党は、時の政府の考え方と異なる方向での政策セットを提示する、つまり時の政府の表現する公共性とは異なる公共政策のセットを用意してその支持を訴えて活動する。NPO も、単に官が表現する公共性のみならず、自立して事業を展開することによって、様々な形で社会的実験を行ったり、一定の社会領域において新しい政策実施の社会的経験を蓄積し知見や人材を育んだりする。また、時には（らい予防法（昭和 28 年 8 月 15 日法律第 214 号）の時のように）悪法による被害者を支援しその法の改廃を目指すような具体的政策領域でのアドボカシーも展開することができる。このような官の表現する公益性と異なる幅や広がりを持った公益性を、多様な形で追求するのが NPO である。

　もちろん、人々の政治的意志形成、つまり人民の意志の形成、利益の媒介過程を担う政党と、人々の具体的な共助や支援など公益性を持った事業を実

施するという公共事務の執行過程を主に担う公益非営利団体との間では、差異があるであろう。通例の多くの公益的NPOは、アドボカシーの活動によって利益媒介や意志の形成過程にも参与するとはいえ、チャリティともしばしば呼ばれるように、具体的なサービス提供によって社会的弱者の支援を行ったり社会問題の解決を図ることを常とする。この意味で、公益的NPOの役割は、政党が意義づけられる民主主義の文脈とは関係ないと思われるかもしれない。

しかし、もともと「デモクラシー」（民の支配）とは、古代ギリシャ以来、公的意志の形成の合意手続である以上に、公共事務の執行を民が担うことであった。市民は、公共の仕事に順番やくじ引きで参与すること、つまり民衆自身が自分たちで公務を行うことが民主主義の原義であった。例えば、民衆による裁判の制度は、古典的民主主義の故郷である古代ギリシャのアテネによって、広範囲に実施されていた。そして、日本でも、裁判員制度が導入されたが、これは裁判という公共事務の執行を民が担う古典的にデモクラティックな制度であるとも言える。つまり、民主主義には公的意志の形成と執行という両面があることを忘れてはならない。

政党は、何が公共的なのかの解釈を行い実践プログラム（綱領）を作り政治的意志を形成する。NPOは、それぞれの解釈に基づき自ら共同的・公共的な仕事を執行し実験を行っていると言える。そしてその関わりにおいて、具体的な政策形成におけるアドボカシーを通じて、公共政策の形成にも参与する。その意味でも、日本の民主主義の段階的発展の画期をなすものとして（あるいはそのような強い期待を担ったものとして）、公益法人制度改革を位置づけることができるだろう。

当然ながら、公益性の認定や監督も、それが既存の行政の表現する公共性解釈よりも広い、自立性をもった市民社会の場に支えられて行われるべきであると言えるだろう。[21]イギリスのチャリティ・コミッションは、そのwebページを見ればすぐ分かるように、誇り高く大臣からの独立を掲げている。さらに、この独立性こそがコミッションの存在意義だとさえ説明されている。日本の公益認定等委員会も、行政からの一定の独立を担保するために、国家行政組織法の３条委員会とはならなかったものの、民間有識者からなる

国会での人事承認が必要な8条委員会として成立している。アメリカの場合の連邦の内国歳入庁による公益認定の手続きを導入した、パブリックサポートテストも、官の裁量をできるだけ排除して、多くの市民の浄財が集まるような組織については、公益性を持っていると推定するという論理によっている。つまり、市民社会の独立的な公益認定の仕組みが模索されているのである。

もちろん、これらの制度がすべて順調に進んでいるわけではない。しかしながら、少なくとも、日本での新しい公益法人の認定と監督の仕組みと実践は、このような大きな歴史的意義を踏まえ総括され育まれていくべきである。

2　論点整理

再度、最初にあげた論点を列挙しつつ簡単に触れていくことにしよう。

論点1、公益法人制度改革によって、出来上がった2階建ての法人構造、つまり、一般法人と公益法人の形は、どのような特徴を持つものになったのか。それは改革の趣旨に合致し、かつ期待されたものになったのか。

制度的変化によって、以前の特定公益増進法人なみの税制上の優遇措置を受ける団体の数が圧倒的に増え、かつ従来の共益的であったり営利的であったりした「公益法人」が一般法人に分けられて、制度的明確さが増したことが成果として指摘された。また、容易に取得できる一般法人の法人格ができたことによって、東北の被災地などでも一般法人が多数形成されてきていることに見られるように、多様な結社形成が促進されていることも、成果としてあげられるべきである。そして、さらにこれら2つのメリットを生かして、従来では公益法人格を取ることができなかったような新しいタイプの公益法人が生まれつつあることも示された。これらの点からは、公益法人制度改革は大きな成功を収めつつあると言えるであろう。

しかし、第1に、篩（ふるい）が十分に機能したのか、つまり公益認定を受けるべきではないところが受けているのではないか、第2に、受けるべき

ところが受けていないのではないか、という懸念はまだ払拭されていない。

　この点では、マスコミ的には、公益法人が減ったことに対する評価が高いようである[22]。この点についての検証は、まだなされていない。いわゆる行政関係法人についての従来の『特例民法法人白書』が示してきたような実態、またそこに表現されていない癒着などの実態について、改革を越えて生き残ったのか、どうかは本当のところ、定かではない。公益法人であったものが、一般法人になっただけで補助金等の癒着等の公開の対象から外れることになるのであれば、制度改革の趣旨の1つが実現されたように見えて、実は隠されたに過ぎないという評価になるであろう。今後の検証課題である。

　他方、規模の小さい団体で公益法人の手続きに耐ええない団体があったことも指摘されている。この点では、太田論文もまた「重装備の機関設計と運営規律」問題として、小さな団体に対する会社法での合同会社に当たる制度運用が示唆されているが、小さな「公益社団法人」「公益財団法人」が地域で活動することを促進する制度整備が期待される。

　関連して、出口論文が指摘しているように、もともと改革前の、「新設法人の阻害要因を排除したのであるから、総数としても大幅に増えるはず」という予想に比して、「純粋な法人新設数だけ比べても、法施行前から大幅に減少」している事態に対してもっと危機感をもつ必要があるのではないか。

　振り返れば、「公益認定等委員会だより（その1）」（2009年9月18日）は、まだ歩き始めたばかりの制度を担い育てようとする気概にあふれた瑞々しい印象がする創刊号であるが、そこには、「1つでも多くの志にあふれた公益法人を世の中に送り出すことを目標としています」と、書かれている。この意思をどのように実現するか、模索の必要があるだろう。この模索の結果に論点1の答えもかかっていると言えるだろう。

論点2、新しい公益認定制度及び監督制度の達成と課題は何か。

　公益認定等委員会は、従来よりも圧倒的に公開性の高い形で公益認定を行ってきている。「役人主導の審査から委員主導の審査へ転換した」という表現が太田論文で使われていたが、もちろん、（都道府県を含めて）どの程度実現しているかは検証の問題であるにせよ、この意味は大きい。単に、答

申において、認定・不認定を示すのみならず、特に不認定の場合には、その理由を示されていること、その内容が具体的な公論の場で議論を呼んでいることなども重要な成果であると言えるだろう[23]。従来の役所の裁量によって行われてきた審査が明らかになってきたという点は、決定的に重要である。

太田論文は、制度上の課題として、包括的に、「重装備の機関設計と運営規律」、「収支相償など厳しすぎる財務基準」、運用上の問題として「担当官による裁量行政等の残滓」「都道府県における管理体制」（旧主務官庁制類似の「分散管理方式」の残存）、「公益認定等委員会・審議会と事務局の関係」（「公益認定等委員会の独立性・中立性に配意し、事務局の体制整備とともに公益性の認定に際しその影響力の排除に留意すること」という国会付帯決議の尊重）をあげている。これらの点は、それぞれに現実の多くの公益法人の具体的な声をもとにして提起されているがゆえに、具体的で説得力に富む。

他方、出口論文は、「パターナリズム仮説」を提起した。それは、「総論として語るときには、政府の過干渉を批判し、具体的な事象が出てきたときには、『政府は一体何をしているのだ』という政府に対する介入に期待するという関係」だという。マスコミの最近の「不祥事」事例での報道を見るとこの仮説はすでに実証されていると思わざるを得ない。出口論文でも言及されているように、パターナリズムは、政治哲学で語られている一般の問題以上に、日本における特定の文脈における言説様式としての問題でもある。

筆者は、しばしばこの権力との関係での依存的メンタリティを、「外部に答えがある」とする態度の問題として考えてきた。マスコミに代表される「世論」は常に問題があれば役所に行き、その原因と答えを求める。地方の行政官は、中央の役所にその答えがあると答え、そして中央の行政官は外国に答えがあると答えるという態度があるのではないか。つまり、たとえ現在答えを持っていなくても、自分や自分たちの実践の中の試行錯誤から答えを見出す試みをこの社会、この現場において追及するのではなく、常に外部に「正解」が存在すると考える態度である。いわゆる追い付き型近代化過程においてそれ以前の権威主義的依存性が維持増幅されればその「臣民」的メンタリティは継続して強化される。しかし、市民社会における自由な社会活動とは、自分たちの現場にこそ答えを見つけようとする試行錯誤過程を、社会的

に表現するものである。

　その意味では、この認定制度や監督において、このようなメンタリティや行動様式が「漸増」していくことになればそれは、官による温情主義的な支配を温存することになるであろう。この点で、同じく出口論文が、「**繰り返し指摘したいのは、『公益法人に目覚ましい活躍があったから公益法人の税制を支えようという動きがあったわけではない』ということだ**。さらに、公益法人界は、これまで公益法人の活動が称賛されるべきものであると社会一般から高く評価されることに成功してきたとはとても言えない。この点を誤解すると、今般の公益法人制度改革を全く異なったものとして理解することになるだろう」と指摘していることを、公益法人の側がかみしめることが必要であろう。市民に評価され、支えられなければ、官に依存することにならざるを得ないのは、見やすい道理だからである。

　規制強化は、もちろん、公益法人側の「不祥事」がきっかけとなっていくことが最も一般的なストーリーである。つまり、(金銭的・倫理的)不祥事⇒社会的な非難⇒官の責任の追及⇒規制強化のストーリーである。そして、このような道筋は、一般的に、より自立的でより政治性の強い団体に対する規制に対しても、拡大される可能性を含むことは歴史の教訓でもある。いかに、法人自治の水準を高めるかは、個々の団体だけの問題ではない。アンブレラ組織を含め法人自治や法人を支える民間支援を含めて、自治の仕組みを強化するべきであろう。

　なお、2014年5月に日本尊厳死協会に対する公益法人格の不認定の答申が、公益認定等委員会より出された。管見のかぎり、この不認定は、いわゆる不祥事系、または財務的技術的能力の不足や業界団体的要因による原因以外で、初めての不認定決定であると思われる。この問題は、公益認定等委員会の法的権限の範囲、つまり公益認定法の基準に明示されていない基準による不認定が可能なのか、という問題、さらに団体の立法活動を公益事業として認定できるのか、また現行法制に対する批判的立場を持ちつつ事業を進める場合の活動範囲の公益性という非常に大きな問題についての論点を提示するものとなっている。したがって、公益認定制度の運用に関するこれまでで最大の重要性をもった事案であると考えられる。

すでに筆者は他の場でこの事案について、批判的に検討したので、ここでは、より大きな文脈で1点のみ、言及しておきたい。

筆者は、世界的に見て、NPOの法的な規制において、3つの点が決定的に大きな論点として浮かび上がってきていると考える。すなわち、1、非営利要件をどのように活気があり多くの資源が投入される社会貢献活動の発展と調和させるか、非営利要件はどの程度厳密にチャリティ（税制優遇措置を受ける公益団体）の制度の中で維持されるか、2、アドボカシーなどの広い意味での政治活動をチャリティの制度の中でどのように位置づけるか、3、宗教の公益性と宗教団体の独立性をどのようにチャリティの制度の中に位置づけるか、である。

これらのうち、先の事案で問題となっているのは、2のアドボカシーとチャリティの関係についてである[27]。この点は、世界的にもチャリティ法制の重要論点として活発に議論されており、今後も市民社会セクターにとっては、フロントラインの問題として議論がなされていくべき問題である。市民社会の中での討論と、公益認定、監督制度の運用当局との対話が重要であることは、これ1つとっても明らかであろう。達成された公益認定制度の透明性の向上と一定の認定機関の独立性の確保という成果の上に立って、市民社会セクターとの対話を拡大し、制度を育んでいくことが重要だろう。

さて論点3以下の、3つの論点については、日本の市民社会セクターの法構造についての展望を持つことが求められる。出口論文は、「ガラパゴス化」という言葉を使って日本の法制度の状況を描いたが、これは企業会計についての議論のように「グローバル化」が望ましいという議論を主張するためではない。「企業会計の専門家に過ぎない公認会計士」が国際的企業とのイコールフッティングと制度の統一化を求めたとしても、それは日本の非営利セクターの存在感の向上に繋がると簡単には言えない。初谷論文で提起された、非営利法人の「体系化」も、「非営利法人体系における『節度ある多元性』の重要性」を踏まえ、「非営利法人の重要なユーザーである国民・市民の視点」からの具体的な意義や正統性の議論に基づいて検討される必要がある、という指摘も、重要である。様々な文脈におけるセクターの制度上の統合の議論

があり、先行きは「不透明」(出口)であり、重要な制度選択問題は「直ちに最適解を見出し難い状況にあり、まだまだ可変的、流動的である」(初谷)。

論点3、活動領域を超えた非営利セクターの一般法としては、特定非営利活動促進法体系と公益法人制度改革3法体系とがあるが、この関係をどう考えるか。

「今や、一般社団・財団法人の正統性との比較において、特定非営利活動法人がなお独立した体系として並存し続けることに、いかなる積極的な『体系』的意義や正統性を見いだすことができるかが、改めて課題として浮上してきている」(初谷論文) という認識は、重要である。だからこそまた、「比較的近い将来非営利法人制度全体について、総合的に見直す機会が訪れる可能性がある」「早晩両制度は統合の方向に進むと考えてよいだろう」(太田論文) という指摘もあるし、非営利法人法を非営利徹底型の形で「共通の土台」として作り、当面は「公益法人と認定特定非営利法人(市民公益法人)のみを統合し、順次、それぞれの法人制度の改革を経ながら、この仕組みに統合していけばいいのである」(山岡論文) という構想も出てくる。

とはいえ、本書の元となった日本NPO学会のセッションでは、日本NPOセンターの早瀬昇代表理事から、特活法人を「市民活動法人」というもともとの法案の名前に戻し市民参加を強調した法人格として維持発展させるという可能性も紹介された。

このように、この問題について、市民社会セクターのオピニオンリーダーの中でも統一的な方向性が出ているわけではない。しかし、それにもかかわらず、私見では、初谷論文が言うように、「全国に普及してきた市民活動支援センター、NPOセンターの多くは、自治体行政がNPOのうち特定非営利活動法人など限られた法人類型を視野に入れた支援拠点にとどまっている。しかし、今後は、多様な法人類型を総合的に視野に入れ、それらと自治体行政の各部門との新たな横断的対応関係を構想し、複合的な政策連携を企画提案できるセンター機能が不可欠である」、という視点は重要であると考える。このような地道な、市民社会セクターの足腰での、セクターの協働の営みが積極的に行われ、行政政策的にも、市民活動の統一的な支援の枠組み

の構築が進められるなかで、市民社会セクターの連帯感の向上が獲得され、この問題の実質的な展望が開けるだろう。そのためにも、法人格毎にできているアンブレラ組織の協働行動の発展が望まれるところである。

論点4、社会福祉法人や学校法人、更生保護法人などは、成立の経緯からも、法体系上は改革三法の特別法の形をとっていないが、特定領域における法人類型として今後どのような関係を一般の公益法人体系との関係で持つべきか。

この問題は、実質的には非常に意味が大きい。というのは、世界的に見て、社会福祉法人、学校法人等は市民社会セクターの重要な担い手であって、これが日本の市民社会セクターから抜けていることは、セクターとしての存在感にとって決定的と言ってよい意味を持つからである。

もちろん、このような法人類型で主務官庁制度に実質的に近い仕組みの中に入っているのは、戦後の憲法89条との関係を梃子にした「第1次」改革の遺産である。もし戦後改革の「総決算」が語られるのであれば、この制度の再検討が必要であることは言うまでもない。それぞれの論文が検討しているように、これらの法人格の特殊性が維持されるに足るだけの意義と正当性があるかについては、それぞれの法人格の実態に即して検討される必要がある。しかし、いずれにせよ、その法人格の「認可」や監督などの手続きが、公益法人法に沿うような一般的正当性や公開性の要件に耐えられるのか、が重要であるし、官の支配からの独立性の強化も課題としてあげられるところではないか。社会福祉法人についても、地域で一律に一定の形態での社会貢献性を求めるというような方向ではなく、むしろその多様で豊かな創意あふれる社会貢献を活性化できる方向での改革こそ求められているのではないか。

いずれにせよ、これらの法人格に、細かい特別法によって作られている多くの法人類型や、さらに最大の法人数を誇る宗教法人、さらに新しい改革が進んできている医療法人なども含めて、一般体系の上での位置づけが模索されるべきなのではないかと考える。もちろん、それは、すべてを一律にするということであるわけではなく、初谷論文のいう「節度ある多元性」のあり方の模索ということになるであろう。そして、出口論文がいうように、「ア

カデミックな場で、学校法人、社会福祉法人、医療法人、NPO法人、一般法人、公益法人すべてを視野に収めた、非営利セクターの議論の場が誕生していくことが何よりも大事」という提起は、現実の深い亀裂や政治的対立を前提にしてみれば、もちろん唯一の検討の場であるべきではないにしても、非常に重要な提起であるように思われる。

論点5、一般法人の中の「非営利徹底型」、「共益型」、「普通法人型」の諸類型の展開等、見えにくい一般法人の現状に関する把握し注目すべき論点、その制度的課題は何か。

この新しい法人格については、第1に、見えない、ということが最大の焦点である。太田論文の、「公益でもない、共益でもない、剰余金も実質的に関係者に還流可能、残余財産も分配できるという私益の権化のような、かつ会社でないという始末におえない怪物が跋扈することにならないか」という危惧を真剣に受けとめるべきである。スキャンダラスな事件によって、非営利セクター全体のクレディビリティに大きな傷がつくことを恐れている人々も多いと思われる。この点で実態についての具体的検証が進められるべきである。

一般社団法人や一般財団法人は、単に普通の「結社の自由」の表現に過ぎないというレベルでの意識が持たれた上で、その上で公益法人に対する新しい信用性が担保されるべきだ、とも言えるが、マスコミでも相変わらず従来の名前に牽引されて、「社団法人」「財団法人」という名称のみでこれらの団体を一括して表現することすら行われている現状[28]では、容易ではないだろう。もちろん、もし「結社の自由」レベルの法人格であれば、その有限責任性の意味が問われることになるであろう。

いずれにせよ、その実態の調査が、民間でも、また行政でもきちんとされていくべきである。そのための情報の整備公開が不可欠である。

他方、先に第2部のイントロダクションで説明したように、営利団体基盤である会社法から非営利株式会社の可能性が出てきている状況があり、かつ一般法の方から残余財産の配分が実質的に可能な一般社団という非営利法人（解散時でなければ剰余金の成員への配分が禁止されているという点では非

営利）が出てきている状況がある。外観からは、非営利のようであるが残余財産の配分が可能で、営利のような会社ではあるが、非営利を掲げているという分かりにくい法人制度ができあがっている状況については、今後早急にその意味の検証がされていく必要があることだけは、間違いがないと思われる。

むすび（提言）

　最後に、先の課題を踏まえて、いくつかの提言的な命題を提示しておきたい（ただし、以下の見解は、編者個人の意見であり、本書の執筆者の共通の見解ではない）。

　1、公益法人制度改革の成果について、市民社会は改革の成果をきちんと評価し、かつ制度の運用を監視し、かつ制度を育てるべきである。

　内閣府のみならず、各都道府県での公益認定と監督の手法について、我々はきちんとウォッチしているであろうか。現状では決して十分ではない。マスコミも、この制度改革の大きな意義について理解し、この制度を批判しつつ育んでいく姿勢をもって関わっていただきたい。また、アンブレラ組織、中間支援団体は、法人格の枠を超えて、市民社会セクター全体の問題としてこの制度の成果の評価、制度運用の監視と支援を行うべきである。

　その注視の対象は、第1に、制度の中心となって働く公益認定等委員会や都道府県の合議制機関の営みに対して、であるし、第2に、新しくできたがその活動の状態が見えにくい一般社団法人、一般財団法人、さらに新しく、官の裁量によってではなく、民間有識者の委員会によって公益を認定された、公益社団法人、公益財団法人の担い手たちの動きに対してである。そして、第3に、これらと並行して存在し、分断されて非営利セクター全体のアイデンティティを持つことができない状態に置かれている、特定非営利活動法人、社会福祉法人、学校法人などの多くの非営利公益法人や、医療法人、宗教法人、協同組合等の多様な種別の非営利法人に対してである。これらの担い手たちの動向を、注意深く見つめ、そして自立的で力強い市民社会セク

ターを形成するための努力を支援していくことが必要である。

　2、公益認定等委員会等は、民間委員からなることの意義を踏まえその独立性を高め、かつ非営利法人の世界的意味を踏まえた制度運用を行うべきである。

　公益認定等委員会等（都道府県の合議制機関を含む）は、この制度運用の中心である。その運用への期待は高い。制度趣旨に合致した運用ができるように、一層の尽力が期待されている。この委員会は、単に国家の機関であるだけであってはならない。むしろ、市民社会に支えられた機関となるべきである。

　もちろん、主務官庁制度の再生のような運用からは明確に離脱しなければならない。このような運用については、アンブレラ組織や中間支援団体からも明確な批判が行われなければならないだろう。

　さらに、民間有識者委員、及び職員のリクルート方法の改革、委員の非営利団体に関する知見を維持し高めるための業務保障、また委員会の市民社会、特にアンブレラ組織、中間支援団体との協力関係の維持など、民間有識者委員が、「民間」であることの意義がきちんと生かされるような運営と、それにふさわしい市民社会からのサポートが重要である。制度的にも、3条委員会の方向での独立性の強化や、イギリスの tribunal のような、利用しやすく簡便な、司法的な構造を持つ不服審査制度の改善も検討課題とすべきである。

　3、市民社会セクターの活動の存在感の向上のために、法人類型を越えたインフラ組織の協同が期待される。

　中間支援団体やアンブレラ組織が、特活法人と公益法人、一般法人の枠を超えて、民間非営利活動の支援を行える協働の体制を作るべきではないか。また、海外での非営利法人法制の変容は非常に早くかつ重要でもあることを鑑みれば、特に、日本 NPO 学会や非営利法人研究学会、さらに公共政策学会や行政学会、社会学会などの関係学会からの理論的貢献が重要である。これら学会で、法人格の枠を超えた NPO 研究としての展開が深化されることが望まれる。また、これらの組織が系統的に公益認定等委員会との連携を取って、セクターとしての日本の市民社会の深化発展のための取り組みや発

信を行っていくべきではないか。

ところで、先にも述べたように、市民社会については、多くの自発的な非営利団体の様々な相互作用の集合として把握するNPO論型の方向と、多くの人々によって行われるコミュニケーションの空間、公的な議論によって公論が形成されていく公共圏論型の方向とが、議論されてきている。民間の公益を目指す多くの自立的な団体が活発に活動し、かつ民間の公論の多くの自立的な担い手が育っていくことは、日本において懐の深い市民社会を形成することそのものである。今回の公益法人制度改革によって、営利の追求の営みと国の強制権力に基づく法の支配との両方に対して、存在感のある非営利セクターが育まれることを期待したい。

そのためには、何よりも、我々市民が、多様なNPO、中でも公益性を持ったNPOを育てていくことが必要である。1人のボランティアとして、1人の寄付者として我々がこの社会領域に関わり活動していくことである。そして、もちろんそれに応えて、NPOも公益NPOも、制度改革によって開かれた新しい可能性を生かし、一層多様で力強い非営利活動、非営利社会貢献活動を展開することが必要であることは言うまでもない。そのためにも、お互いの豊かな時間や生活を作るための共益的な活動や、創意あふれる公益的な活動を遂行する団体が、運営上の透明性やアカウンタビリティ、民主性の確保、多くの市民に理解され支えられる法人運営にも努めることが必要だろう。

「公益認定等委員会だより」その2（2009年12月24日）には、今は亡き初代委員長であった池田守男氏からの「ひとこと」が掲載されている。[30]

　　公益法人のミッションに共鳴し活動を推し進める皆様には、社会変革に結びつくような情熱を持ち、公益活動に取り組んでほしいと思います。
　　公益認定は、公益法人として活動するためのスタートラインです。民が主体である公益法人により、それぞれの自主性と創意工夫を大切にして、柔軟で個性的な活動が展開されることを期待しています。新しい時代の新しい公益を担うために、そして、温かみと深みのある社会の実現のために、多くの領域で、多様な新公益法人が生まれることを期待しています。

公益法人はもちろん、一般法人を含めて、さらにそれ以外のNPOセクターの担い手を含めて、このメッセージを受け取りたいと思うところである。

謝辞

本書の元となった日本NPO学会2014年大会での、公益法人制度改革に関する2つのセッションで報告し、かつ執筆していただいたすべての方々、また当日の報告と議論に参加されたすべての方々に、こころから感謝いたします。参加者から伝わった熱気が、本書の作成を可能にしました。

また、内閣府公益認定等委員会委員長代理の雨宮孝子様がセッションにも参加し、かつ寄稿してくださったことは、本書の目的でもある市民社会に支えられたチャリティ・コミッションのあり方の追及という点でも、重要な意義があると考えます。今後とも、対話が活性化することを心から期待いたしております。

また、厳しい出版事業の中で、本書の意義を理解し、出版を引き受けてくださった関西学院大学出版会、及び担当して下さった、田中直哉様、松下道子様に感謝いたします。

注

1 鋳造貨幣の発生が社会に与えたインパクトを包括的に探究したものとして、Richard Seaford, *Money and the Early Greek Mind: Homer, Philosophy, Tragedy*, Cambridge University Press, 2004 が有名である。シーフォードによれば、抽象的な思考の自立的展開である哲学の発生や、「市民」の政治空間の発生自体が、コインの発生と深く結びついているという。その当時の変容に対する驚きの表現の1つとして、ミダス神話もあげられている。

2 市民社会論の概要については、拙稿「市民社会」古賀敬太編著『政治概念の歴史的展開』第一巻、晃洋書房、2004年等を参照。

3 もちろん、Robert D. Putnam, *Bowling Alone: The Collapse and Revival of American Community*, New York: Simon & Schuster, 2000(ロバート・パットナム、柴内康文訳『孤独なボウリング：米国コミュニティの崩壊と再生』柏書房、2006年)等を参照。

4 もちろん、典型的には、ユルゲン・ハーバーマス『公共性の構造転換：市民社会の一カテゴリーについての探究』未来社、1994年(第2版)。

5 　拙稿「政党の歴史からNPOの歴史を見ると」『公益・一般法人』2014年3月1日号、全国公益法人協会、に短文ではあるがスケッチを示している。

6 　「私は現存の国家の機密に手をつけることはしない。国家機密（arcana imperii）や閣議を、庶民は根掘り葉掘りしてはいけない。暗黙の信仰こそが、その技芸において無学な職人に許される。その時、統治の深遠な秘密については、国王に帰せられるところがいかにおおきいことであることか。国家の最大の政治的行為や運動の原因と目的は、驚嘆させるものであり、公共事項を司るようにいつも通暁した人を除けば、すべての人間の能力を越えている。しかも、いかなる点で国王に服従すべきかを各人が知る規則は、主権者が命令する点についてのある程度の知識がなければ、学びえないので、優れたものの命令と意志が知られ、すべての人が自らの行為や苦痛を規制する方法を自ら形づくる服従を命ずる時が必要である」。ロバート・フィルマー「家父長制」ジョン・ロック、伊藤宏之訳『全訳統治論』柏書房、1997年、所収、及び全訳として、伊藤宏之訳「サー・ロバート・フィルマー『家父長制』(1)、(2)、(3)」『福島大学教育学部論集』第53号、1993年3月、54号、93年11月、55号、94年3月。

7 　美濃部達吉訳『憲法と政党』日本評論社、1934年。Triepel, Heinrich: *Die Staatsverfassung und die politischen Parteien: Rede bei der Feier der Erinnerung an den Stifter der Berliner Universität König Friedrich Wilhelm III. in der alten Aula am 3. August 1927* / gehalten von Heinrich Triepel. - Berlin : Preu. Dr.- und Verl.-Aktienges., 1927. 第4段階の「憲法的編入」については、トリーペル自身の概念が明確ではないが、現代的な議論としては必ずしも憲法典への編入に限定せず、広義における憲法的編入を考えるべきであると考えられる。この点では、小林直樹「正統規制立法の問題点」『憲法政策論』日本評論社、1991年など参照。

8 　黒田清隆「地方長官に対する訓示」1889年2月12日（鹿鳴館での演説）。議会開設前に、第2代の総理大臣が「地方牧民の責に当たる」地方長官に対して述べた訓示である。
　1887年9月28日にも、初代の総理大臣であった伊藤博文は、宮中の地方長官に対する演説で、「各種の主義互に流派を別ち未だ帰一する所あらす學説を講する者亦各々意見を持し敷衍皇張して互に相譲歩せす皆一の理趣意象ありて以て世人の視聴を聳動するに足らさるはなし。而して其間理論相投するの徒漸くに團結を爲し互相衝磨するの現象を呈することを免れさるは此れ亦各國往々見る所の情勢なり」、としたうえで、1、「代議の権利を付与」する等憲法発布に関する「憲法の親裁を異議する者あらば斷して言論集會及請願の自由の範圍の外に出る者と」せよ、2、地方行政においても、「一時政論の紛擾に因り人民の心志を動搖するか爲或は地方の事業を弛廢し二十年經畫の行政をして萎靡敗壞に歸せしむることを免れさるか如きこと」が無いように、特に「人民をして租税及兵役の二大義務を盡すことを怠らしめ」ないように節約せよ、3、「兵馬及交際の大權は皆帝王の躬親から總攬する所にして或る場合を除く外肯て之を臣民の公議に謀るものあらす」、として、憲法の施行をめぐって政論が活性化していくことに対する警戒を表現している。

9 　以下、本章では、公共性と公益性とを、公益法人の認定などの法的文脈以外においては、特に文脈的に特定しない限り同意味として扱う。

10 「これらの国では、選挙で選ばれた指導者が不正選挙を行ったり、独立系テレビ局や新聞社を閉鎖・買収したり、反政府活動の弾圧に専念したりしている。自由な民主主義というのは、単に選挙で過半数をとれば済むという話ではない。複雑な制度の組み合わせで、法律とチェック・アンド・バランス（抑制と均衡）によって、権力の行使に制約を加え、規律を与えることだ。ところが、民主的な正当性を選挙などで与えられたとたんに、行政執行権への制限を組織的に取り払って、法の支配を弱体化させる国が多い」フランシス・フクヤマ、会田弘継訳『政治の起源』上、28頁。彼は、ロシア、ベネズエラ、イランをあげて「民主主義の前進がまったく逆転するケース」としている。そして、この他に、「完全なる権威主義でもなければ、まともな民主主義でもないところにはまりこんでしまうケース」、「国民が政府に求める基本的なサービスを政治制度が与えられなくなる」場合をあげている。

11 例えば「議会制民主政治における政党の機能の重要性」という表現が、政党助成法第一条にある。

12 正確に言えば、前近代社会において、民間と政府との区別が存在しているわけではない。例えば、統治機能自体が、封建領主の家事として行われるのであって、「私」的な忠誠とそれから独立した「公」的な忠誠が区分されているわけではない。その意味で、「民間」というものを語るのは間違っているとも言えるが、ここでは比喩的に議論していると解されたい。

13 現在は、神社ではなく「大原聖殿」として建てられている。〈http://www.city.asahi.chiba.jp/yugaku/siseki/oysiseki06seiden.html〉

14 島村博『プロイセン協同組合法（1867年）の成立史―近代社会の設計の軌跡―』2007年11月28日、「補章（II）民法第34条の成立沿革」〈https://dspace.wul.waseda.ac.jp/dspace/bitstream/2065/34710/5/Honbun-4841_02.pdf〉

15 島村前掲、69頁、注99。法典調査会における審議過程での「主務官庁による監督規定（第66条）の設定理由」として、「法人ハ総テ公益ニ関シ其業務ノ景況如何ハ国家ノ治安及ヒ経済ニ影響ヲ及ホシ公衆ノ利害ニ関係スルコト頗ル大ナルヲ以テ行政上ノ監督ヲ要スルモノトス 本條ハ法人設立ニ主務官庁ノ許可ヲ受ケシメ又主務官庁カ許可ノ取消ヲ為スコトヲ得ルノ條ト照応シテ法人設立ヨリ生スル濫弊ヲ防御スルノ旨意ニ出タルモノナリ」法務大臣司法法制調査部監修『民法調査委員総会議事録』『日本近代立法資料叢書12』社団法人商事法務研究会、昭和63年、57頁が引かれている。

16 同上、22頁。民法の人事編の草案起草者である司法省参事官熊野敏三は、フランス留学の経験による影響が強く、単に古い国家主義というわけではない。近代フランスの中間団体への猜疑は、絶対王政期の「社団国家」的構成の否定としての革命後の国民主権論に強く見られることは周知のところである。1989年の「人と市民の権利宣言」に見られる「あらゆる主権の原理は本質的に国民に由来する。いかなる団体も、いかなる個人も、国民から明示的に発するものでない権威を行使しえない」という宣言にも、宗教団体を廃止し「真に自由な国家は、その中にいかなるコルポシオンも容れることはできない」とした1792年8月18日のデクレにも、そして有名な同業団体禁止法である1791年

のル・シャプリエ法にも、明らかである。中村紘一「ル・シャプリエ法研究試論」『早稲田法学会誌』(20)、1970年、37-40頁、井上すず「フランス革命とフランスの政治的伝統：中間団体廃止をめぐって」『年報政治学』41巻、1990年、髙村学人「フランス革命期における反結社法の社会像：ル・シャプリエによる諸立法を中心に」『早稲田法学会誌』(48)、1998年、田中拓道「(研究動向)ジャコバン主義と市民社会：19世紀フランス政治思想史研究の現状と課題」『社会思想史研究』31号、108-117頁（2007年9月）等参照。

1968年等。この点は、トクヴィル型の結社型の民主主義論とルソー型の一般意志型の民主主義論との間の対比として、政治思想史においてしばしば議論されているところである。例えば、「丸山眞男における三つの主体像－丸山の福沢・トクヴィル理解を手がかりに」小林正弥編『丸山眞男論－主体的作為、ファシズム、市民社会』（東京大学出版会）、2003年、40-74頁等。

17　今田忠編著『日本のNPO史――NPOの歴史を読む、現在・過去・未来』ぎょうせい、2006年、37頁。「　」内は、永井道雄『日本の大学：産業社会にはたす役割』中公新書、1965年、からの再引用。

18　福沢諭吉『学問のすすめ』第4編及び付録。テキストは、青空文庫版を使用した。〈http://www.aozora.gr.jp/cards/000296/card47061.html〉（テキストの元は、『日本の名著　33　福沢諭吉』中央公論社、1984年（その元となっているのは『福沢諭吉全集　第三巻』岩波書店、1959年、初版は1872年）。

19　『明六雑誌』第2号　国立国語研究所のwebページで、原本を画像で読むことができる。〈http://db3.ninjal.ac.jp/ninjaldl/gazou.php?title=meirokuzassi&num=02〉

20　この経緯について、概要は平山洋『福沢諭吉』ミネルヴァ書房、2008年318頁以下。

21　この点で、公益法人の政治活動をめぐる論点は非常に重要である。NPOの政治活動については、拙稿「NPOの政治活動の活性化に向けて」『ボランタリズム研究』第1巻、大阪ボランティア協会ボランタリズム研究所、2011年、及び「公益認定等委員会の日本尊厳死協会の不認定答申について」『公益法人』公益法人協会、2014年8月、を参照されたい。イギリスのチャリティのアドボカシーの活性化の点については、Advisory Group on Campaigning and the Voluntary Sectorによる2007年報告が重要である。また、ヨーロッパの一般的な動向について、International Center for Not-for-Profit Law,'Political Activities of NGOs: International Law and Best Practices', *The International Journal of Not-for-Profit Law*, vol.12-1, Nov. 2009が参照されるべきである。また、本稿とも関連する 新しい公共圏論の視点からのNPOの位置づけについて、Sabine Lang, NGOs, *Civil Society, and the Public Sphere*, Cambridge University Press, 2013, イギリスの非営利セクターの独立性の危機について警告について、Independence Panel, 'Independence Undervalued: the Voluntary Sector in 2014', 21 January 2014が参考にされるべきである。

22　「公益法人、3分の1に……要件厳格化で移行断念」『読売新聞』2014年5月14日。

23　例えば、『公益法人』公益法人協会、2014年8月号、を参照。

24　この点で、前掲拙稿「公益認定等委員会の日本尊厳死協会の不認定答申について」を

参照されたい。日本尊厳死協会と公益認定等委員会との間での、公益認定についての捉え方が「お墨付き」的発想に牽引されているのではないか、そしてそれが相互依存的になっているのではないか、という危惧を表明している。

25　府益大460号　答申書　平成26年5月23日〈https://www.koeki-info.go.jp/pictis_portal/common/index.do?contentsKind=120&gyouseiNo=00&contentsNo=00014&syousaiUp=0&procNo=contentsdisp&renNo=kaisaidetail&contentsType=02&houjinSerNo=&oshiraseNo=&bunNo=1120796803&meiNo=1120903149&seiriNo=undefined&edaNo=undefined&iinkaiNo=undefined&topFlg=0〉

26　前掲拙稿参照。また、『朝日新聞』は、7月22日の社説で取り上げた（「公益法人認定：多様な価値観に立つ」）。公益法人協会は、7月24日付で「意見書」を提出した。「府益460号（平成26年5月23日）の不認定答申について（意見）」〈http://www.kohokyo.or.jp/kohokyo-weblog/non-profit/docs/%E6%97%A5%E6%9C%AC%E5%B0%8A%E5%8E%B3%E6%AD%BB%E5%8D%94%E4%BC%9A%E4%B8%8D%E8%AA%8D%E5%AE%9A%E3%81%AB%E9%96%A2%E3%81%99%E3%82%8B%E6%84%8F%E8%A6%8B%E6%9B%B8%E3%80%80%E6%8F%90%E5%87%BA%E3%82%AF%E3%83%AA%E3%83%BC%E3%83%B3%E7%89%88.pdf〉。また弁護士の三木秀夫氏は、「公益不認定答申の問題点：一般社団法人日本尊厳死協会」をブログにあげて批判している〈http://g-wip.com/wip/mikihide/mypage/news/newsId/10038341/logFlg/add〉。

27　一般的には、①立法などの政治活動はその事業を公益事業として位置づけられるか、さらに②団体の事業としてどの程度までそれを許容するのか、が関連するが異なった問題として提起される。①は、公益事業の中に入るか否かであるし、②は、公益事業かどうかは別にして、団体の事業全体の中でどこまで許容されるか、である。

　　イギリスのチャリティ法とその運用については、特に2008年のガイドラインCC9の改訂以前においては、①については、認めず、②については、強い制限をかける（補助的な範囲にとどまること）のが判例法となっていたと言ってよい。この判例法の原則を、判例名から「マクガバン原則」という。2008年以後も、この原則から外れるということは明示されていない。アメリカの場合には、内国歳入庁の定める501（c）3団体、いわゆる税制上の優遇を受けるチャリティ団体に対しては、②について「サブスタンシャルでない」という基準が維持されておりこの基準から外れると資格を奪われることになる。501（c）4団体は、所得税制上は非課税団体であるが、他の法律の範囲内であれば政治活動は自由である。しかし、寄付税制上の優遇がない点が（c）3団体と異なる。

　　イギリスでもアメリカでも、一方では政治資金規正の問題とも関連しつつ活発な議論があるが、2008年にCC9が、チャリティに認められるアドボカシーなどの政治活動（政党政治活動、つまり直接選挙運動に繋がるような活動以外）については、かなり大胆に認める方向に動いたと言ってよいであろう。

　　日本では、この点についての法規制は、特活法人、認定特活法人、旧公益法人、特増法人などで異なる。詳しくは、前掲拙稿も参照。

28　例えば、最近目にしたところでは、「ブラジル産の肉「毒入り」大使館抗議、記事削除

大阪の社団法人ブログ」『朝日新聞』2014年7月22日記事。この場合は、一般社団法人であった。
29 　日隅一雄編訳、青山貞一監修『審議会革命：英国の公職任命コミッショナー制度に学ぶ』現代書館、2009年。
30 　〈https://www.koeki-info.go.jp/pictis_portal/contents.do?bunNo=1120037671&meisaiNo=1120032985〉

執筆者略歴 (掲載順)

岡本仁宏（おかもと・まさひろ）

関西学院大学法学部教授（政治哲学・NPO/NGO論）。京都大学法学部卒。

[主要著書]

編著『新しい政治主体像を求めて：市民社会・ナショナリズム・グローバリズム』法政大学出版局、2014年。編著『ボランタリズム研究』1, 2号、大阪ボランティア協会、2011-3年。「世論」「パトリオティズム」「国民」「市民社会」古賀敬太編『政治概念の歴史的展開』1-6巻、晃洋書房、2004-13年など。

雨宮孝子（あめみや・たかこ）

内閣府公益認定等委員会委員長代理、元明治学院大学大学院法務職研究科教授。専門は民法（公益法人、NPO法人）、信託法。

[主要著書]

共著『NPO法コンメンタール』日本評論社、1998年。共著『NPO実践講座』ぎょうせい、2008年など。

太田達男（おおた・たつお）

公益財団法人公益法人協会理事長、一般社団法人日本サードセクター経営者協会代表理事。44年間の信託マン生活を経て、2000年4月より公益財団法人公益法人協会理事長、多数の非営利法人役員を兼務。公益法人制度改革では、終始非営利セクターの立場から提言活動と市民団体との対話を続けてきた。

[主要著書]

単著『信託業務読本』近代セールス社、1991年。単著『非営利法人設立・運営ガイドブック』公益法人協会、2012年。編著『公益法人制度改革』ぎょうせい、2007年。

出口正之（でぐち・まさゆき）

国立民族学博物館教授、元政府税制調査会特別委員、前内閣府公益認定等委員会委員、元ISTR（国際サードセクター研究学会）会長。

[主要著書]

共著『フィランソロピー税制の基本的課題』公益法人協会、1990年。共編著『ボランティア革命——大震災での経験を市民活動へ』東洋経済新報社、1995年など。

山岡義典（やまおか・よしのり）
市民社会創造ファンド運営委員長、助成財団センター理事長、日本NPOセンター顧問。
[主要著書]
共著『日本の財団―その系譜と展望』中公新書、1984年。共編著『日本の企業家と社会文化事業――大正期のフィランソロピー』東洋経済新報社、1987年。編著『NPO基礎講座』ぎょうせい、2005年。編著『NPO実践講座』ぎょうせい、2008年。

初谷　勇（はつたに・いさむ）
大阪商業大学大学院地域政策学研究科教授（公共経営学、NPO政策論）、大阪府公益認定等委員会委員長。
[主要著書]
単著『公共マネジメントとNPO政策』ぎょうせい、2012年。単著『NPO政策の理論と展開』大阪大学出版会、2001年。共著『福祉社会の歴史――伝統と変容』ミネルヴァ書房、2005年など。

市民社会セクターの可能性
110年ぶりの大改革の成果と課題

2015年3月10日 初版第一刷発行

編　著　　岡本仁宏

発行者　　田中きく代
発行所　　関西学院大学出版会
所在地　　〒662-0891
　　　　　兵庫県西宮市上ケ原一番町1-155
電　話　　0798-53-7002

印　刷　　大和出版印刷株式会社

©2015 Masahiro Okamoto
Printed in Japan by Kwansei Gakuin University Press
ISBN 978-4-86283-188-0
乱丁・落丁本はお取り替えいたします。
本書の全部または一部を無断で複写・複製することを禁じます。
http://www.kwansei.ac.jp/press